21世纪普通高等教育“十二五”精品规划教材

运输管理实务

主　编　曹　刚
副主编　张小玲

天津大学出版社
TIANJIN UNIVERSITY PRESS

内容提要

本教材是为了适应现代物流业的发展趋势，在评估和对比“运输管理实务”实际教学效果的基础上，依据物流管理专业高职高专及应用本科学生的学习特征，基于工作过程系统化而编写的。全书分为十个教学情境，每个教学情境下设置工作任务。十个情境包括：物流货物运输知识构建、公路货物运输、铁路货物运输、水路货物运输、航空货物运输、集装箱货物运输、联合运输、特殊货物运输、运输成本核算、物流货物运输法规及合同。通过本教材的学习，学生能够掌握物流运输的基本专业理论知识和应用实践的操作技能。

本教材既是高职高专和应用本科院校及成人高校物流管理专业的教学用书，也可作为物流行业物流管理技能型紧缺人才的培训教材，或供物流及物流运输从业人员学习参考。

图书在版编目(CIP)数据

运输管理实务/曹刚主编. —天津：天津大学出版社，2013.3(2022.8 重印)
21世纪普通高等教育“十二五”精品规划教材
ISBN 978-7-5618-4648-3

Ⅰ. ①运… Ⅱ. ①曹… Ⅲ. ①物流－货物运输－管理－高等学校－教材 Ⅳ. ①F252

中国版本图书馆 CIP 数据核字(2013)第 058539 号

出版发行 天津大学出版社
出 版 人 杨欢
地　　址 天津市卫津路 92 号天津大学内(邮编:300072)
电　　话 发行部:022-27403647
网　　址 publish.tju.edu.cn
印　　刷 北京盛通商印快线网络科技有限公司
经　　销 全国各地新华书店
开　　本 185mm×260mm
印　　张 16.5
字　　数 412 千
版　　次 2019 年 7 月第 2 版
印　　次 2022 年 8 月第 4 次
定　　价 45.00 元

前　言

“运输管理实务”是高职高专及应用本科物流管理专业学生必修的专业核心课程，在培养学生物流职业核心能力方面发挥着重要作用。本书依据现代物流业的发展趋势，结合物流管理专业高职高专及应用本科学生的学习特征，向学生全面、系统、科学地阐述了现代物流学中运输管理的相关专业知识、方法和应用技术。本书的编写是将“运输管理实务”课程由教材体系转变为教学体系的有益尝试，旨在为物流管理专业高职高专及应用本科学生提供一本能充分反映教学内容和教学要求的实务性教材，以使专业教学有科学和适用的基本工具，保证教学质量，提升学生的实践技能，为学生今后的职业生涯奠定坚实的专业基础。

本书的特色及创新点如下。

1. 鲜明的职业性

本教材突出以就业为导向、以能力为本位、以物流企业工作需求为出发点的职业教育特色，在内容上注重与岗位实际要求紧密结合、与职业资格标准紧密结合。

2. 内容的实用性

本教材从教学实践经验出发，克服以往教材中理论过多、难度较大等不足，注重运输管理操作实务，对实务的展开特别具体，对学生实际操作能力的培养特别具有针对性。采用课堂专业知识教学和实训教学相结合的形式，重视培养学生的实际动手能力和职业技术能力。

3. 视角的独创性

本教材采用基于工作过程的系统化教材编写方法，在教学情境下设置工作任务。关注运输活动的每一个环节，关注整个业务流程，从总体上进行流程优化设计，注重对流程中问题的处理、解决，以培养生产一线高技能人才。

本书由曹刚副教授（重庆城市管理职业学院）担任主编；张小玲讲师（重庆城市管理职业学院）担任副主编；赵坚教授（重庆城市管理职业学院）担任主审。情景一至情境八由曹刚编写；情境九至情境十由张小玲编写。

在本书的编写过程中，我们借鉴和吸收了相关教材、论著、案例、网站等的成果与资料，在此谨向其作者表示衷心的感谢！

本书的编写得到了重庆城市管理职业学院各位领导和老师的指导与帮助，同时得到了天津大学出版社的大力支持，在此一并表示感谢！

由于编者水平有限，书中难免有不妥或疏漏之处，敬请广大读者批评指正。

编者

2013 年 3 月

情境一　物流货物运输

情境一主要阐述物流运输的基本内涵、原理、功能、地位和作用；按照不同标准对物流运输方式的分类；现代物流运输系统的结构和构成要素；物流运输市场的需求规律和供给规律；物流运输市场的竞争结构和特征；物流运输合理化及不合理运输的方式和实现运输合理化的有效措施；运输与物流在内容和功能上的区别。

知识目标

1. 掌握运输的内涵和运输的服务特性；
2. 阐述运输在物流系统中的地位；
3. 阐述物流系统中运输的功能和作用；
4. 阐述运输管理的基本原理；
5. 列举几种不同运输方式的特点；
6. 列举现代运输系统的构成要素；
7. 列举运输需求的特征和影响运输需求的主要因素；
8. 列举运输供给的特征和影响运输供给的主要因素；
9. 解读运输市场的特征和竞争特点；
10. 解读运输与物流其他功能环节的关系。

能力目标

1. 能运用运输原理解决物流运输的实际问题；
2. 能从不同角度区分不同的物流运输方式；
3. 能区别几种不同的运输结构形态；
4. 能选择运输服务的价格策略；
5. 能应用物流不同运输方式的定价方法；
6. 能对物流不同运输方式的经济里程进行应用；
7. 能计算物流货运运输总量及货物运输周转量；
8. 能从不同角度区分运输市场的类别；
9. 能对物流运输的各种成本结构类型进行应用；
10. 能将物流运输“五要素”应用到运输工作和运输环节中；
11. 能判断物流不合理运输及实现物流运输合理化的举措。

任务一 物流运输

一、运输

运输是指人或者物借助于运力创造时间和空间效应的活动。当产品因从一个地方转移到另一个地方而价值增加时,运输就创造了空间价值,时间效应则是指这种服务在需要的时候发生。所谓运力,是指由运输设施、路线、设备、工具和人力组成的,具有从事运输活动能力的系统。我们把人的运输称为客运,货物的运输称为货运,本书中所谓的运输专指货运,其中包括集货、分配、搬运、中转、装入、卸下、分散等一系列活动。其中公路运输(如图 1-1 所示)、水路运输(如图 1-2 所示)、航空运输(如图 1-3 所示)和铁路运输是货运的典型代表。

中华人民共和国国家标准《物流术语》(GB/T 18354—2006)中对运输的定义是:用设备和工具,将物品从一地点向另一地点运送的物流活动。其中包括集货、搬运、中转、装入、卸下、分散等一系列操作。

图 1-1 公路运输

图 1-2 水路运输

图 1-3 航空运输

二、运输的地位及作用

(一)运输是物流的主要功能要素之一

按物流的概念,物流是“物”的物理性运动,这种运动不但改变了物的时间状态,也改变了物的空间状态,而运输承担了改变空间状态的主要任务。运输是改变空间状态的主要手段,再配以搬运、配送等活动,就能圆满完成改变空间状态的全部任务。

在现代物流观念诞生之前,甚至就在今天,仍有不少人将运输等同于物流,其原因是物流中很大一部分工作是由运输担任的,运输是物流的主要部分。

(二)运输是社会物质生产的必要条件之一

运输是国民经济的基础和先行者。马克思将运输称为“第四个物质生产部门”,是将运输看成是生产过程的继续,这个继续虽然以生产过程为前提,但如果没有这个继续,生产过程则不能最后完成。所以,虽然运输的这种生产活动和一般生产活动不同,它不创造新的物质产品,不增加社会产品数量,不赋产品以新的使用价值,而只变动其所在的空间位置,但这一变动使生产能继续下去,使社会再生产不断推进,所以将其看成一个物质生产部门。

运输作为社会物质生产的必要条件,表现在以下两方面。

1)在生产过程中,运输是生产的直接组成部分,没有运输,生产内部的各环节就无法连接。

2)在社会上,运输是生产过程的继续,这一活动连接生产与再生产,连接生产与消费,连接国民经济各部门、各企业,连接城乡,连接不同国家和地区。

(三)运输可以创造“场所效用”

场所效用的含义是,同种“物”由于所在空间场所不同,其使用价值的实现程度不同,其效益的实现也不同。由于改变场所而最大限度发挥了使用价值,最大限度提高了产出投入比,就称为“场所效用”。通过运输,将“物”运到场所效用最高的地方,就能发挥“物”的潜力,实现资源的优化配置。从这个意义来讲,也相当于通过运输提高了物的使用价值。

(四)运输是“第三个利润源”的主要源泉

1)运输是运动中的活动,它和静止的保管不同,要靠大量的动力消耗才能实现这一活动,运输承担大跨度空间转移任务,所以活动的时间长、距离长、消耗也大。消耗的绝对数量大,节约的潜力也就大。

2)从运费来看,运费在全部物流费中占最高的比例,一般综合分析计算社会物流费用,运输费在其中占40% ~50%,有些产品的运费高于产品的生产费用。所以节约的潜力是大的。

3)由于运输总里程大,运输总量巨大,通过体制改革和运输合理化可大大减小运输吨千米数,从而获得比较大的节约。

三、运输的功能

在物流管理过程中,运输主要提供两大功能,即物品移动和短时储存。

1)物品移动。运输的主要目的就是以最短的时间、最低的成本将物品转移到指定地点。

2)短时储存。运输的另一大功能就是对物品在运输期间进行短时储存,也就是将运输工具（车辆、船舶、飞机、管道等）作为临时的储存设施。

四、运输原理

指导运输管理和营运的两条基本原理是运输批量经济和运输距离经济。

运输批量经济的特点是随装运批量的增长，单位重量的运输成本降低。运输距离经济是指每单位距离的运输成本随距离的增加而减少。

在评估各种运输决策方案或营运业务时，这两个原理是重点考虑的因素。其目的是使装运的批量和距离最大化，同时满足客户的服务期望。

五、运输与物流的关系

（一）运输与物流的联系

1. 运输是物流系统的基础功能之一

物流是货物由供应者向需求者的物理性移动，是创造时间价值和场所价值的经济活动，包括包装、搬运、储存、流通加工、运输、配送和信息处理等活动领域。物流系统通过运输来完成对客户所需的原材料、半成品和制成品的地理定位。

2. 运输合理化是物流系统合理化的关键

在经济发展和市场竞争的一定时期，企业注重的是内部管理，以降低成本、提高质量来提高经济效益，增强竞争优势。统计资料表明，运输成本是物流成本的最大组成部分，占到50%以上。所以，运输合理化是物流组织的重要内容，是降低供应链成本、提高效率的主要手段。

（二）运输与物流的区别

1. 物流是超出运输范畴的系统化管理

物流管理系统的建立和运转是以服务于生产、流通、消费过程的全部过程为出发点的。物流系统根据生产企业的供应渠道和生产过程以及销售渠道，从生产和流通企业中取得的价值远远大于运输的收益。

2. 物流不同于运输只注重实物的流动，同时关注和信息流、增值流的同步联动

物流不同于运输只注重实物的流动，它还同时关注着信息流和增值流的同步联动。信息流不仅通过电子或纸质媒介反映产品的运送、收取，更重要的是反映市场做出的物流质量评价。增值流是指物流所创造的形态效用（通过生产、制造或组装过程实现商品的增值）、地点效用（原材料、半成品或成品从供方到需方的位置转移）和时间效用（商品或服务在客户需要的时间准确地送到）。

3. 物流是一个系统，运输是一个物流环节

物流的出发点是以生产和流通企业的利益为中心，运输只是物流管理控制的必要环节，处于从属地位。有物流必然有运输，而再完善的运输也远不是物流。运输企业要开展物流，必须主动地服务于工商企业产品的生产和销售，服务于产品的市场竞争和利益，主动开展物流市场调查、市场预测，到工商企业中做好推销、宣传等业务，根据工商企业的需要，为其提供全方位的物流服务，从上游企业的利益增长中取得附加值远大于运输的回报。

4. 物流的管理观念比运输更先进

现代物流追求对用户的高质量服务，即在服务过程中，凡是用户不满意的地方都要进行改进和完善，凡是用户嫌麻烦的事情都要尽量去做，一切以满足用户的需要为服务目标，主动开展物流市场调查、市场预测，并积极做好推销、宣传工作，而且在不断改进服务质量的附加工作中，寻求与发现新的服务项目或服务产品，为企业带来更多的商机和更高的回报。因此，从服务理念上来说，物流也突破了运输的服务理念，再高质量的运输也不可能具备服务的延伸性，因而获取的附加值也远大于运输的回报。

5. 物流比运输更重视先进技术的应用

因为现代物流追求的是服务质量的不断提高，物流系统综合功能的不断完善，总成本的不断降低和服务的网络化、规模化，因此，建立 GPS(Global Positioning System，全球卫星定位系统)对物流的全过程进行适时监控、适时货物跟踪和适时调度是很有必要的。为了与用户特别是与长期合作的主要用户保持密切联系，建立 EDI(Electronic Data Interchange，电子数据交换)系统也是现代物流向专业化方向发展的必备条件，而自动装卸机械、自动化立体仓库、自动堆垛机和先进适用的信息系统更是现代物流朝着专业化、一体化、规模化、网络化发展的必然趋势，这些是无论怎样完善的运输都无法相比的。

(三)运输与配送的区别

在现代物流活动中，将货物大批量、长距离地从生产工厂直接送达客户或配送中心的活动称为运输(干线运输)。货物再从配送中心就近发送到地区内各客户手中的活动称为配送(末端运输)。运输是较长距离的线路活动，而配送是短距离的运输。配送是“配”与“送”的结合，除了运输以外，还有“配货”这一职能。

(四)运输与储存的关系

储存保管是货物暂时停滞的状态，是货物投入消费前的准备，是实现货物的时间价值。货物的储存量虽取决于库存管理水平，但货物的运输也会对储存产生重大影响。当仓库中储存有一定数量的货物而消费领域又对该货物急需时，运输就成了关键。如果运输活动组织不当或运输工具不合理，那么就会延长货物在仓库中的储存时间，除阻碍货物流通，增加库存成本外，还增加货物的机会成本。

(五)运输与装卸、搬运的区别

运输活动必然伴随装卸活动。一般来说，运输发生一次，往往伴有两个装卸活动，即运输前、后的装卸作业，货物在运输前的装车、装船等活动是完成运输的先决条件，此时，装卸质量的好坏，将对运输产生巨大的影响。装卸工作组织得当，装卸活动开展顺利，都可以使运输工作顺利进行。当货物通过运输到达所应到达的地点后，装卸为最终完成运输任务的补充劳动，使运输的目的最终完成。除此之外，装卸又是各种运输方式的衔接环节，当一种运输方式与另一种运输方式进行必要的变更时，如铁路运输变为公路运输、水路运输变为铁路运输等，都必须依靠装卸作为运输方式变更的必要衔接手段。

运输是较长距离的线路活动，而装卸、搬运是节点活动，如货运汽车是能够在运输线路上运行的，而叉车、装卸车是不能在运输线路上运行的，只能在运输节点内活动。

(六)运输与包装的关系

货物包装的材料、规格、方法等都不同程度地影响着运输。包装的外廓尺寸应该充分与运输车辆的内廓尺寸相吻合，这对于提高货物的装载率有重要意义，将对提高物流水平产生巨大影响。

任务二　物流运输基本知识

一、物流货物运输总量及货物运输周转量

货运量是单位时间内的货物运输总量，一般用多少万吨或多少万个标箱表示。

货物运输吞吐量是指报告期内经由水路进、出港区范围并经过装卸的货物总量，包括邮件、办理托运手续的行李、包裹以及补给运输船舶的燃料、物料和淡水。

货运周转量是指各种运输工具在报告期内实际运送的每批货物重量分别乘其运送距离的累计数，计算单位一般为吨千米（海运常用吨海里，1 海里 = 1.852 千米）。其计算公式如下：

货运周转量 = 实际运送货物吨数 × 货物运距

二、物流运输的经济里程

物流运输的经济里程是指物流各种运输方式中最合适的运输里程。公路运输的经济里程是 0 ~ 200 千米；铁路运输的经济里程是 200 ~ 500 千米；水路运输的经济里程是 500 ~ 1 000 千米；航空运输的经济里程是 1 000 千米以上。

三、运输成本及运输价格

（一）影响运输成本的因素

运输成本通常受七个因素的影响，尽管这些因素并不都是运费表上的组成部分，但在承运人制定运输费率时，必须对每一个因素加以考虑。这七个因素分别为距离、装载量、产品密度、配载能力、装卸搬运、责任以及市场因素。一般说来，上述的顺序也反映了每一个因素的重要程度，其具体的特征如下。

1. 距离

距离是影响运输成本的主要因素，因为它直接对劳动、燃料和维修保养等变动成本产生作用。运输距离显示了距离和成本的一般关系，并说明了以下两个重点：第一，成本曲线不是从原点开始的，因为它存在着与距离无关、但与货物的提取和交付活动所产生的固定费用有关的情况；第二，成本曲线的增长幅度是随距离增长而减小的一个函数，这种特征被称为递减原则（Tapering Principle），即运输距离越长，城市间每千米单位费用相对越低。但市内配送是个例外，因为市内配送通常会频繁地停车，要增加额外的装卸成本。

2. 装载量

装载量之所以会影响运输成本，是因为它与其他许多物流活动一样存在着规模经济，即每单位重量的运输成本随装载量的增加而减少。之所以会产生这种现象，是因为提取和交付活动的固定费用以及行政管理费用可以随装载量的增加而被分摊。但是，这种关系在装载能力较小的运输工具上表现得并不明显，如卡车受最大尺寸的限制，一旦该车辆满载，对下一辆车会重复这种关系。这种关系对托运部门的启示是，大批量的托运应利用运载能力大的运输工具，以期利用规模经济。

3. 产品密度

密度因素是把重量和空间方面的因素结合起来考虑。这一因素之所以重要，是因为运输费率通常表示为每单位重量所花费的金额，例如每吨金额数或每千克金额数等。但是，密度低的货物的装载数量的限制往往是在运输工具所能提供的装载空间方面，而不是重量大小方面。虽然这些产品的重量很小，但车辆一旦装满，就不可能再增加装运数量。而运输工具实际消耗的劳动成本和燃料成本受其所装载的货物重量的影响甚微，因此，如果纯粹以货物重量来计算轻泡货物的运价，承运部门将难以承受。通常的做法是，设定一个标准密度，货物实际密度大于此标准密度的称为实重货，按重量计价；货物实际密度小于此标准密度的称为轻泡货，将其体积按一定的折算关系换算成计费（重量）吨，再按重量计价。因此密度越高，分摊固定运输成本的重量越大，这些产品所承担的每单位重量的运输成本也越低。产品密度用于说明每单位重量的运输成本随产品密度的增加而下降的关系。

4. 配积载能力

配积载能力是指产品的具体尺寸及其对运输工具（铁路车、拖车或集装箱）的空间利用程度的影响。由于有些产品具有特殊的尺寸和形状以及超重或超长等特征，通常不能很好地与其他货物进行配载，并因此浪费运输工具的空间。一般说来，具有标准矩形形状的产品要比形状复杂的产品更容易配积载；大批量的产品往往能够相互嵌套、便利配积载，而小批量的产品则有可能难以配积载。对长大、笨重的货物，承运部门一般都制定一个特定的运费率，或在基本运费率的基础上加一定的百分比。

5. 装卸搬运

运输活动必然伴随着装卸搬运活动。装卸搬运的责任，一是用合同的方式确定，二是约定俗成地由承运人承担（如陆上的零担运输、海上的班轮运输）。装卸搬运活动会花费大量的人工成本和时间成本，卡车、火车或船舶等的装卸可能需要特别的装卸搬运设备，这些都会影响到装卸搬运成本。需要强调的是，采用集装化或成组技术能有效地提高装卸搬运效率，降低装卸搬运成本。

6. 责任

责任主要关系到货物损坏风险和导致的索赔事故。对产品具体要考虑的因素是易损坏性、易腐性、易被偷窃性、危险性、贵重性及货运损害的责任。承运人的做法是：制定一个特定的运费率或费率等级来弥补这类货物的概率赔偿损失；通过责任赔偿制度来限定自己的赔偿范围与赔偿幅度；通过向保险公司投保和要求货主向保险公司投保来预防可能发生的索赔。托运人应通过改善保护性包装，减少货物灭失损坏的可能性，降低其风险，最终降低运输成本。

7. 市场

诸如运输通道流量和通道流量均衡等因素也会影响到运输成本。运输通道指的是起运地与目的地之间的移动，显然运输车辆和驾驶员都必须返回到起运地，于是，对他们来说，要么找一批货带来（回程运输），要么只能空车返回。当空车返回时，劳动、燃料和维修保养等费用仍然必须按照原先的"全程"运输支付。于是，理想的情况就是"平衡"运输，即运输通道两端的流量相等。但由于制造地点与消费地点的需求不平衡，通道两端流量相等的情况很少见。例如，有高附加值的工业产品是在我国东南沿海加工制造的，然后装运到西北地区的消异质性，是搞好运输市场经营的重要条件。

(3)总体需求的规律性

虽然不同货物的运输要求千差万别，但总体来说还是有一定规律性的，如需求与经济的相关性，货流的规律性等。

(4)运输需求的不平衡性

运输需求的不平衡性体现为时间、空间和方向上的不平衡性。时间上的不平衡性起因于工农业生产的季节性；空间和方向上的不平衡性起因于资源分布、生产力布局不均衡等。

2. 影响运输需求的主要因素

1)工农业生产的发展；

2)国际国内贸易的增加；

3)国家的经济政策；

4)自然因素；

5)经济地理因素；

6)市场价格因素。

3. 运输需求规律

运输市场需求是以拥有一定货运量的全体需求者为对象，表示在不同的运价下全体需求者间对运输工具需求量的关系，只要在每一运价条件下求出各需求者的需求量，其总和即市场总需求量，如表 1 所示。

表 1　运输市场需求表

运价(P)	甲需求量($Q_{甲}$)	乙需求量($Q_{乙}$)	丙需求量($Q_{丙}$)	总需求量(Q_d)
50	2	1	3	6
40	4	2	5	11
30	6	3	7	16
20	8	6	10	24
10	10	10	12	32

已知 $Q_d = f(P)$，用反函数表示：

$$P = \varphi(Q_d)$$

其中：P——运价；

Q_d——总需求量。

在其他条件不变的情况下，若运输市场运价下跌，则需求者对运输服务的需求量将会增加，反之则减少，这种现象称为运输需求规律，如图 1-4 所示。

运输需求的变动是指运价以外的其他条件发生变动而导致的整条需求曲线的位移，也就是非价格因素发生变化而引起的运输需求曲线的位移，如图 1-5 所示。

运输需求量的变动是指需求者对于运输的需要量因运价涨落而发生的变化，其变动是沿一条既定的需求曲线从某一点移至另一点，如图 1-6 所示。

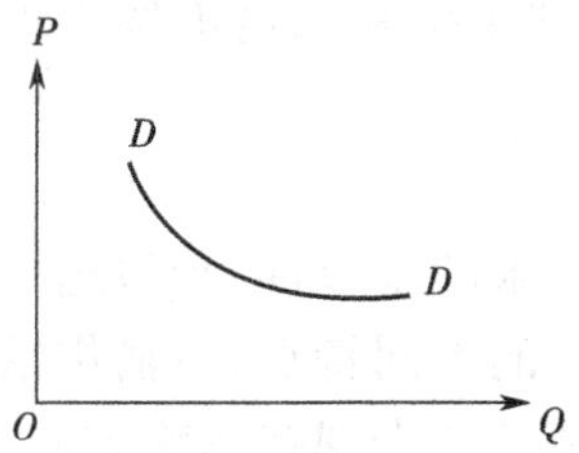

图 1-4　运输需求规律

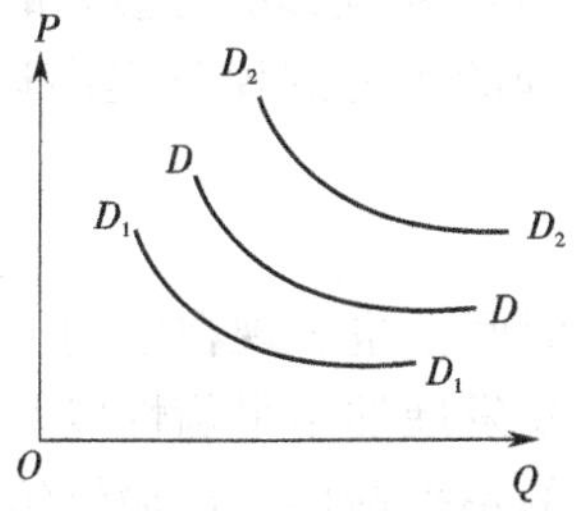

图 1-5　运输需求的变动

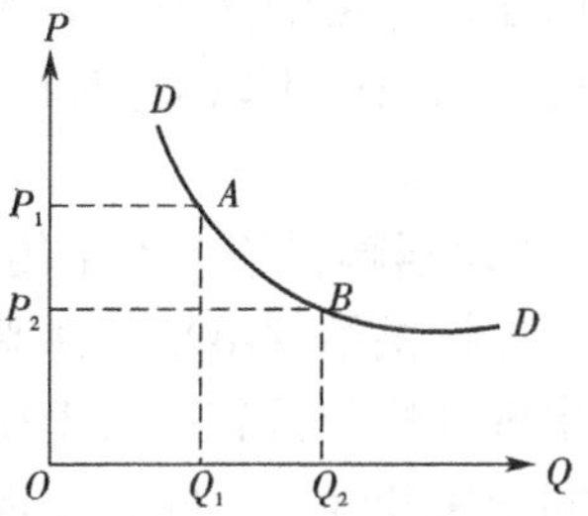

图 1-6　运输需求量的变动

4. 运输需求的价格弹性

运输需求受多种因素影响，而且不同影响因素的变化对运输需求的影响程度也不同。一般采用运输需求的价格弹性系数可以较好地反映因运价变动而引起需求量变化的程度。用公式表示如下：

$$E_{\mathrm{d}} = \frac{\Delta Q/Q}{\Delta P/P}$$

其中：E_{d}——运输需求的价格弹性系数；

Q——运输需求量；

P——影响运输需求的价格因素；

ΔQ——运输需求量的变化值；

ΔP——价格因素的变化值。

如果运价变化同运输需求量变化呈现相反方向，则弹性系数符号为负号，为了正确确定提高企业经济效益的价格策略，应根据 $|E_{\mathrm{d}}|$ 是大于 1、小于 1 或等于 1 来采取不同的价格策略。若 $|E_{\mathrm{d}}|>1$，则采取降价策略来提高企业营业收入；若 $|E_{\mathrm{d}}|<1$，则采取提价策略来提高企业营业收入；若 $|E_{\mathrm{d}}|=1$，则采取提价与降价的方法都不影响企业营业收入。

运输货运需求的价格弹性往往取决于货物的价值。价值小的货物，价格弹性较大；价值大的货物，因运价所占比重很小，故价格弹性较小。价格弹性的大小还同货物的季节性以及市场供求状况有关。当某种货物急于上市推销，或某种货物不能久存时，货主情愿选择运价高但速度快的运输方式，尽快把货物运往市场，而不去选择运价低、速度慢的运输方式，以免错失市场机会。

（三）运输供给

运输供给是指运输市场上运输服务的供给者在不同的运输条件下所需提供的运输服务的数量。运输供给包含四个方面的内容：运输供给量、运输方式、运输布局和运输行业管理体制。

1. 运输供给的特征

（1）运输供给的不可储存性

运输产品的生产和消费是同时进行的，即运输产品不能脱离生产过程而单独存在，所以不能像工农业那样可以将产品储存起来，具有不可储存性。运输业是通过储存运力来适应市场需求变化的，而运输能力大小多按运输高峰的需求设计，具有一定的超前量。运输能力的超前建设与运输能力的储备对运输市场来说，既可适应市场需求增长的情势，又可能因市场供过于求而产生风险，因此，保持合理的运力规模是提高运输工具利用率和满足市场需求的重要保证。

(2)运输供给的不平衡性

运输供给的不平衡性既表现在时间上也表现在空间上。运输需求的季节性，导致运输供给出现高峰与低谷。由于经济和贸易发展的不平衡性以及各地产业的不同特点，运输供给在不同国家和地区之间也呈现出一定的不平衡性。运输供给的不平衡性还表现在运输方向上：矿区对外运矿的运力需求远远大于其他生产及生活资料的向内运输，加上有些运输需求对运输工具的特殊要求等，导致回程运力浪费。由于供给与需求之间在时间、空间上的差异性所造成的生产与消费的差异，使运输供给必须承担运力损失、空载行驶等经济上的风险。所以，运输活动的经济效果取决于供需在时间与空间上的正确结合，这就要求运输生产者掌握市场信息，搞好生产的组织和调整，运用科学的方法提高经营管理水平。

(3)运输供给的成本转移性

运输业可以在成本增加较少的情况下，在需求允许时，增加供给量，但伴随而来的是运输条件的恶化，运输服务质量的下降，使本该由运输企业承担的成本转移到客户身上。运输供给的成本转移性还体现在运输活动所带来的空气、水、噪声等环境污染，能源的过度消耗和交通堵塞等成本消耗也转移到社会外部的成本中去。

(4)运输供给的可替代性与不可替代性

运输供给由铁路、公路、水运、航空、管道等多种运输方式和多个运输生产者的生产能力构成。有时可分别由几种运输方式的多个运输生产者完成同一运输对象的空间位移，即运输供给之间存在着可替代性。这种可替代性构成了运输业者之间竞争的基础。同时，由于运输产品在时间上、空间上的限制以及人们对运输服务的经济性、方便性和舒适性的要求等，使得不同运输方式间或同种运输方式中可替代性受到限制，这种限制又使不同运输方式间或同种运输方式中具有差别的运输服务都可能在某一领域的运输供给上形成一定程度的垄断。因此，运输供给具有部分可替代性，它的可替代性和不可替代性是同时存在的，而且是有条件限制的，运输市场的供给之间存在竞争也存在垄断。

2. 影响运输供给的主要因素

1)国家(地区)经济发展状况；

2)政策的倾斜方向；

3)运输工具造价与科技发展；

4)市场价格因素；

5)军事需要。

3. 运输供给规律

在其他条件不变的情况下，若运输市场运价下跌，则运输服务的供给量将会减少，反之则增加，被称之为运输供给规律，如图 1-7 所示。

运输供给的表示方法与运输需求相同，也可用供给表、供给曲线及供给函数来表示。

运输供给曲线是一条由左下方向右上方延伸的平滑曲线，线上任何一点表示着一定运价与一定运力供给量的关系。在一般条件下，运价上涨，运力供给量增加；运价下跌，运力供给量减少。

运输供给的变动是因运价以外的其他条件发生变化，使整条供给曲线向右或向左移动，如图 1-8 所示。

运输供给量的变动是由于运价的变化所引起的供给量的增加或减少。这种增减表现为同一供给曲线上某一点的移动。如图 1-9 所示，SS' 为供给曲线，由 A 点移至 B 点，供给量由 OQ_1 增至 OQ_2，是因为价格由 P_1 提高到 P_2。

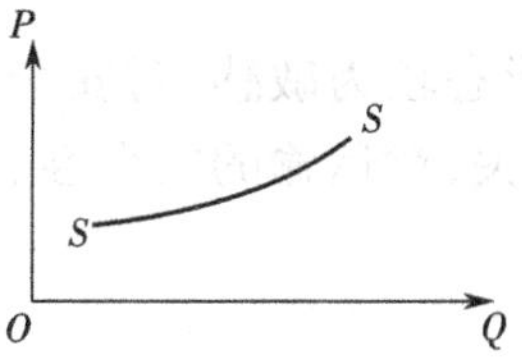

图 1-7　运输供给规律

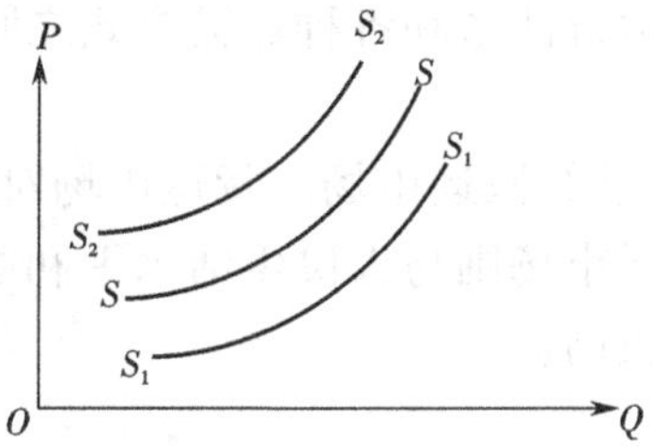

图 1-8　运输供给的变动

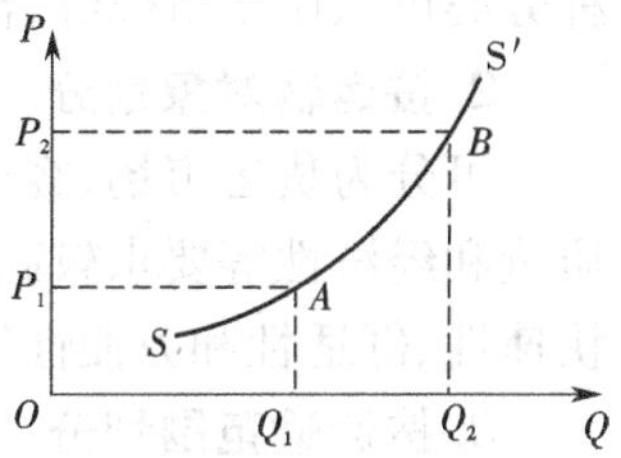

图 1-9　运输供给量的变动

4. 运输供给的价格弹性

运输供给的价格弹性是指在其他条件不变的情况下，运价变动所引起的供给量变动的灵敏程度。用公式表示如下：

$$E_s = \frac{\Delta Q/Q}{\Delta P/P}$$

其中：E_s——运输供给的价格弹性系数；

Q——运输供给量；

P——影响运输供给的价格因素；

ΔQ——运输供给量的变化值；

ΔP——价格因素的变化值。

由于运价和运输供给量同方向变动，所以弹性系数为正值。这样，供给量对运价变化的反应可以用弹性系数的大小来衡量。$E_s > 1$，供给量富有弹性；$E_s < 1$，供给量缺乏弹性；$E_s = 1$，供给量是单位弹性。

一般来说，如果运输生产要素适应运输需求的范围大，在运输市场上便于灵活配置，则供给的价格弹性就大；如果运输生产要素适应运输需求的范围小，专用性强，较难转移到其他货物运输市场，则供给的价格弹性就小。能够根据价格的变动灵活调整运力的运输产业，其供给的价格弹性大；反之，难于调整的，其价格弹性就小。如果一种运输服务增加供给的成本较高，那么其供给的价格弹性就小；反之，如果增加的成本不大，供给的价格弹性就大。

运输供给的价格弹性的大小，同考察期的长短、运输市场上供需的相对状况、运价波动的方向、运输市场的范围等有关。从短期来看，由于不易做到调整运力，供给的价格弹性就小。但从长期来考察，运输供给就有足够的价格弹性。当运输需求量较低时，运输市场供给过剩，则具有较大的供给价格弹性；当需求量较大时，通常运输市场供给紧张，即使价格上涨，也无大量供给投入，因此供给的价格弹性较小。运价上涨时，刺激供给增加，运输供给的价格弹性较大；运价下跌时，供给商不情愿退出市场，只有无法维持时，才被迫退出市场，所以供给的价格弹性较小。

(四)物流运输市场的分类

为了做好运输的管理工作,需要了解不同运输市场的经济特征,并有针对性地进行市场调查与分析研究,因此首先要了解运输市场的分类。运输市场有以下几种分类方法。

1. 按行业划分

可分为铁路运输市场、水路运输市场、公路运输市场、航空运输市场、管道运输市场。这种分类可以用于研究综合运输、运价体系和各种运输方式之间的竞争等。

2. 按运输对象划分

可分为货运市场、客运市场、装卸搬运市场。货运市场对国民经济形态较为敏感,对安全质量和经济性等要求较高,而客运市场则与人民生活水平和国际交往有关,对运输的安全性、快速性、舒适性和方便性等要求较高。

3. 按运输范围划分

可分为国内运输市场(如铁路运输市场、江河运输市场、沿海运输市场、公路运输市场)和国际运输市场(如国际航运市场、国际航空运输市场等)。

4. 按供求关系划分

可分为买方运输市场和卖方运输市场。在供不应求时,货主和旅客的需要常常得不到满足,买票难,出门难,以运定产的现象经常发生,迫切需要扩大运输生产能力。而供过于求时,又会有大量的运力闲置而得不到充分利用。买方与卖方市场的经营环境不同,运输企业所采取的经营管理策略也不同。

5. 按运输需求的弹性划分

可分为富有弹性的运输市场和缺乏弹性的运输市场。在富有弹性的运输市场中,运价的变动对运输量的影响较大,运价是调整运输市场平衡的有力工具。

6. 按物流运输市场的竞争特点划分

可分为完全垄断(如铁路运输)运输市场、完全竞争(如租船运输)运输市场、竞争垄断(如公路运输)运输市场、寡头垄断(如班轮运输)运输市场。

完全竞争运输市场是指运输企业和货主对运输市场的价格均不能产生任何影响的市场;完全垄断运输市场是指某一运输市场完全被一个运输企业所垄断和控制的市场;竞争垄断运输市场是指既有独占倾向又有竞争成分的市场;寡头垄断运输市场是指某种运输产品的绝大部分由少数几家运输企业垄断的市场。

(五)不同运输方式的成本构成与特性

1. 运输成本的构成

运输成本是物流运作中的主要成本之一,其构成有以下四部分。

(1)变动成本

变动成本是指在一段时间内发生的费用,通常以一种可预计的、与某种层次的运输活动直接有关的形式而变化。因此,变动成本只有在运输工具未投入营运时才有可能避免。除例外的情况,运输费率必须弥补变动成本。变动成本中包括与承运人运输每一批货物有关的直接费用,这类费用通常按照每千米/海里或每单位重量多少成本来衡量。在这类成本构成中还包括劳动成本、燃料费用和维修保养费用等。要求承运人低于其变动成本来收取运费而又期望他能维持营运是不可能的。

(2)固定成本

固定成本是指在短期内虽不发生变化,但又必须得到补偿的那些费用。哪怕是公司关闭(如休假或罢工)也是如此,固定成本不受运量的影响。对于运输公司来说,固定成本构成中包括端点站、通道、信息系统和运输工具等费用。在短期内,与固定资产有关的费用必须由上述按每批货运量的价格减去变动成本的剩余(贡献)来弥补;从长期看,可以通过固定资产的买卖来降低固定成本的负担。

(3)联合成本

联合成本是指提供某种特定的运输服务而产生的不可避免的费用。联合成本对于运输收费有很大的影响,因为承运人索要的运价中必须包括特定运输设备空返对承运人造成的损失,它的确定要考虑托运人的回程货。

(4)公共成本

公共成本是承运人代表所有的托运人或某个分市场的托运人支付的费用。它具有企业一般管理费用的特征,通常是按照运输活动水平分摊给托运人来承担。如运输企业的各种税收和保险等。

2. 各种运输方式的成本特性

(1)铁路运输的成本特征

铁路运输的固定成本高,装卸成本、制单和收费成本,多种产品、多批货物货车的调度换车成本导致铁路运输的端点的可变成本也很高。铁路运输的线路成本相对较低,且单位可变成本会随运量和运距的增加略有下降。固定成本高和可变成本相对低造成的结果就是在铁路运输成本中存在明显的规模经济,将固定成本分摊到更大的运量上会降低单位成本,同样,如果将固定成本分摊到更长距离的运输中,铁路的吨千米成本就会下降。

(2)公路运输的成本特征

公路运输的固定成本是所有运输方式中最低的,因为承运人不拥有用于运营的公路,汽车只是很小的经济单位,车站的运营也不需昂贵的设备。而另一方面,公路运输的可变成本很高,因为公路建设和公路维护成本都以燃油税、养路费、公路收费、吨千米税的方式征收。端点费用包括取货和送货成本、站台装卸成本、制单费和收费成本,占公路运输总成本的15%~25%。端点成本在运输批量较小时,会随运输批量变化得很快。当运量超过一定规模,随着取货、送货和装卸成本分摊到更大的运量上,端点费用会持续下降。线路费用占总成本的50%~60%,单位线路费用随运距或运量的增加而降低并不明显。

(3)水路运输的成本特征

水路运输固定成本低,变动成本高。水路运输的固定成本主要投放在运输设备和端点设施上,水路和港口都是公有的,只有少数项目向水运承运人收费。水路运输的端点费用包括船只进入海港时的港口费和货物装卸费。水运货物装卸速度特别慢,除散货和集装箱货可以有效使用机械化装卸搬运设备外,昂贵的搬运成本(人工作业)使得其端点费用高得几乎令人无法接受。

水运中常见的高端点成本在很大程度上被很低的线路费用所抵消。水路不对使用者收费，且以很慢的速度、很小的单位运量牵引力进行运输，水运的可变成本尤其低。由于端点成本很高，线路费用很低，吨千米成本随运距和运量的变化急速下降。正因为此，水运是最廉价的大宗货物运输方式之一，适合长距离、大批量运输。

(4)航空运输的成本特征

航空公司拥有的运输设备在经济寿命内进行折旧构成了昂贵的固定成本。航空公司根据需要以燃油税、仓储费、场地租金和起降费形式购买的机场服务构成了其可变成本的主要部分。航空公司的可变成本受运距的影响比受运量的影响大。由于飞机在起飞和降落阶段的油耗远比巡航时大，单位运距的可变成本就会随着运距的加长而降低。对于既定的飞机，运量对可变成本影响不大，当然，大型飞机按吨千米计算的营运成本较低。

固定成本和可变成本合在一起使航空运输成为最贵的运输方式，短途运输尤其如此。但是，随着端点费用和其他固定开支分摊在大型飞机更大的运量上，单位成本会有所降低。如果在长距离内营运，还会带来单位成本的进一步下降。正因为此，航空运输适合于运输费用负担能力强，货运量小的中长距离运输。

(5)管道运输的成本特征

管道公司(或拥有管道的石油公司)拥有运输管道、泵站和气泵设备。这些固定装备的成本加上其他成本使管道运输的固定成本与总成本的比例是所有运输方式中最高的。要提高管道运输的竞争力，必须有足够大的运量来摊薄这种高的固定成本。可变成本主要包括运送产品(通常为原油和成品油)的动力和与泵站经营相关的成本。动力消耗与管道的周长与长度成正比，而运量则与管道的截面积成正比，因此，只要有足够大的运量，大管道的吨千米成本会迅速下降。但在同一根管道上运送的产品过多，管道运输的规模收益会递减。

(六)运输市场的竞争

1. 运输市场的竞争结构

(1)铁路运输市场的竞争结构

铁路运输固定成本较高，可变成本相对较低。铁路运输的可变成本主要由燃料动力费用、人工开支和税收组成。这决定了铁路运输企业具有较高的规模经济效益。

(2)公路运输市场的竞争结构

公路运输业的成本结构包括较高的可变成本和较低的固定成本。公路运输相对低固定成本的特点，使得进入汽车运输业不会受到太高的资金限制，因而汽车运输从业者众多，从而导致汽车运输业的内部竞争十分激烈。

(3)水路运输市场的竞争结构

水路运输企业的基本成本结构是高可变成本和低固定成本，与公路运输较为相似。

(4)航空运输市场的竞争结构

航空运输的成本结构也是高可变成本和低固定成本。这是因为政府投资并经营机场和航线，而航空公司不必直接支付这些固定设施的建设及管理费用。

2. 运输市场中运输企业所面临的竞争

1)运输价格竞争，价格因素的合理运用是运输企业提升其竞争优势、提高市场竞争力的关键。

2)服务质量竞争，服务质量的不断提高是运输企业提升其竞争优势、提高市场竞争力的核心内容。

3. 运输市场的规范与发展

1）国家要进一步加大对运输市场的宏观调控力度，通过建立和健全规范运输市场竞争的法律机制，使运输市场公正、有序的竞争具有法律环境的支持。

2）严格运输市场的准入制度，加强对运营过程中各项规章制度的检查、监督与落实。

3）要通过制定合理的运输发展政策，科学规划交通基础设施建设发展的战略布局，引导各种运输方式有序竞争、协调发展。

4）要支持和鼓励各种运输方式通过运输协作来充分发挥各自的供给优势，取长补短，在竞争中综合协调地发展。

任务三　物流运输方式

按照不同的划分标准，可以将运输方式划分为不同的种类，随着社会与经济的发展，一些新的运输方式也在不断涌现。

一、按运输设备及运输工具不同分类

（一）公路运输

公路运输是主要使用汽车或其他车辆（如人、畜力车等）在公路上进行客货运输的一种方式。

公路运输主要承担近距离、小批量的货运和水路、铁路运输难以到达地区的长途、大批量货运以及铁路、水路运输难以发挥优势的短途运输。

由于公路运输具有灵活性，近年来，在有铁路运输、水路运输的地区，长途、大批量运输也开始用公路运输，尤其是高速公路和载重汽车的快速发展，促使了公路运输快速发展。公路运输的主要优点是灵活性强。公路建设期短，投资较低，易于因地制宜，对货运站设施要求不高，可采取“门到门”运输形式，即从发货者门口直接到收货者门口，而不需转运或反复装卸搬运。公路运输也可作为其他运输方式的衔接手段。公路运输的经济里程一般在200千米以内。

（二）铁路运输

铁路运输是使用铁路列车运送客货的一种运输方式。铁路运输主要承担长距离、大数量的货运。在没有水运条件的地区，几乎所有大批量货物都是依靠铁路运输的，它是在干线运输中起主力运输作用的运输形式。

铁路运输的优点是速度快，运输不太受自然条件限制，载运量大，运输成本较低；主要缺点是灵活性差，只能在固定线路上实现运输，需要以其他运输手段配合和衔接。铁路运输的经济里程一般在200千米以上。

（三）水路运输

水路运输是使用船舶运送货物的一种运输方式。水运主要承担大数量、长距离的运输，也是在干线运输中起主力作用的运输形式。在内河及沿海，水运也常用于小型运输，补充及衔接大批量干线运输的任务。

水路运输的主要优点是成本低,能进行低成本、大批量、远距离的运输,但是水运也有显而易见的缺点,主要是运输速度慢,受港口、水位、季节、气候影响较大,因而一年中中断运输的时间较长。

(四)航空运输

航空运输是使用飞机或其他航空器进行运输的一种运输方式。航空运输的单位成本很高,因此,主要适合运载的货物有两类:一类是价值高、运费承担能力很强的货物,如贵重设备的零部件、高档产品、高附加值商品等;另一类是紧急需要的物资,如救灾抢险物资等。

航空运输的主要优点是速度快,不受地形的限制。在火车、汽车、船舶都达不到的地区也可依靠航空运输,因而具有重要意义。

(五)管道运输

管道运输是利用管道输送气体、液体和粉状固体的一种运输方式。它是靠物体在管道内顺着压力方向顺序移动实现的。和其他运输方式的重要区别在于,管道设备是静止不动的。

管道运输的主要优点是,由于采用密封设备,在运输过程中可避免散失、灭失等损失,也不存在其他运输设备本身在运输过程中消耗动力所产生的无效运输问题。另外,由于运输量大,适合于批量大且连续不断运送的物资,如自来水、煤气和原油等。

二、按运营主体不同分类

(一)自营运输

自营(用)运输是指货主自己进行运输,即自备车辆,并且自行承担运输责任,从事货物的运输活动。

(二)经营性运输

经营性运输是将运输服务作为经营对象,为他人提供货物运输服务,并收取运输费用的一种运输运营方式,是与自营(用)运输体系相对应的。

(三)公共运输

公共运输是指由政府投资或主导经营的各种运输工具(如飞机、火车等)以及相关的基础设施(如公路、铁路、港口、机场以及相关信息系统等)组成的统一的运输体系,由于其涉及的因素相当多,因此又被称为综合运输体系。

三、按运输的范围分类

(一)干线运输

干线运输是利用铁路、公路的干线,大型船舶的固定航线进行的长距离、大数量的运输,是进行远距离空间位置转移的重要运输形式。干线运输的一般速度较同种工具的其他运输要快,成本也较低。干线运输是运输的主体。

(二)支线运输

支线运输是与干线相接的分支线路上的运输。支线运输是干线运输与收、发货地点之间的补充性运输形式,路程较短,运输量相对较小。

（三）二次运输

二次运输是一种补充性的运输形式，指的是干线、支线运输到站后，站与用户仓库或指定地点之间的运输。由于是某个单位的需要，所以运量也较小。

（四）厂内运输

厂内运输是指在工业企业范围内，直接为生产过程服务的运输。一般在车间与车间之间，车间与仓库之间进行。但小企业内的运输以及大企业车间内部、仓库内部的运输则不称“运输”，而称“搬运”。

四、按运输的作用分类

（一）集货运输

集货运输是将分散的货物汇集、集中的运输形式。

（二）配送运输

配送运输是将节点中已按用户要求配好的货物分送至各个用户的运输，又被称为疏货运输。

五、按运输的协作程度分类

（一）一般运输

孤立地采用不同的运输工具或采用同类运输工具而没有形成有机协作关系的运输为一般运输。

（二）联合运输

联合运输简称联运，它是将两程以上或两种以上运输方式或运输工具连起来，实行多环节、多区段相互衔接的接力式运输。

（三）多式联运

在国内大范围物流和国际物流领域，往往需要反复地使用多种运输手段进行运输。在这种情况下，进行复杂的运输方式衔接，并且具有联合运输优势的运输称为多式联运。

六、按运输中途是否换载分类

（一）直达运输

在组织货物运输时，利用一种运输工具从起运站、港一直到目的站、港，中途不经换载，中途不入库储存的运输形式，称为直达运输。

（二）中转运输

在组织货物运输时，在货物运往目的地的过程中，在途中的车站、港口、仓库进行转运换载，称为中转运输。

任务四　现代运输系统

一、运输系统与运输系统现代化

运输系统作为物流系统的最基本的系统，是指由与运输活动相关的各种要素组成的一个整体。

运输系统现代化就是采用当代先进适用的科学技术和运输设备设施，运用现代管理科学，组织、协调运输系统各组成要素之间的关系，达到充分发挥运输功能作用的目的。运输系统的现代化，使运输系统结构发生了根本性的改变。

1）由单一的运输系统结构转向多种方式联合运输的系统结构，如汽车→船舶→汽车、汽车→铁路→汽车、汽车→飞机→汽车、船舶（港口）→火车（站场）→汽车（集散场）等不同的联合运输系统；

2）建立了适用于矿石、石油、肥料、水泥、煤炭等大宗货物的专用运输系统；

3）集包装、装卸、运输一体化，使运输系统向托盘化与集装箱化方向发展；

4）顺应全球经济的发展需要。

二、现代运输系统结构

现代运输系统结构主要有以下几种形式。

（一）并联结构

现代运输系统的并联结构如图 1-10 所示。

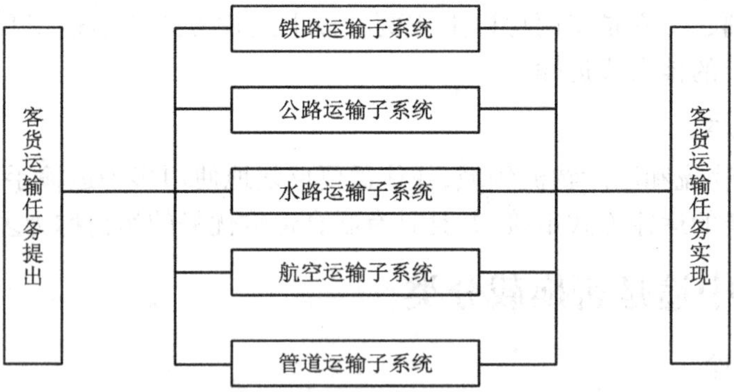

图 1-10　现代运输系统的并联结构

（二）串联结构

现代运输系统的串联结构如图 1-11 所示。

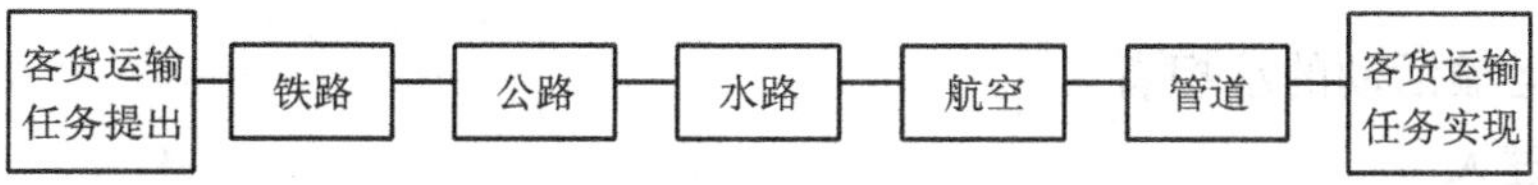

图 1-11　现代运输系统的串联结构

（三）串并联结构

现代运输系统的串并联结构如图 1-12 所示。

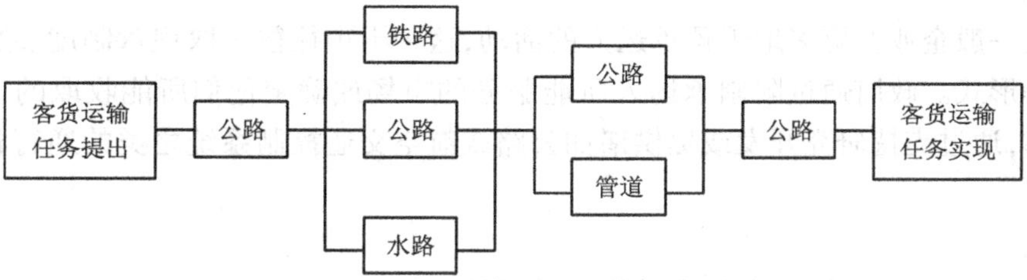

图 1-12　现代运输系统的串并联结构

三、运输系统的构成要素

（一）运输节点

所谓运输节点，指以连接不同运输方式为主要职能，处于运输线路上的，承担货物的集散、运输业务的办理、运输工具的保养和维修的基地与场所。

（二）运输线路

运输线路是供运输工具定向移动的通道，也是运输工具赖以运行的基础设施，是构成运输系统的最重要的要素。

（三）运输工具

运输工具是指在运输线路上用于载重货物并使其发生位移的各种设备装置，它们是使运输能够进行的基础设备。

运输工具根据从事运送活动的独立程度可以分为三类。一类，仅提供动力，不具有装载货物容器的运输工具，如：铁路机车、牵引车、拖船等；二类，没有动力，但具有装载货物容器的从动运输工具，如：车皮、挂车、驳船等；三类，既提供动力，又具有装载货物容器的独立运输工具，如轮船、货车、飞机等。

（四）货主与运输参与者

运输是物流活动，活动的主体就是参与者，活动作用的对象是货物客体。货物可能属于参与者，也可能不属于参与者。运输必须由货主和运输参与者共同参与才能进行。

1. 货主

货主是货物的所有者，包括托运人（或委托人）和收货人，有时托运人和收货人是同一主体，有时非同一主体。

2. 承运人

承运人指运输活动的承担者。

3. 货运代理人

货运代理人指根据用户要求，为获得代理费用而招揽货物、组织运输和配送的人。

4. 运输经纪人

运输经纪人指替托运人、收货人和承运人协调运输安排的中间商。协调的内容包括装运装载、费率谈判、结账和跟踪管理。经纪人属于非作业中间商。

5. 政府

政府比一般企业要更多地干预承运人的活动，这种干预往往采取规章制度、政策促进、拥有承运人等形式。政府通过限制承运人所能服务的市场或确定他们所能收取的价格来规范他们的行为，通过支持研究开发或提供诸如公路或航空交通控制系统之类的通行权来促进承运人发展。

6. 公众

公众关注运输的可达性、费用和效果以及环境上和安全上的标准。

任务五　运输合理化

一、运输合理化的内涵

运输合理化是指在一定的条件下以最少的物流运作成本获得最大的效率和效益。

二、影响运输合理化的主要因素

(一)影响运输合理化的外部因素

1. 政府

稳定而有效率的商品经济，需要有竞争力的运输服务向市场充分提供商品。因此，与其他商品企业相比，政府更多地干预了运输活动。在我国，政府主要在客观上对运输活动进行调节和干预，以保证运输市场协调稳定发展。

2. 资源分布状况

资源分布状况也对运输活动产生较大的影响。我国地大物博，资源丰富，但分布不平衡。如能源工业中的煤炭和石油，目前探明储量都集于北方各省区和西南、西北地区，东部省区储量很小，但工业用量却很大，这在很大程度上影响了运输布局的合理性，形成了我国“北煤南运”、“西煤东运”、“北油南运”、“西油东运”的运输格局。

3. 国民经济结构

运输的对象是工农业产品，因此工农业生产结构的变动必然会引起运输分布的变化。不仅工农业产品的增长速度成正比例地影响着货运量及其增长速度，而且工农业生产结构的变动也会引起货物运输结构及其增长速度的变化。如当运输系数较大的产品比重提高时，运输量也会以较快的速度增长，反之亦然。

4. 运输网布局

交通运输网络的线路及其运输能力、港站的地区分布，直接影响运输网络的货物吸引范围，从而影响货运量在地区上的分布与变化。如某地铁路网分布密度大于公路网分布密度，则铁路运量就大于公路运量。运输网布局的合理化，直接影响着企业运输的合理化，促进货运量的均衡分布。

5. 运输决策的参与者

运输决策的参与者主要有托运人、收货人、承运人、收货人及公众，他们的活动及决策直接影响着某一具体运输作业的合理性。

（二）影响运输合理化的"五要素"

影响运输合理化的要素中起决定性作用的有五方面，称为合理运输的"五要素"，包括运输距离、运输环节、运输工具、运输时间、运输费用。

1. 运输距离

在运输时，运输的时间、运输货损、运费、车辆或船舶周转等运输的若干技术经济指标，都与运输距离有一定的比例关系，运输距离长短是运输是否合理的一个最基本因素。

2. 运输环节

每增加一次运输，不但会增加起运的运费和总运费，而且必然要增加运输的附属活动，如装卸、包装等，各项技术经济指标也会因此下降。所以，减少运输环节，尤其是同类运输工具的环节，对合理运输有促进作用。

3. 运输工具

各种运输工具都有其使用的优势领域，对运输工具进行优化选择，按运输工具特点进行装卸运输作业，最大限度地发挥所有运输工具的作用，是运输合理化的重要一环。

4. 运输时间

运输，尤其是远程运输，是物流过程中需要花费较多时间的环节。在全部物流时间中，运输时间占绝大部分，所以，运输时间的缩短对整个流通时间的缩短有决定性作用。此外，运输时间短，有利于运输工具的加速周转，充分发挥运力的作用；有利于货主资金的周转；有利于运输线路通过能力的提高，对运输合理化有很大贡献。

5. 运输费用

运费在全部物流费用中占很大比例，运费高低在很大程度上决定了整个物流系统的竞争能力。实际上，运输费用的降低，无论对货主企业来讲，还是对物流经营企业来讲，都是运输合理化的一个重要目标。

（三）影响运输方式选择的关键因素

成本、速度和可靠性，是影响运输方式选择的关键因素。从物流系统的观点来看，这三个因素对物流运输是十分重要的。

1. 运输成本

运输成本是指为两个地理位置间的运输所支付的款项以及与行政管理和维持运输中的存货有关的费用。物流系统的设计应该利用能把系统总成本降到最低程度的运输方式，这意味着费用最低的运输方式并不总能产生最低的运输总成本。

2. 运输速度

运输速度是指完成特定的运输所需的时间。运输速度和成本的关系，主要表现在以下两个方面：能够提供更快速服务的运输商往往要收取更高的运费；运输服务越快，运输中的存货越少，无法利用的运输间隔时间就越短。因此，选择最适合的运输方式时，如何平衡运输服务的速度与成本是至关重要的。

3. 运输的可靠性

运输的可靠性是指在若干次运输活动中履行某一特定的运输所需的时间与原定时间或与前几次运输所需时间的一致性。这种一致性影响着买卖双方承担的存货义务和有关风险。例如，当运输缺乏可靠性时，就需要安全库存，增加库存成本，以防预料不到的服务故障。因此运输的可靠性被看做是高质量运输的最重要的特征。

三、物流的不合理运输

目前我国存在的不合理运输形式主要有以下几种。

(一)返程或起程空驶

空驶、无货载行驶，可以说是不合理运输的最严重形式。造成空驶的不合理运输主要有以下几种原因：

1)能利用社会化的运输体系而不利用，却依靠自备车送货提货，这样往往就会出现单程重车，单程空驶的不合理运输；

2)由于工作失误或计划不周，造成货源不实，车辆空去空回，形成双程空驶；

3)由于车辆过分专用，无法搭运回程货，只能单程重车，单程空回周转。

(二)对流运输

对流运输亦称“相向运输”、“交错运输”，指同一种货物，或彼此间可以互相代用而又不影响管理、技术及效益的货物，在同一线路上或平行线路上作相对方向的运送，而与对方运程的全部或一部分发生重叠交错的运输。已经制定了合理流向图的产品，一般必须按合理流向的方向运输，如果与合理流向图指定的方向相反，也属对流运输。

在判断对流运输时需注意的是，有的对流运输是不很明显的隐蔽对流，例如不同时间的相向运输，从发生运输的那个时间看，并未出现对流，可能做出错误的判断，所以要注意隐蔽的对流运输。

(三)迂回运输

迂回运输是舍近求远的一种运输，是可以选取短距离进行运输而不用，却选择路程较长的路线进行运输的一种不合理形式。迂回运输有一定的复杂性，不能简单处之，只有当计划不周、地理不熟、组织不当而发生的迂回，才属于不合理运输，如果因最短距离有交通阻塞、道路情况不好或对噪声、排气等有特殊限制而不能使用而发生的迂回，不能称为不合理运输。

(四)重复运输

本来可以直接将货物运到目的地，但是在未达目的地之处，或目的地之外的其他场所将货卸下，再重复装运送达目的地，这是重复运输的一种形式。另一种形式是，同品种货物在同一地点一面运进，同时又向外运出。重复运输的最大弊端是增加了非必要的中间环节，这就延缓了流通速度，增加了费用，增大了货损。

(五)倒流运输

倒流运输是指货物从销售地或中转地向产地或起运地回流的一种运输现象。倒流运输也可看做是隐蔽对流的一种特殊形式。

(六)过远运输

过远运输是指调运货物舍近求远，近处有资源不调而从远处调，这就造成可采取近程运输而未采取，拉长了货物运输距离的浪费现象。

(七)运力选择不当

由于没有利用各种运输工具的优势，选择不恰当的运输工具而造成的不合理现象，称为运力选择不当。常见的运力选择不当有以下若干形式。

1. 弃水走陆

在同时可以利用水运及陆运时，不选择成本较低的水运或水陆联运，而选择成本较高的铁路运输或汽车运输，使水运优势不能发挥。

2. 铁路、大型船舶的过近运输

铁路、大型船舶的过近运输是指不是铁路及大型船舶的经济运行里程，却利用这些运力进行近距运输的不合理做法。主要不合理之处在于火车及大型船舶起运及到达目的地的准备、装卸时间长，且机动灵活性不足，在过近距离中利用，发挥不了运速快的优势。相反，由于装卸时间长，反而会延长运输时间。另外，和小型运输设备比较，火车及大型船舶装卸难度大、费用也较高。

3. 运输工具承载能力选择不当

不根据承运货物数量及重量选择，而盲目决定运输工具，造成过分超载、损坏车辆或货物不满载、浪费运力的现象。“大马拉小车”的现象发生较多，由于装货量小，单位货物运输成本必然增加。

(八)托运方式选择不当

对于货主而言，可以选择最好的托运方式而未选择，最终造成运力浪费及费用支出加大的不合理运输即托运方式选择不当。例如，应选择整车而未选择，反而采取零担托运，应当直达运输而选择了中转运输，应当中转运输而选择了直达运输等，都属于这一类型的不合理运输。

四、实现运输合理化的有效措施

(一)提高运输工具实载率

实载率有两个含义，一是单车实际载重与运距之乘积和标定载重与行驶里程之乘积的比率。这在安排单车、单船运输时，是作为判断装载合理与否的重要指标。二是车船的统计指标，即一定时期内车船实际完成的货物周转量(以吨千米计)占车船载重吨位与行驶千米之乘积的百分比。在计算时，车船行驶的千米数不但包括载货行驶千米数，也包括空驶千米数。

提高运输工具实载率是指充分利用运输工具的额定能力，减少车船空驶和不满载行驶的状况,减少浪费,从而实现运输合理化。具体措施如下。

1."满载超轴"

我国曾在铁路运输上提倡"满载超轴"。其中,"满载"的含义就是利用货车的容积和载重量,多载货,不空驶;"超轴"的含义就是在机车能力允许的情况下,加长列车或多加挂货车,在不增加机车的情况下增加运输量。

2.汽车挂车

汽车挂车的原理与火车加挂基本相同,都是在充分利用动力能力的基础上,增加运输能力。但反对超载,因为超载易引发交通事故,降低运输资源利用率。

3.配载运输

配载运输也是提高运输工具实载率的一种有效形式。配载运输往往是在载重量和容积允许的情况下,将轻、重质商品混合配载,以重质货物运输为主,搭载一些轻质货物。如海运矿石、黄沙等重质货物时,配载木材、毛竹等轻质货物。铁路运矿石、钢材等重物时,可在上面搭运轻质农、副产品等。当前,国内外开展的配载运输,优势之一就是将多家需要的物品和一家需要的多种物品实行配装,以达到容积和载重的充分合理运用。在铁路运输中,采用整车运输、整车拼装、整车分卸等具体措施,都是提高实载率的有效途径。

(二)少投入动力,增加运输能力,实现运输合理化

这种合理化的要点是:在设施建设已定型和完成的情况下,尽量减少能源投入,节约运费,降低单位物品的运输成本,达到合理化的目的。国内外在这方面的有效措施有以下几种。

1.水运拖排和拖带法

竹、木等物资的运输,可利用竹、木本身的浮力,不用运输工具载运,而直接采取拖带法运输,可省去运输工具本身的动力消耗,从而达到合理化。还可将无动力驳船编成一定队形,一般是"纵列",用拖轮拖带行驶,可发挥比船舶载乘运输运量大的优点,达到合理化。

2.顶推法

顶推法是我国内河货运采取的一种有效的航行方法。它将内河驳船编成一定队形,然后用机动船顶推前进。其优点是航行阻力小,顶推量大,速度较快,运输成本很低。

(三)发展社会化的运输体系

实行运输社会化,可以统一安排运输工具,避免一家一户的小生产运输产生的对流、倒流、空驶、运力不当等多种不合理形式。不但可以追求组织效益,而且可以追求规模效益。所以,发展社会化的运输体系是运输合理化的非常重要的措施。

当前,铁路运输的社会化运输体系已经较完善,而在公路运输中由于一家一户的小生产运输方式还非常普遍,因此,公路运输是建立社会化运输体系的重点。

(四)开展中短距离铁路公路分流,实行中短距离"以公代铁"的运输

这种运输的合理性主要表现为两点:一是对于比较紧张的铁路运输,用公路分流后,可以得到一定程度的缓解,从而加大这一区段的运输通过能力;二是充分利用公路从"门到门"和在中途运输中速度快且灵活机动的优势,实现铁路运输服务难以达到的水平。

目前,我国"以公代铁"在杂货、日用百货运输及煤炭运输中较为普遍。一般控制在200千米以内,有时可达700~1 000千米。

（五）发展直达运输

直达运输的要点是，通过减少中转换载，提高运输速度，省却装卸费用，降低中转货损。如同其他合理化措施一样，直达运输的合理性也是在一定条件下才会有所表现。实践中要根据用户的要求，从物流总体出发做综合判断。

（六）“四就”直拨运输

一般批量到站或到港的货物，首先要进入分配部门或批发部门的仓库，然后再按程序分拨或销售给用户。这样一来，往往会出现不合理运输。“四就”直拨，首先是由管理机构预先筹划，然后就厂或就站（码头）、就库、就车（船）将货物分送给用户，而无须再入库了。

（七）发展特殊技术和运输工具

依靠科技进步是运输合理化的重要途径。例如：专用散装、罐车解决了粉状、液体物运输损耗大，安全性差等问题；专用运输车辆解决了大型设备整体运输问题；滚装船解决了载货车的运输问题；集装箱船比一般船能容纳更多的箱体；集装箱高速直达车船加快了运输速度等。

（八）通过流通加工，使运输合理化

有不少产品，由于产品本身形态及特性问题，很难实现运输的合理化，如果进行适当加工，就能够有效地解决合理运输问题。例如，将造纸材料在产地预先加工成干纸浆，然后压缩体积运输，就能解决造纸材料运输不满载的问题。轻泡产品预先捆紧包装成规定尺寸，装车就容易提高装载量。水产品及肉类预先冷冻，就可提高车辆装载率并降低运输损耗。

案例

百胜物流降低连锁餐饮企业运输管理之道

对于连锁餐饮这个锱铢必较的行业来说，靠物流手段节省成本并不容易。然而，作为肯德基、必胜客等业内巨头的指定物流提供商，百胜物流公司抓住运输环节大做文章，通过合理的运输安排，降低配送频率，实施歇业时间送货等优化管理方法，有效地实现了物流成本的“缩水”，给业内管理者指出了一条细致而周密的降低物流成本之路。

对于连锁餐饮业来说，由于原料价格相差不大，物流成本始终是企业成本竞争的焦点。据有关资料显示，在一家连锁餐饮企业的总体配送成本中，运输成本占到60%左右，而运输成本中的55%～60%又是可以控制的。因此，降低物流成本应当紧紧围绕运输这个核心环节。

一、合理安排运输排程

运输排程的意义在于，尽量使车辆满载，只要货量许可，就应该做相应的调整，以减少总行驶里程。

由于连锁餐饮业餐厅的进货时间是事先约定好的，这就需要配送中心就餐厅的需要，制作一个类似列车时刻表的主班表，此表是针对连锁餐饮餐厅的进货时间和路线详细规划制定的。

众所周知，餐厅的销售存在着季节性波动，因此主班表至少有旺季、淡季两套方案。有必要的话，应该在每次营业季节转换时重新审核运输排程表。安排主班表的基本思路是，首先计算每家餐厅的平均订货量，设计出若干条送货路线，覆盖所有的连锁餐厅，最终达到总行驶里程最短、所需司机人数和车辆数最少的目的。

规划主班表远不像人们想象的那样简单。运输排程的构想最初起源于运筹学中的路线原理，其最简单的模型从起点到终点有多条路径可供选择，每条路径的长度各不相同，要求找到最短的路线。实际问题要比这个模型复杂得多，首先，需要了解最短路线的点数，从图上的几个点增加到成百甚至上千个，路径的数量也相应增多到成千上万条。其次，每个点都有一定数量的货物流需要配送或提取，因此要寻找的不是一条串联所有点的最短路线，而是每条串联几个点的若干条路线的最优组合。另外，还需要考虑许多限制条件，比如车辆装载能力、车辆数目、每个点在相应的时间开放的窗口等，问题的复杂度随着约束数目的增加呈几何级数增长。要解决这些问题，需要用线性规划、整数规划等数学工具，目前市场上有一些软件公司能够以这些数学解题方法作为引擎，结合连锁餐饮业的物流配送需求，做出优化运输路线安排的软件。

在主班表确定以后，就要进入每日运输排程，也就是每天审视各条路线的实际货量，根据实际货量对配送路线进行调整，通过对所有路线逐一进行安排，可以去除几条送货路线，至少也能减少某些路线的行驶里程，最终达到提高车辆利用率、提高司机工作效率和降低总行驶里程的目的。

二、减少不必要的配送

对于产品保鲜要求很高的连锁餐饮业来说，尽力和餐厅沟通，减少不必要的配送，可以有效地降低物流配送成本。

如果连锁餐饮餐厅要将其每周配送频率增加一次，会对物流运作的哪些领域产生影响？

在运输方面，餐厅所在路线的总货量不会发生变化，但配送频率上升，会导致运输里程上升，相应的油耗、过路桥费、维护保养费和司机人工都要上升。在客户服务方面，餐厅下订单的次数增加，相应的单据处理作业也要增加。餐厅来电打扰的次数相应上升，办公用品（纸、笔、电脑耗材等）的消耗也会增加。在仓储方面，所要花费的拣货、装货的人工会增加。如果涉及短保质期物料的进货频率增加，那么连仓储收货的人工都会增加。在库存管理上，由于进货批量减少，进货运费很可能会上升，处理的厂商订单及后续的单据作业数量也会上升。

由此可见，配送频率增加会影响配送中心几乎所有的职能，最大的影响在于运输里程上升所造成的运费上升。因此，减少不必要的配送，对于连锁餐饮企业显得尤其关键。

三、提高车辆的利用率

车辆的时间利用率也是值得关注的，提高卡车的时间利用率可以从增大卡车尺寸、改变作业班次、二次出车和增加每周运行天数四个方面着手。

由于大型卡车可以每次装载更多的货物，一次出车可以配送更多的餐厅，因此延长了卡车的在途时间，从而增加了其有效作业的时间。这样做还能减少干路运输里程和总运输里程。虽然大型卡车单次的过路桥费、油耗和维修保养费高于小型卡车，但其总体上的使用费用绝对低于小型卡车。

运输成本是最大项的物流成本，所有别的职能都应该配合运输作业的需求。所谓改变作业班次就是指改变仓库和别的职能的作业时间，适应实际的运输需求，提高运输资产的利用率。否则朝九晚五的作业时间表只会限制发车和收货时间，从而限制车辆的使用。

如果配送中心实行 24 小时作业，车辆就可以利用晚间二次出车配送，大大提高车辆的时间利用率。在实际物流作业中，一般会将餐厅分成可以在上午、下午、上半夜、下半夜四个时间段收货，据此制定仓储作业的配套时间表，从而使车辆的利用率最大化。

四、尝试歇业时间送货

目前我国城市的交通限制越来越严，卡车只能在夜间时段进入市区。由于连锁餐厅运作一般到夜间 24 点结束，如果赶在餐厅下班前送货，车辆的利用率势必非常有限。随之而来的解决办法就是利用餐厅的歇业时间送货。

歇业时间送货避开了城市交通高峰时间，既没有顾客的打扰，也没有餐厅运营的打扰。由于餐厅一般处在繁华路段，夜间停车也不用像白天那样有许多顾忌，可以有充裕的时间进行配送。由于送货窗口开放时间延长到了下半夜，使卡车可以二次出车，提高了车辆利用率。

在餐厅歇业时段送货的最大顾虑在于安全。餐厅没有员工留守，司机必须拥有餐厅钥匙，掌握防盗锁的密码，餐厅安全相对多了一层隐患。卡车送货到餐厅，餐厅没有人员当场验收货物，一旦发生差错很难分清到底是谁的责任，双方只有按诚信的原则妥善处理纠纷。歇业时间送货要求配送中心和餐厅之间有很高的互信度，如此才能将系统成本降低。所以，这种方式并非在所有地方都可行。

思考题

1. 运输的作用体现在哪些方面？
2. 运输方式有哪些分类方法？各种分类方法下有哪些运输方式？
3. 运输系统的构成要素有哪些？为什么公众也是运输参与者？
4. 物流运输经济里程的含义是什么？
5. 运输价格的结构形式有哪些？
6. 不同运输方式下的成本特性是什么？
7. 运输需求的特征有哪些？影响运输需求的主要因素是什么？
8. 运输供给的特征有哪些？影响运输供给的主要因素是什么？
9. 运输市场的特征有哪些？
10. 政府如何对运输市场进行规范以促进其发展？
11. 运输合理化的影响因素有哪些？
12. 我国主要存在的不合理运输形式有哪些？
13. 运输合理化的有效措施有哪些？
14. 物流与运输的区别体现在哪些方面？
15. 运输在物流中的作用是如何体现的？

情境二　公路货物运输

通过对情境二知识与技能的学习与应用，学生应该掌握公路货物运输的内涵、货物运输车辆的选择、公路货物运输组织方法与技术、公路整车及零担货物运输、公路货物运输作业管理等基本知识及技能，并能对公路货物运输的运费进行计算。

知识目标

1. 掌握公路货物运输的内涵及其类型；
2. 掌握公路货物运输的技术装备与设施；
3. 掌握公路货物运输的成本构成与市场竞争特点；
4. 掌握汽车运输的经营特点与功能；
5. 掌握车辆选择应考虑的因素；
6. 掌握公路货物运输组织方法与技术；
7. 掌握公路整车及零担货运的作业程序；
8. 掌握公路货物运输作业流程；
9. 掌握货运方式选择的影响因素。

能力目标

1. 能解释公路货物运输的内涵；
2. 能掌握公路运输货物的种类；
3. 能办理和组织公路整车运输及零担运输的业务；
4. 能阐述公路零担运输的条件；
5. 能结合实际情况采用较好的方式来获取运输车辆；
6. 能对公路运输货运单进行填写；
7. 能对公路整车运输的作业程序进行应用；
8. 能对公路零担运输的作业程序进行应用；
9. 能对公路货物运输的运费进行计算。

任务一　公路货物运输知识构建

一、公路货物运输的内涵

广义来说，公路货物运输是指利用一定的载运工具（汽车、拖拉机、畜力车、人力车等）沿公路实现货物空间位移的过程。

从狭义来说，公路运输即指汽车运输。物流运输中的公路运输专指汽车货物运输。

二、公路运输的功能

公路运输是一种机动灵活、简捷方便的运输方式，在短途货物集散运转上，它比铁路、航空运输具有更大的优越性，尤其在实现“门到门”的运输中，其重要性更为显著。尽管其他各种运输方式各有特点和优势，但或多或少都要依赖公路运输来完成最终两端的运输任务。例如铁路车站、水运港口码头和航空机场的货物集散运输都离不开公路运输。

但公路运输也具有一定的局限性，如载重量小，不适宜装载重件、大件货物，不适宜长途运输；车辆运行中震动较大，易造成货损货差事故，同时，运输成本费用较水路和铁路为高，造成的环境污染严重。

基于上述特征，汽车运输主要有以下功能。

（一）主要担负中、短途运输任务

短途运输，通常运距在50千米以内；中途运输运距为50～200千米。

（二）衔接其他运输方式

其他运输方式（如铁路、水路或航空）担负主要（长途）运输任务时，由汽车运输担负其起、终点处的客货集散运输任务。

（三）独立担负长途运输任务

当汽车运输的经济运距超过200千米时，或者其经济运距虽短，但基于国家或地区的政治与经济建设等方面需要，也常由汽车担负长途运输任务，如对边远地区或少数民族地区的长途运输，或因救灾工作的紧急需要而组织的长途运输以及公路超限货物的“门到门”长途直达运输等。

（四）独立担负经济运距内的运输任务

主要是中短途运输（我国规定50千米以内为短途运输，50～200千米为中途运输）。由于高速公路的兴建，汽车运输从中、短途运输逐渐变成短、中、远程运输并举的局面，将是一个不可逆转的趋势。

（五）补充和衔接其他运输方式

所谓补充和衔接，即当其他运输方式担负主要运输任务时，由汽车担负起点和终点处的短途集散运输任务，完成其他运输方式到达不了的地区的运输任务。

三、公路运输的特点

（一）机动灵活，适应性强

公路运输网的密度一般要比铁路、水路运输网的大十几倍，分布面广，因此公路运输车辆可以“无处不到，无时不有”。货运汽车按用途分有通用汽车、专用汽车；按道路适应分有普通汽车、越野汽车。在汽车技术功能设计上，一般汽车都能在山区及高原地带、严寒酷暑季节、风雪与雾中运行，受地理条件、天时气候、洪旱水位等限制较小，较之铁路、水路、航空有适应性强、运行范围广的特性。

公路运输的机动性比较大,汽车的载重吨位有小(0.25~1吨)有大(200~300吨),既可以单个车辆独立运输,也可以由若干车辆组成车队同时运输,这一点对抢险、救灾工作和军事运输具有特别重要的意义。单位运量小,运输灵活,在运用上既可完成小批量运输任务,又能随时集结,承担大批量突击性运输任务;同时车随站点分布,线路交织成网,车辆来去方便,车辆可随时调度、装运,各环节之间的衔接时间较短。

(二)可实现"门到门"直达运输

由于汽车体积较小,中途一般也不需要换装,除了可沿分布较广的路网运行外,还可离开路网深入工厂企业、农村田间、城市居民住宅等地,即可以把旅客和货物从始发地门口直接运送到目的地门口,实现"门到门"直达运输。在物流配送活动中,可以直接到达收货人的仓库卸货。

(三)有较快的运送速度

在中、短途运输中,由于公路运输可以实现"门到门"直达运输,中途不需要倒运、转乘就可以直接将客货运达目的地,因此,与其他运输方式相比,其客、货在途时间较短,运送速度较快,特别是高速公路网的建设,使公路运输的运送速度得到很大的提高,有时汽车进行长途运输的运送速度甚至可以超过火车。

运送速度快的意义在于加速资金周转,保证货物的质量不变,提高货物的时间价值,为生产企业、流通企业"零库存"的实现提供保障。所以高档、贵重、鲜活易腐货物及急需运输的货物多数采用汽车运输方式。

(四)原始投资少,资金周转快

公路运输企业的固定资产主要是车辆、装卸机械、汽车站(场),投资最大的公路是由国家投资建设的,具有公用设施的性质,与铁路、水路、航空运输方式相比,所需固定设施简单,车辆购置费用一般也比较低,因此,投资兴办容易,投资回收期短。

(五)掌握车辆驾驶技术较易

汽车驾驶技术比较容易掌握。汽车驾驶员的培训时间较短,仅几个月时间,而火车、轮船、飞机的驾驶技术则要数年才能掌握。汽车运输对驾驶员的各方面素质要求相对较低。

(六)运量较小,运输成本较高

汽车的单位工具载重量较铁路列车、船舶小得多,因此在人力的消耗和运输能力上远远小于铁路和水路运输。

比如美国通用汽车公司生产的矿用自卸车,长20多米,自重610吨,载重350吨左右,但仍比火车、轮船的载重量小得多;由于汽车载重量小,行驶阻力比铁路大9~14倍,所消耗的燃料价格又较高,因此,除了航空运输,就是汽车运输成本最高了。

(七)运行持续性较差

据有关统计资料表明,在各种现代运输方式中,由于受经济运距的影响,公路的平均运距是最短的,运行持续性较差。但其机动灵活,适应性强,"门到门"直达运输等特点弥补了运行持续性的不足。

（八）安全性较低，污染环境较大

汽车运输的交通事故无论是在数量上，还是造成的损失总量，都较其他运输方式多。据历史记载，自汽车诞生以来，汽车交通事故已经吞噬掉3 000多万人的生命，特别是20世纪90年代开始，死于汽车交通事故的人数急剧增加，这个数字超过了艾滋病、战争和结核病每年的死亡人数。

汽车所排出的尾气和发出的噪声也严重地威胁着人类的健康，是大城市环境污染的最大污染源之一。为减少公害，各国都先后颁布法规予以限制，我国于1985年正式颁布了车辆废气排放标准。

四、公路运输的分类

（一）按托运批量大小分类

1）整车运输，凡托运方一次托运货物在3吨及3吨以上的，或虽不足3吨但其性质、体积、形状需要一辆3吨以上的汽车运输的业务为整车运输。其特点是，都是大宗货物，货源的构成、流量、流向、装卸地点都比较稳定。

2）零担运输，凡托运方一次托运货物不足3吨的汽车运输业务为零担运输。其特点是，非常适合商品流通中品种繁杂、量小批多、价高贵重、时间紧迫、到达站点分散等特殊情况的运输。

3）集装箱运输，将适箱货物集中装入标准化集装箱，采用现代化手段进行的货物运输。

4）包车运输，是指应托运人的要求，经双方协议，把车辆包给托运人安排使用，并按时间或里程计算运费的业务。

（二）按运送距离分类

1）长途运输，运距在200千米以上为长途运输。特点是迅速、简便、直达、运输距离长、周转时间长、行驶线路较固定。

2）短途运输，50千米及50千米以下为短途运输。特点是运输距离短，装卸次数多，车辆利用率低；点多面广，时间要求紧迫；货物零星，种类复杂，数量忽多忽少。

（三）按货物的性质及对运输条件的要求分类

1）普通货物运输，被运输的货物本身的性质普通，在装卸、运送、保管过程中没有特殊要求。普通货物分为一等、二等、三等三个等级。

2）特种货物运输，被运输的货物本身的性质特殊，在装卸、运送、保管过程中需要特定条件、特殊设备来保证其完整无损。

特种货物运输又可分为长大、笨重货物运输，危险货物运输，贵重货物运输和鲜活易腐货物运输。

（四）按托运的货物是否保险或保价分类

公路货物运输保险就是针对流通中的商品而提供的一种货物险保障。开办这种货运险，是为了使运输中的货物在公路运输过程中，因遭受保险责任范围内的自然灾害或意外事故所造成的损失能够得到经济补偿，并加强货物运输的安全防损工作，以利于商品的生产和商品的流通。

保价运输是指运输企业与托运人共同确定的以托运人声明货物价值为基础的一种特殊运输方式,保价就是托运人向承运人声明其托运货物的实际价值。凡按保价运输的货物,托运人除缴纳运输费用外,还要按照规定缴纳一定的保价费。

(五)按货物运送速度分类

1)一般货物运输,即普通速度运输,或称慢运;

2)快件货物运输,快件货物运送的速度从货物受理当日15点钟起算,运距在300千米内24小时运达,运距在1 000千米内48小时运达,运距在2 000千米内72小时运达;

3)特快专运,是指按托运人的要求在约定时间内运达。

(六)按运输的组织特征分类

集装化运输,它是以集装单元作为运输的单位,保证货物在整个运输过程中不致损失,而且便于使用机械装卸、搬运的一种货运形式。集装化运输最主要的形式是托盘运输和集装箱运输。

联合运输,就是两个或两个以上的运输企业,根据同一运输计划,遵守共同的联运规章或签订的协议,使用共同的运输票据或通过代办业务,组织两种或两种以上的运输工具,相互接力,联合实现货物的全程运输。

五、公路运输的技术装备与设施

(一)公路货运车辆

1. 载货汽车

载货汽车是指专门用于运送货物的汽车,又称载重汽车。轻型载货汽车服务于规模不大、批量很小的货物运输,通常用于城市运输。

载货汽车按其载重量的不同可分为微型(最大载重量0.75吨)、轻型(载重量0.75~3吨)、中型(载重量3~8吨)、重型(载重量在8吨以上)四种。

重型载货汽车多用于经常性的大批量货物运输,如大型建筑工地、矿山等地区的货物运输。中型载货汽车适用范围比较广泛,既可在城市承担短途运输任务,也可承担中、长途运输任务。目前在我国,中型载货汽车是载货汽车的主要车型,数量较多。

载货汽车的车身具有多种形式。敞车车身是载货汽车车身的主要形式,它适用于运送各种货物。厢式车身可以提高货物安全性,多用于运送贵重货物。自卸汽车可以自动卸货,适用于运送散装货物,如煤炭、矿石、砂等。

2. 专用运输车辆

专用运输车辆是按运输货物的特殊要求设计的,主要包括:

1)厢式车,即标准的挂车或货车,货厢封闭;

2)敞车,即挂车顶部敞开,可装载高低不等的货物;

3)平板车,即挂车,无顶也无侧厢板,主要用于运输钢材和集装箱货物;

4)罐式挂车,用于运输流体类货物;

5)冷藏车,用于运输需控制温度的货物;

6)高栏板车,汽车厢底架凹陷或车厢特别高,以增大车厢容积。

3. 特种车

特种车通常是在普通汽车底盘上安装专用的设备或车身,专供特殊用途而制造的汽车,例如消防车、救护车、垃圾车、洒水车和各种工程车。

4. 牵引车和挂车

牵引车也称拖车,一般不设载客或载货车厢,它是专门用于拖挂或牵引挂车的汽车。牵引车可分为全挂式和半挂式两种。半挂式牵引车与半挂车一起使用,半挂车的部分重量由半挂式牵引车的底盘承载。全挂式牵引车则与全挂车一起使用,其车架较短。除专门牵引车以外,一般的载货汽车也可作为全挂式牵引车使用。

挂车本身无动力装置,而是通过杆式或架式拖挂装置,由牵引车或其他车辆牵引,因此它必须与牵引车组合在一起,才能作为一个完整的运输工具使用。挂车的车身通常也做成车厢的形式,可以运送货物。

挂车有全挂车、半挂车、厢式挂车以及重载挂车等类型。全挂车由牵引车或作为牵引车使用的汽车牵引。半挂车则与半挂式牵引车一起使用。轴式挂车是一种单轴车辆,专门用于运送长度较大的货物。重载挂车是大载重量的挂车,它可以是全挂车,也可以是半挂车,专门用于运送沉重的货物,其载重量可达到 200 ~ 300 吨。由于挂车结构简单,保养方便,而且自重较小,因此在汽车运输中广泛使用。

(二)公路

1. 公路等级

根据交通量及其使用性质,公路分为五个等级。

(1)高速公路

高速公路指能适应年平均昼夜汽车交通量在 25 000 辆以上,具有特别重要的政治、经济意义,专供汽车分道高速行驶,全部立体交叉并全部控制出入口的公路。

(2)一级公路

一级公路指能适应年平均昼夜汽车交通量为 5 000 ~ 25 000 辆,连接重要政治、经济中心,通往重点工矿区、港口、机场,专供汽车分道行驶并部分控制出入口、部分立体交叉的公路。

(3)二级公路

二级公路指能适应年平均昼夜汽车交通量为 2 000 ~ 5 000 辆,连接政治、经济中心或大型矿区等地的干线公路,或运输任务繁忙的城郊公路。

(4)三级公路

三级公路指能适应年平均昼夜汽车交通量在 2 000 辆以下,沟通县及县以上城市的一般公路。

(5)四级公路

四级公路指能适应年平均昼夜汽车交通量在 200 辆以下,沟通县、乡、镇的支线公路。

2. 桥隧

桥梁、隧道、涵洞都是为车辆通过自然障碍(河流、山岭)或跨越其他立体交叉的交通线而修建的构造物,其中:

1)涵洞,单孔标准跨径小于5米,或多孔跨径总长小于8米;

2)桥梁,单孔跨径较涵洞大,总长较涵洞长;

3)隧道,主要用于穿越山丘,车辆在隧道内运行。

(三)货运站

公路运输货运站的主要功能包括货物的组织与承运、中转货物的保管、货物的交付、货物的装卸以及运输车辆的停放、维修等内容。简易的货运站点,则仅有供运输车辆停靠与货物装卸的场地。

货运站是专门办理货物运输业务的汽车站,一般设在公路货物集散点。货运站可分为集运站(或集送站)、分装站和中继站等。集运(送)站是集结货物或分送货物的场站;分货站是将货物按某种要求分开,并进行配装的场站;中继站是供长途货运驾驶员及随车人员中途休整的场所。

1. 货运站的任务与职能

货运站的主要工作是组织货源、受理托运、理货、编制货车运行作业计划以及车辆的调度、检查、加油、维修等。

汽车货运站的职能包括下列几个方面。

1)调查并组织货源,签订有关运输合同。

2)组织日常的货运业务工作。

3)做好运行管理工作。运行管理的核心是做好货运车辆的管理,保证各线路车辆正常运行。

2. 汽车货运站的分类

货运站可分为整车货运站、零担货运站和集装箱货运站三类。

(1)整车货运站

整车货运站主要经办大批货物运输,有的站也兼营小批货物运输。它是调查并组织货源,办理货运商务作业的场所。商务作业包括托运、承运、受理业务、结算运费等工作。

(2)零担货运站

零担货运站是专门办理零担货物运输业务,进行零担货物作业、中转换装、仓储保管的营业场所。货物一般由托运人自行运至货运站,也可以由车站人员上门办理托运手续。零担货运站的站务作业工作量大而复杂,其作业的内容及程序是:受理托运、检货司磅、验收入库、开票收费、装车与卸车、货物交接、货物中转、到达与交付等。

(3)集装箱货运站

集装箱货运站主要承担集装箱的中转运输任务,所以又称集装箱中转站。其主要业务是集装箱"门到门"运输与中转运输;集装箱适箱货物的拆箱、装箱、仓储和接取送达;集装箱的装卸、堆放和检查、清洗、消毒、维修;车辆、设备的检查、清洗、维修和存放;为货主代办报关、报检等货运代理业务。

3. 汽车货运站的分级

(1)零担货运站的站级划分

根据零担货运站的年货物吞吐量,将零担货运站划分为一、二、三级。年货物吞吐量在6万吨以上为一级站;2~6万吨为二级站;2万吨以下为三级站。

（2）集装箱货运站的站级划分

根据年运输量、地理位置和交通条件的不同，集装箱货运站可分为四级。一级站年运输量为 3 万标准箱以上；二级站年运输量为 1.6～3 万标准箱；三级站年运输量为 0.8～1.6 万标准箱；四级站年运输量为 0.4～0.8 万标准箱。年运输量是计划年度内通过货运站运输的集装箱量总和。

六、公路运输的货物

公路运输的货物一般可按其物理属性、装卸方法、运输条件、托运批量等因素进行分类。

（一）按货物的物理属性分类

按货物的物理属性，可将货物划分为固体、液体、气体三种。

在不同地理、经济区域，产业发展的不同阶段，三种不同物理属性的货物构成是不同的。我国现阶段的货物物理属性构成中以固体货物的运输量为最大，而其中又以块状货物（如煤炭、矿石等）和粉末状货物（如水泥、化肥等）居多。

在同一类货物中，密度也是一项重要的物理性质，货物的密度对车辆装载质量、容积的利用以及装载与运输过程的安全性和服务质量都会有较大的影响。

（二）按货物的装卸方法分类

1）件装货物，是指可以用件计数的货物，每一件货物都有一定的质量、形状和体积。带运输包装的件装货物，按包装物的形状可分为桶装、箱装和袋装货物；按其包装物的性质，又可分硬质包装、软质包装、玻璃瓶装和专门包装等多个种类。集装单元可以视做成件货物的一种特殊形式，用托盘、集装笼以及特种包装物固定在普通货板上的货物等。

2）散装货物，是指可以用堆积或灌注等方法进行装卸搬运的货物。散装货物采用大批量运输或专门运输，对车辆性能、装卸设施、承载工具等有一定的要求。

（三）按货物的运输条件分类

1）普通货物，是指货物在运输、配送、保管及装卸作业过程中，没有特殊要求，无须采用特殊措施和方法的货物。

2）特种货物，是指货物在运输、配送、保管及装卸作业过程中，需要采用特殊措施和方法的货物。特种货物又可分为危险货物、大件（长大、笨重）货物、鲜活易腐货物和贵重货物。

（四）按货物的托运量大小分类

凡一次托运批量货物的质量在 3 吨（含 3 吨）以上或虽不足 3 吨，但因其性质、体积、形状需要一辆 3 吨位以上汽车运输的，称为整车货物。反之，称为零担货物。特殊单件货物不作为零担货物受理，如各类危险货物，易破损、易污染和鲜活易腐货物一般也不作为零担货物。

七、公路运输的成本构成与市场竞争特点

（一）可变成本

可变成本占公路运输成本的 70%～90%，公路运输业成本的大部分属于日常运行支出，

即燃油、工资、车辆磨损和维修费用等组成的可变成本。

（二）固定成本

固定成本占公路运输成本的10% ~30%，公路系统是公共投资，汽车运输从业者对车站的投资比较少。这就导致进入汽车运输业不会受到太高的资金限制，因而汽车运输从业者众多，内部竞争十分激烈。

任务二　公路货物运输的行车组织方式

一、公路汽车列车

汽车列车（Combination of Vehicles）是由汽车或牵引车和挂车组成的车列。挂车有两种：全挂车和半挂车。挂车的总重量由它自身承受的称为全挂车；挂车的总重量一部分由牵引车承受的称为半挂车。通常全挂车也简称挂车。

汽车运输的发展，要求不断提高车辆的承载能力，但普通汽车的轴负荷和外廓尺寸受到公路法规的限制，不可能造得过重过大，于是出现了拖挂形式的汽车列车。它相比普通汽车有较多的轴数和较大的承载面积，因而有较大的承载能力。载客的汽车列车是由客车和挂车组成的。载货的汽车列车按组合形式可分为四种。

（一）全挂汽车列车

全挂汽车列车是由汽车或牵引车和全挂车组成的汽车列车。全挂车有单轴的和多轴的，以双轴的使用最为广泛。全挂车用挂环和拖架或牵引杆同汽车的牵引钩或铰链机构连接。全挂车多用普通载货汽车牵引，牵引用汽车可摘挂单独行动，灵活性强。载货全挂车大多为栏板货厢，有的采用平板货台。全挂汽车列车行驶稳定性较差，易发生侧向偏摆，同时转向偏移距（牵引汽车前轴中心轨迹与挂车后轴中心轨迹偏差的距离）较大，挂车的追随性差，不能通过路幅较狭的急弯道。因此，全挂车的长度不宜过长，在列车中挂车数一般不宜超过2辆。

（二）半挂汽车列车

半挂汽车列车是由牵引车和半挂车组成的汽车列车。半挂车的后轴多为单轴，也有2~3轴的，前端有支撑连接装置，可与牵引车的后鞍座相连接，使一部分挂车总重由牵引车承载，并将牵引力传递给半挂车。为适应装载不同的物资，半挂车也有栏板货厢和平板货台两种形式，其前部有平时悬起的支撑装置，摘挂时可放落着地，使挂车稳定停住。半挂汽车列车的载运量大，行驶时稳定性较好，在汽车运输发达的国家使用日益增多，并向重型和专用化方向发展。

（三）双挂汽车列车

双挂汽车列车是由牵引车和2辆挂车组成的汽车列车。一般是在一个由牵引车和一辆半挂车组成的列车后面拖挂一个支撑转向台车，再在该台车上连接一辆半挂车。这种汽车列车可单挂或双挂使用，适于甩挂运输。

（四）长货汽车列车

长货汽车列车是专门用于运输长件货物如型钢、电缆柱、木材等的汽车列车。长货汽车列车由一辆专用牵引汽车和一辆长货挂车用拖杆连接组成。拖杆制成可伸缩调节式的，可以适应载运货物长短的变化。这种汽车列车的牵引车和挂车上分别设有可转动的承载架以及货件锁束装置，并通过承载的长货把两者连接起来。在列车转向时，承载架能随着长货转移方位的变化相应地偏转。这种汽车列车装卸长货方便、可靠，但转弯半径较大，行驶时的侧向偏摆大，机动性和稳定性都较差。因为不宜装载其他货物，以致经常空回。

为使各种汽车列车具有适当的车速，以保证较高的运输生产率，汽车列车的比功率（牵引车的额定功率与满载汽车列车的总重量之比）以不小于 7 千瓦/吨为宜。在工业发达和公路条件较好的国家，高速公路上运行的汽车列车的比功率多为 6.75～8.25 千瓦/吨。最近，为了节约能源，汽车列车的比功率都有所下降，一般为 4.50～6.00 千瓦/吨。此外，还有一种由超重型牵引车和超重型挂车组成的超重型汽车列车。

二、两种典型的汽车行车组织方式

（一）定挂运输

1. 定挂运输的内涵

定挂运输是汽车列车在完成运行和装卸作业后，汽车（或牵引车）与全挂车（或半挂车）一般不予分离的定车定挂组织形式。

2. 定挂运输运行组织的要求

1）在货物装卸和车辆运行调度方面必须加强组织，否则不能收到预期的效果；

2）加强现场调度与指挥工作，合理组织装卸作业；

3）应有足够长度的装卸作业线；

4）对挂车上货物的装载高度和重量应加以适当限制，以确保汽车列车行驶的安全性；

5）汽车列车运行易受道路条件的限制，必须采取适当措施予以妥善解决。

（二）甩挂运输

1. 甩挂运输的内涵

甩挂运输是汽车列车在运输过程中，根据不同的装卸和运行条件，由载货汽车或牵引车按照一定的计划，相应地更换拖带挂车继续行驶的一种运行方式。

甩挂运输既保留了直达行驶法的优点，又克服了分段行驶法转运时装卸时间长的缺点，使得车辆载重量和时间利用均能得到充分的发挥，具有较佳的经济效益。

2. 甩挂运输的方式

（1）一线两点甩挂

1）“一线两点，一端甩挂”，装甩卸不甩、卸甩装不甩；

2）“一线两点，两端甩挂”，适用于往复式运输线路，装卸点固定，运量较大的地区。

（2）循环甩挂

循环甩挂作业是指在闭合循环回路的各装卸点上，配备一定数量的周转集装箱或挂车，汽车列车每到达一个装卸点后甩下所带集装箱或挂车，装卸工人集中力量完成主车的装（或卸）作业，然后装（挂）上预先准备好的集装箱（挂车）继续行驶。

（3）一线多点、沿途甩挂

这种方法的原则是远装前挂、近装后挂。其适用于装货（或卸货）地点集中，卸货（或装货）地点分散，货源比较稳定的同一运输线路。

（4）多线一点、轮流拖带

这种方法适用于发货点集中、卸货点分散，或卸货点集中、装货点分散的线路。

任务三　公路整车及零担货物运输

一、公路整车货物运输

（一）公路整车货物运输的含义

公路整车货物运输是指公路运输的货物一次托运量在3吨及3吨以上的，或虽不足3吨但因其性质、体积、形状需要一辆3吨以上的汽车的货物运输业务。

（二）公路整车货物运输的组织形式

1. 多（或双）班运输

多班运输，是指在昼夜时间内车辆工作超过一个班的货运形式。组织双班运输的基本方法是每辆汽车配备两名左右的驾驶员，分日、夜两班轮流行驶。它也是提高车辆生产率的有效措施之一，但要注意安排好驾驶员的劳动、休息和学习时间，同时也要考虑到定车、定人和车辆维修安排。在组织双班运输时，由于夜班比日班条件差，因此，除了工作时间长短不同外，在安排日夜班的运行作业计划时，一般应遵循以下原则：难运的安排在日班，好运的安排在夜班。

2. 定点运输

定点运输，是指按发货点固定车队、专门完成固定货运任务的运输组织形式。在组织定点运输时，除了根据任务固定车队外，还采取装卸工人、设备固定和调度员固定等方式。实行定点运输，可以加速车辆周转、提高运输和装卸工作效率、提高服务质量，并有利于行车安全和节能。定点运输组织形式，既适用于装卸地点比较固定、集中的货运任务，也适用于装货地点集中而卸货地点分散的固定性货运任务。

3. 定时运输

定时运输，是指运输车辆按运行作业计划中所拟定的行车时刻表来进行工作。汽车行车时刻表中规定了汽车从车场开出的时间、每个运次到达和开出装卸地点的时间及装卸工作时间等。由于车辆按预先拟定好的时刻表进行工作，也就加强了各环节工作的计划性，提高了工作效率。要组织定时运输，必须做好各项定额的制定和查定工作，包括：车辆出车前的准备工作时间定额，车辆在不同运输路线上重、空载行驶时间定额以及不同货种的装、卸工作时间定额等。同时还应合理确定驾驶员的休息和用餐等生活时间，加强货源调查和组织工作，加强车辆调度和日常工作管理以及装卸工作组织等。

4. 甩挂运输

甩挂运输，是指利用汽车列车甩挂挂车的方法，以减少车辆装卸停歇时间的一种拖挂运输形式。在相同的运输组织条件下，汽车运输生产效率的提高取决于汽车的载重量、平均技术速度和装卸停歇时间三个主要因素。实行汽车运输列车化，可以相应提高车辆每运次的载重量，从而显著提高运输生产效率。采用甩挂运输时，需要在装卸货现场配备足够数量的周转挂车，在汽车列车运行期间，装卸工人预先装（卸）好甩下的挂车，列车到达装（卸）货地点后先甩下挂车，装卸人员集中力量装（卸）主车货物，主车装（卸）货完毕即挂上预先装（卸）完货物的挂车继续运行。采用这种组织方法，就使得整个汽车列车的装卸停歇时间减少为主车装卸停歇时间加甩挂时间。但需要注意周转挂车的装卸工作时间应小于汽车列车的运行时间间隔。甩挂运输应在装卸能力不足、运距较短、装卸时间占汽车列车运行时间比重较大的运输条件下采用，并根据运输条件的不同组织不同形式的甩挂运输。

5. 直达联合运输

直达联合运输（即各种运输方式的直达联合运输），是指以车站、港口或供需物资单位为中心，按照货物运输的全过程把供销部门、多种运输工具组织成一条龙，将货物从生产地一直运输到消费地。其主要优点是：

1）有利于各种运输方式的综合利用和协调发展，促进综合运输网的形成；

2）压缩车船等运输工具的停留时间，提高港站的通过能力，节省运力和降低运输成本；

3）可以减少货物运输的中间环节，加速物资周转，节约运输费用。

以汽车为主体的中、短途货物联合运输，是汽车运输企业与产销部门之间的运输协作，也是汽车运输与其他运输方式之间的协作。为了搞好直达联运工作，最有效地利用各种运输工具以满足社会生产和生活的需要，组织直达联合运输的有关部门应首先做好货源调查工作，掌握货源及货流规律。

（三）整车货物运输的一般流程

公路整车货运组织流程，是指货物从受理开始，到交付收货人为止的生产活动。整车货物运输一般不需要中间环节，或中间环节很少，送达时间短，货运集散成本相对较低。

整车货物运输作业的运输过程一般包括货物托运与承运、装运前的准备工作、装车、运送、卸车、保管和交付等环节。按货物运输的阶段不同，可将货运作业划分为发送作业、途中作业和到达作业。

1. 整车货物运输的发送站务工作

货物在始发站的各项货运作业统称为发送站务工作。发送站务工作主要由受理托运、组织装车和核算制票等三部分组成。

（1）受理托运

受理货物托运必须做好货物包装、确定重量和办理单据等工作。

1）货物包装。为了保证货物在运输过程中的完好和便于装卸，发货人在托运货物之前，应按照国家标准以及有关规定进行包装。车站对发货人托运的货物，应认真检查其包装质量，发现货物包装不合要求时，应建议并督促发货人按有关规定改变其货物的包装，然后再行运输。

2）确定重量。货物有实重货物与轻泡货物之分。凡平均每立方米重量不足 333 千克的货物为轻泡货物，否则为实重货物。公路货运经营者运输标准重量的整车实重货物，一般由发货人提出重量或件数，经车站认可后方能运输，货物重量应包括包装重量在内。

3）办理单据。发货人托运货物时，应在起运地车站办理托运手续，并填写货物托运单（或称运单）作为书面申请。

（2）组织装车

货物装车前必须对车辆进行技术检查和货运检查，以确保其运输安全和货物完好。装车时要注意货物的码放，努力改进装载技术，在严格执行货物装载规定的前提下，充分利用车辆的车载重量和容量，驾驶员要负责点件交接，填写物品清单，保证货物完好无损和计量准确。货物装车完毕后，应严格检查货物的装载情况是否符合规定。

(3)核算制票

发货人办理货物托运时，应按规定向车站缴纳运杂费，并领取承运凭证——货票。

货票是一种具有财务性质的票据，是根据货物托运填记的。在发站它是向发货人核收运费的收费依据，在到站它是与收货人办理货物交付的凭证之一。

始发站在货物托运单和货票上加盖承运日期之时起即算运输开始，它标志着企业对发货人托运的货物开始承担运送义务和责任。

2. 整车货物运输的途中站务工作

货物在途中发生的各项货运作业，统称为途中站务工作。途中站务工作主要包括途中货物交接，途中货物整理或换装等内容。

(1)途中货物交接

为了保证货物运输的安全与完好，便于划清企业内部的运输责任，货物在运输途中如发生装卸、换装、保管等作业，驾驶员之间，驾驶员与站务人员之间，应认真办理交接检查手续。一般情况下交接双方可按货车现状及货物装载状态进行交接，必要时可按货物件数和重量交接，如接收方发现异状，由交出方编制记录备案。

(2)途中货物整理或换装

货物在运输途中如发现装载偏重、超重、货物撒漏，车辆技术状况不良而影响运输安全，货物装载状态有异状，加固材料折断或损坏，货车篷布遮盖不严或捆绑不牢等情况出现，且有可能危及行车安全和货物完好时，应及时采取措施，对货物加以整理或换装，必要时调整车辆，同时登记备案。

为了方便货主，整车货物还可允许中途拼装或分卸作业，考虑到车辆周转的及时性，对整车拼装或分卸应加以严密组织。

3. 整车货物运输的到达站务工作

货物在到达站发生的各项货运作业统称为到达站务工作。到达站务工作主要包括货运票据的交接，货物卸车、保管和交付等内容。

车辆装运货物抵达卸车地点后，收货人或车站货运员应组织卸车。卸车时，对卸下货物的品名、件数、包装和货物状态等应做必要的检查。

整车货物一般直接卸在收货人的仓库或货场内，并由收货人自理。收货人确认卸下的货物无误并在货票上签收后，货物交付即完毕。货物在到达地与收货人办完交付手续后，该批货物的全部运输过程才告完成。

二、公路零担货物运输

(一)公路零担货物运输的含义

1. 公路零担货物运输的内涵

公路零担货物运输，指的是托运人一次托运的货物不足 3 吨(不含 3 吨)的零担货物运输。

2. 公路零担货物运输的条件

按件托运的零担货物，单件货物的体积一般不小于 0.01 立方米(单件重量超过 10 千克的除外)，不大于 1.5 立方米；单件货物的重量不超过 200 千克；单件货物的长度、宽度、高度分别不超过 3.5 米、1.5 米和 1.3 米。

(二)零担货物运输的特点

1. 货源的不确定性和来源的广泛性

零担货物运输的货物流量、数量、流向具有一定的不确定性，并且多随机性发生，难以通过运输合同方式将其纳入计划管理范围。

2. 组织工作的复杂性

零担货物运输不仅货物来源多样而且货物种类繁杂，面对如此繁杂的货物和各式各样的运输要求必须采取相应的组织形式，才能满足人们的货运需求，这样就使得零担货物运输环节多，作业工序细致，设备条件复杂，对货物配载和装载要求高。

3. 单位运输成本较高

为了适应零担货物运输的要求，货运站要配备一定的仓库、货棚、站台以及相应的装卸、搬运、堆制的机具和专用厢式车辆。此外，相对于整车货物运输而言，零担货物运输周转环节多，更容易出现货损、货差，赔偿费用较高，因此导致了零担货物运输成本较高。

4. 适应于千家万户的需要

零担货物运输非常适合商品流通中品种繁多、小批量、多批次、价格贵重、时间紧迫、到站多的货物。因此它能满足不同层次人民群众对商品流通的要求，方便大众物资的生产和流动。

5. 运输安全、迅速、方便

零担货运由于其细致的工作环节与广泛的业务范围，可承担一定的行李、包裹的运输，其班车一般都有规定的车厢，所装货物不会受到日晒雨淋，一方面成为客运工作的有力支持，同时体现了安全、迅速、方便的优越性。

6. 零担货物运输机动灵活

零担货物运输都是定线、定期、定点运行，业务人员和托运单位对货运情况都比较清楚，便于沿途各站组织货源。往返实载率高，经济效益显著。对于经常性、时令性和急需的零星货物运输具有尤为重要的意义。

(三)零担货物运输的经营条件

零担货物品种多、批量小、质量轻、体积小、流通范围广，要求运送速度快，是一种集零为整，化整为零的运输组织形式。经营零担货物运输，必须具备以下条件。

1)配置货运场站设施。便于上门取货，送货到家，集零为整，化整为零。

2)形成运输网络。便于提供货物中转服务，扩大服务范围，提高车辆利用效率。

3)具有较高的组织管理水平。小件货物的运送往往需要经过多个线路区段、多家运输企业联手合作才能完成，服务质量要求高，因而必须具有较高的组织管理水平。

4)车辆技术装备要求高。要求采用厢式车，以适应品种多、批量小、质量轻、体积小的货物装运的要求，减少货物途中受损和灭失。

(四)零担车的种类

1. 固定式零担车

固定式零担车是指车辆运行采取定线路、定班期、定车辆、定时间的零担车，也叫“四定运输”,通常又称为汽车零担货运班车(简称零担班车)。零担班车一般是以营运范围内零担货物流量、流向以及货主的实际要求为基础组织运行。运输车辆主要以厢式专用车为主。零担班车的运行方式主要有以下几种:

1)直达零担班车;

2)中转零担班车;

3)沿途零担班车。

2. 非固定式零担车

非固定式零担车是指按照零担货流的具体情况,根据实际需要,临时组织而成的零担车,通常在新辟零担货运线路或季节性零担货运线路上使用。

(五)零担货运的作业程序

零担货物运输业务是根据零担货运工作的特点,按照流水作业构成的一种程序,包括以下几个环节。

1. 托运受理

托运受理是零担货运业务的首要环节,它是指零担货物承运人根据经营范围内的线路、站点、运距、中转车站、各车站的装卸能力、货物的性质以及运输限制等业务规则和有关规定接受托运零担货物、办理托运手续。

(1)随时受理制

对托运日期无具体规定,在营业时间内,发货人均可将货物送到托运站办理托运,为货主提供了方便。

(2)预先审批制

要求发货人事先向货运站提出申请,车站再根据各个发货方向及站别的运量,并结合站内设备和作业能力加以平衡,分别指定日期进货集结,组成零担班车。

(3)日历承运制

货运站根据零担货物流量和流向规律编写承运日期表,事先公布,发货人则按规定日期来站办理托运手续。

2. 过磅起票

零担货物受理人员在收到零担货物托运单后,应及时验货过磅,并认真点件交接,做好记录。零担货物过磅后,连同托运单交仓库保管员按托运单编号填写标签及有关标志,并根据托运单和磅码单填写零担运输货票,照票收清运杂费。

3. 仓库保管

零担货物仓库要有良好的通风、防潮、防火和灯光设备,露天堆放货物要有安全防护措施。把好仓库保管关,可以有效地杜绝货损货差。

4. 配载装车

零担货物的配载必须遵循以下原则:

1)中转先运、急件先运、先托先运、合同先运;

2)尽量采用直达运送的方式,必须中转的货物,则应合理安排流向配载;

3)充分利用车辆的载货量和容积;

4)严格执行货物混装的限制规定,确保运输安全;

5)加强预报中途各站的待运量,并尽可能使同站装卸的货物在质量及体积上相适应。

5. 车辆运行

零担车必须按期发车,不得误班。如属故意或过失责任造成误班的,必须按章对责任人给予处罚。

定期零担班车应按规定路线行驶。凡规定停靠的中途站,车辆必须进站,并由中途站值班人员在行车路单上签证。

行车途中,驾驶员或随车理货员应经常检查车辆装载情况,如发现异常,应及时处理或报请就近车站协助办理。

6. 货物中转

对于需要中转的货物需以中转零担班车或沿途零担班车的形式运到规定的中转站进行中转。一般有以下三种基本方法。

(1)落地法

将到达车辆上的全部零担货物卸下入库,按方向或到达站在货位上重新集结,再重新配装。

(2)坐车法

将到达车辆上运往前面同一到站且中转数量较多或卸车困难的那部分核心货物留在车上,将其余货物卸下后再加装一同到站的其他货物。

(3)过车法

当几辆零担车同时到站进行中转作业时,将车内的部分中转货物由一辆车直接换装到另一辆车。组织过车时,可以向空车上过,也可以向留有核心货物的重车上过。

7. 到站卸货

班车到站后,仓库人员检查货物情况,如无异常,在交接单上签字并加盖业务章。如有异常情况发生则应采取以下相应措施处理。

1)有单无货,双方签注情况后,在交接单上注明,将原单返回。

2)有货无单,确认货物到站后,由仓库人员签发收货清单,双方盖章,清单寄回起运站。

3)货物到站错误,将货物原车运回起运站。

4)货物短缺、破损、受潮、污染、腐烂时,应双方共同签字确认,填写事故清单。

8. 货物交付

货物入库后,通知收货人凭提货单提货,或者按指定地点送货上门,并做好交货记录,逾期提取的按有关规定办理。

9. 货物中转作业

零担货物中转作业是按货物流向或到站进行分类整理,先集中后分散的过程,中转站的选择必须建立在充分的运输经济调查、与同货源或货流的特点相结合的基础上,中转站的硬件设施应和对仓库的要求相同。

三、货物装卸

装卸作业是指在同一地域范围进行的、以改变物品的存放状态和空间位置为主要内容和目的的活动。为各种运输方式服务的装卸作业,是联结各种货物运输方式、进行多式联运的作业环节,也是各种运输方式运作各类货物时发生在运输起点、中转和终点的作业活动。

(一)装卸作业的条件和基本方法

1. 货车装卸的一般条件

一般情况下,就公路货物运输车辆的货物装卸而言,货车装卸的固定设施主要有货物装卸厂、货物仓库、货物通道、货物装卸线等。这些形式还取决于装卸货物的对象:零担货物、整车货物还是集装箱货物。这些货物的装卸场所因其存放货物的货棚、站台(货台)高低不同,装卸设备也不同,装卸方法也有很大差异。

1)零担货物装卸,较多地使用人力和手推车,台车和输送机等作业工具,零担货物装卸也可使用笼式托盘、箱式托盘,以提高货车装卸、分拣及配货等作业的效率。

2)整车货物装卸,较多采用托盘系列及叉车进行装卸作业。

3)专用货车装卸,往往需要适合不同货物的固定设施、装卸设备,以满足装卸时的特殊技术要求。

2. 装卸作业的基本方法

(1)单件作业法

装卸一般单件货物,通常是逐件由人力作业完成的,对于一些零散货物,诸如搬家货物等也常采用这种作业方法;长大、笨重货物,不宜集装的危险货物以及行包等仍然采用单件作业法。

单件作业依作业环境和工作条件可以采用人工作业法、机械化或半机械化作业法。在特定场所,有些像包裹那样的货物也可采用半自动化作业法,采用自动或半自动控制的分拣传输设备进行有关作业。

(2)集装作业法

集装作业法是将货物集装化后再进行装卸作业的方法,它包括托盘作业法、集装箱作业法、货捆作业法、网袋作业法、滑板作业法及挂车作业法等。集装作业法的机械化和自动化程度很高,工业发达国家集装箱堆场作业已经实现了全自动化。

(3)散装作业法

散装货物的装卸方法通常有重力法、倾翻法、机械法、气力输送法。

重力法装车设备有筒仓、溜槽、隧洞等,卸车时主要采用底开门车或漏斗车在高架线或卸车坑道上自动开启车门,煤或矿石依靠重力自行流出的卸车方法。自卸汽车可以采取倾翻的方法卸车。

(二)装卸作业组织工作

装卸作业组织工作应尽量通过运用现代装卸技术方法,提高实际作业质量和效率。组织工作水平高低,直接关系到装卸工作质量、装卸工作效率,对提高车辆生产率、加速车辆周转、确保物流效率都有十分重要的作用。

1. 车辆装卸作业的时间构成

车辆因完成货物装卸作业所占用的时间,是车辆停歇时间的组成部分,称为车辆装卸作业停歇时间,它主要由以下几部分时间组成:

1)车辆到达作业地点后,等待货物装卸作业的时间;

2)车辆在装卸货物前后,完成调车、摘挂作业的时间;

3）车辆直接装卸货物的作业时间；

4）与运输有关的商务活动等的作业时间。

2. 装卸组织工作

公路货物运输组织工作要不断谋求提高装卸效率、加速车辆周转的方法，因此，除了强化硬件手段的构成之外，对装卸组织方面也要予以充分重视。

（1）制定科学合理的装卸工艺方案

装卸作业是货物、设备设施、劳动力、作业方法和信息工作等因素组合而成的整体。装卸工艺方案应该从物流系统的角度分析制定与装卸作用有关的装卸作业定额，减少不必要的装卸环节，集中装卸地点，提高装卸作业的连续性。

（2）加强装卸作业调度指挥工作

加强装卸作业调度指挥工作，对合理使用装卸机具、劳动力、提高装卸质量和效率有很大的影响。装卸调度员应根据货物信息，装卸设备的性质、数量，车辆到达时间，装卸工人、装卸点的装卸能力、技术专长、体力情况等合理调配组织。在装卸量大、装卸劳动力充沛、货物条件许可的情况下，可采用集中出车、一次接送装卸工人的方法。对于作业点分散的地区，可以划分装卸作业区，通过加强装卸调度工作，减少装卸工人的运送调遣。

（3）加强和改善装卸劳动管理

制定各种装卸作业时间定额是加强和改善装卸劳动管理、提高装卸效率的重要手段。所谓装卸作业时间定额是指在一定装卸技术组织条件下，装卸单位质量不同品种货物单位质量所需要的作业时间。

（4）加强现代通信系统的应用水平

移动通信应用水平和固定通信系统应用水平对装卸作业组织工作有重要的影响。及时掌握车辆到达时间等有关信息，是减少车辆等待装卸作业时间的有效措施。应当根据有关技术条件的应用情况，建立车辆到达预报系统，根据车辆到达时间、车号、货物名称、收发单位等的报告，事先安排装卸机具和劳动力，做好装卸前的准备工作，保证车到就可及时装卸。

（5）提高装卸机械化水平

要从物流系统的组织设计做起，使车辆、装卸机具、仓库等移动设备、固定设备的设计合理，从而可以提高装卸质量、装卸效率，减少装卸成本。提高装卸机械化水平的同时，要提高现代通信水平，这是做好装卸组织工作的重要组织基础。

（6）应用数学方法改善装卸劳动力的组织工作

在短途运输的循环线路上，可运用数学方法安排装卸工人，采用既定点又随机的方式来调度装卸劳动力。这个方法的原则是：当固定于某循环线路上运行的车辆数大于或等于装卸作业点数时，可根据各作业点所需装卸定员数派出，并进行定点作业，在上下班前后由车辆一次接送，而不采用随车装卸的办法；当固定于某循环线路上运行的车辆数小于装卸作业点数时，可将各装卸作业点所需装卸定员数按从大到小（或小到大）的顺序编号，再选择与派车数相同（或选择派车数与作业点数差值）的编号随车装卸。对某装卸作业点的定员人数与随车人数出现差额的情况，可再另向该装卸作业点派出与差额数相当的装卸工人定点予以补充。这种方法在循环线路较短、循环次数较多的情况下效果较为显著。

任务四　公路货物运输作业组织

一、公路货运作业流程

公路货运作业基本流程为备货、托运、派车装运、运送与交货、运输统计与计算等。

1)托运,一般采用书面形式,先由货主填写托运单,经运输单位审核并由双方签章后,具有法律效力。

2)派车装运,承运货物后应及时派车装运。

3)运送与交货,货物运达收货地点,应正确办理交付手续并交付货物。

4)运输统计与计算,整车货物运达时,收货人应及时组织卸车,驾驶员应同时对所卸货物计点清楚。

二、货运方式

(一)普通运输

普通运输包括用各种普通卡车、翻斗车、拖挂车在专线或非专线上向社会提供的货物运输服务。其特点是向全社会提供服务,讲究社会效益;运输各种货物,讲究经济效益,追求利润;保证准确送货,交易平等,收费合理。

普通运输是营业范围最为广泛的货运方式。它灵活机动,运输的货物品种繁多,凡是能用普通卡车运输的商品都可以采用此种方式运输。它包括专线、非专线普通杂货运输,合同运输,专业杂货运输和联合包裹运输配送等。

(二)专业货运

专业货运是采用专用货运汽车进行货物运输的一种方式。

1. 专业货运的分类

专业货运一般都使用专门设计的运输工具,如自卸汽车、零担专车、集装箱车、水泥散装车、保温车和冷冻车等专用汽车。

按照所运货物种类,专业货运可以划分为日用品运输、大件机械设备运输、石油产品运输、农产品运输、易燃易爆危险品运输、冷藏运输和零担商品运输等。

2. 专业货运的优点

1)在运输轻泡货物(例如陶瓷、棉絮及其他轻泡货物)的情况下,能充分地利用汽车的运输能力;

2)在高等级公路上运输多种货物时,能提高运输车辆的载重量利用系数,且便于交通安全管理、收费和养护管理;

3)在运输构架(预制件)、板件、长件和不能分离的建筑材料时,可以降低运价和提高建设项目施工速度;

4)能最大限度地保护货物的性质和质量,以达到安全可靠运送货物的目的,最大限度地减少货物的毁坏和浪费,保持货物的使用价值;

5)在发货地点和接货地点能最有效地实现装卸机械化;

6)在使用自身的装卸工具的情况下,缩短汽车装卸货物的停留时间;

7）能最大限度地满足国家标准对货运车辆和道路运行管理的规定；

8）提高对服务团体、企业和居民的供应能力等。

3. 专业货运的经济效益

自卸汽车和汽车列车不需要人工卸货，节约了劳力，缩短了车辆停留时间，使单位运输生产率得以提高，运输成本降低。汽车列车由多个自卸汽车组成，其运输生产率相对单个自卸汽车提高80%以上，成本降低15%以上。

集装箱运输车辆的经济效益取决于影响年平均生产率的因素和汽车结构的有关参数。提高集装箱运输的经济效益可以采用以下途径：使用专业汽车以提高车辆的运输生产率，降低成本；提高集装箱所装货物的实载量，使其尽量达到额定重量；使集装箱运输车的动力匹配合理，提高车辆在道路上的平均技术速度；配备与之配套的装卸设备或自身配备装卸措施，加强对集装箱运输过程的管理等。

（三）货运方式的选择

货运管理的主要职责之一是进行运输方式和运输工具的选择。对于公路货运应考虑货物的特点、车辆型号及性质、起讫点服务约束条件和运输价格等。还应包括以下内容：

1）服务变量问题；

2）服务可能性；

3）装卸难度；

4）专用设备；

5）可靠性指标；

6）价格变量；

7）保险；

8）总成本估算。

三、运输合同的签订和履行

根据国家有关规定，货物运输的承运与托运双方应签订书面运输合同。合同方式可以根据双方需要选择年度、季度、月或批量运输合同。

（一）运输合同内容

运输合同主要包括以下内容：

1）货物名称、性质、体积、重量及包装标准；

2）货物起点和终点、收发货人名称及详细地址；

3）运输质量及安全要求；

4）货物装卸责任和方法；

5）货物的交接手续；

6）批量货物运输的起止日期；

7）年、季、月合同的运输计划（文书、电传）提送期限和最大的限量；

8）运杂费计算标准及结算方式；

9）变更、解除合同的期限；

10）违约责任；

11）双方商定的其他条款。

（二）合同履行

合同签订后，双方应按合同规定履行各自的义务。

1. 托运方的义务

1）货物交运时，应按合同向承运方支付运费；

2）及时发货、收货；

3）负责装卸时，应按约定的时间和质量装卸；

4）货物包装必须符合有关规定要求，保障运输安全；

5）托运超限货物应事先向承运方提供货物说明书，需要特殊加固车厢时，应负担所需费用；

6）违反合同时须按规定向承运方支付违约金，造成损失时应予赔偿。

2. 承运方的义务

1）承运方具备承运条件的不得拒绝承运；

2）按合同规定的期限、数量、起讫点完成运送任务；

3）负责装卸时，应严格遵守作业规程和装载标准，保证装卸质量；

4）对运输的货物全过程负责，妥善保管；

5）装运鲜活等有特殊要求的货物时，应承担专门约定的义务；

6）违反合同时应向托运方支付违约金，造成损失时应予赔偿。

（三）公路货运事故处理

货物在承运责任期间，在装卸、运送、保管、交付等作业过程中发生的，因货物损坏、变质、误期及数量差错而造成的经济损失事件称为货运事故。货运事故发生后应努力做好以下工作：

1）查明原因、落实责任，事故损失由责任方按有关规定计价赔偿；

2）承运与托运双方都应采取补救措施，力争减少损失和防止损失继续扩大，并做好货运事故记录；

3）若对事故处理有争议，应及时提请交通运输主管部门或运输经济合同管理机关调解处理。

任务五　公路货物运输费用

一、公路货物运输计价标准

（一）计费重量

1. 计量单位

1）整批货物运输以吨为单位；

2）零担货物运输以千克为单位；

3）集装箱运输以箱为单位。

2. 重量确定

1）一般货物，无论整批、零担货物，计费重量均按毛重计算。

2)整批货物吨以下计至100千克,重量在100千克以上,尾数不足100千克的,四舍五入。装运整批轻泡货物的高度、长度、宽度,以不超过有关道路交通安全规定为限度,按车辆标记吨位计算重量。

3)零担货物的起码计费重量为1千克。重量在1千克以上,尾数不足1千克的,四舍五入。零担运输轻泡货物以货物包装最长、最宽、最高部位的尺寸计算体积,按每立方米折合333千克计算重量。

3. 包车运输的计费重量

包车运输按车辆的标记吨位计算。

4. 散装货物的计费重量

如砖、瓦、砂、石、土、矿石、木材等,按体积由各省、自治区、直辖市统一规定的重量换算标准计算重量。

(二)计费里程

1. 里程单位

货物运输的计费里程以千米为单位,尾数不足1千米的,进整为1千米。

2. 里程确定

1)货物运输的营运里程,按交通部和各省、自治区、直辖市交通行政主管部门核定、颁发的《营运里程图》执行。《营运里程图》未核定的里程由承、托双方共同测定或经协商按车辆实际运行里程计算。

2)出入境汽车货物运输的境内计费里程以交通主管部门核定的里程为准;境外里程按毗邻国(地区)交通主管部门或有权认定部门核定的里程为准。未核定里程的,由承、托双方协商或按车辆实际运行里程计算。

3)货物运输的计费里程,按装货地点至卸货地点的实际载货的营运里程计算。

4)因自然灾害造成道路中断,车辆需绕道行驶的,按实际行驶里程计算。

5)城市市区里程按当地交通主管部门确定的市区平均营运里程计算;当地交通主管部门未确定的,由承、托双方协商确定。

3. 计时包车货运计费时间

计时包车货运计费时间以小时为单位。起码计费时间为4小时;使用时间超过4小时,按实际包用时间计算。整日包车,每日按8小时计算;使用时间超过8小时,按实际使用时间计算。时间尾数不足半小时舍去,达到半小时进整为1小时。

4. 运价单位

1)整批运输,元/吨千米;

2)零担运输,元/10千克千米;

3)集装箱运输,元/箱千米;

4)包车运输,元/吨小时;

5)出入境运输,涉及其他货币时,在无法按统一汇率折算的情况下,可使用其他自由货币为运价单位。

二、计价类别

(一)车辆类别

载货汽车按其用途不同,划分为普通货车、特种货车两种。特种货车包括罐车、冷藏车及其他具有特殊构造和专门用途的专用车。

(二)货物类别

货物按其性质分为普通货物和特种货物两种。普通货物分为三等;特种货物分为长大、笨重货物,危险货物,贵重货物,鲜活货物等四类。

(三)集装箱类别

集装箱按箱型分为国内标准集装箱、国际标准集装箱和非标准集装箱三类,其中国内标准集装箱又分为 1 吨箱、5 吨箱、10 吨箱三种,国际标准集装箱分为 20 英尺箱、40 英尺箱两种。

集装箱按货物种类分为普通货物集装箱和特种货物集装箱。

(四)公路类别

公路按公路等级分为等级公路和非等级公路。

(五)区域类别

汽车运输区域分为国内和出入境两种。

(六)营运类别

道路货物运输根据营运形式分为道路货物整批运输、零担运输和集装箱运输。

三、货物运价费率

(一)基本运价

1)整批货物基本运价,指整批普通货物在等级公路上运输的每吨千米运价。

2)零担货物基本运价,指零担普通货物在等级公路上运输的每千克千米运价。

3)集装箱基本运价,指各类标准集装箱重箱在等级公路上运输的每箱千米运价。

(二)吨(箱)次费

1)吨次费,指对整批货物运输在计算运费的同时,按货物重量加收的费用。

2)箱次费,指对汽车集装箱运输在计算运费的同时加收的费用,箱次费按不同箱型分别确定。

(三)普通货物运价

普通货物实行分等级计价,如表 2 所示,以一等货物为基础,二等货物加成 15%,三等货物加成 30%。

表 2　公路普通货物运价分等表

等级	序号	货类	货物名称
一等货物	1	砂	砂子
	2	石	片石、渣石、寸石、石硝、粒石、卵石
	3	非金属矿石	各种非金属矿石
	4	土	各种土、垃圾
	5	渣	炉渣、炉灰、水渣、各种灰烬、碎砖瓦等

续表

等级	序号	货类	货物名称
二等货物	1	粮食及加工品	各种粮食(稻、麦、各种杂粮、薯类)及其加工品
	2	棉花、麻	皮棉、籽棉、絮棉、旧棉、棉胎、木棉、各种麻类
	3	油料作物	花生、芝麻、油菜子、蓖麻子及其他油料作物
	4	烟叶	烤烟、土烟
	5	植物的种子、草、藤、树条	树、草、菜、花的种子、干花、牧草、谷草、稻草、芦苇、树条、树根、木柴、藤等
	6	肥料、农药	化肥、粪肥、土杂肥、农药(具有危险货物性质的除外)等
	7	糖	各种食用糖(包括饴糖)
	8	酱菜、调料	腌菜、酱菜、酱油、醋、酱、花椒、茴香、生姜、芥末、腐乳、味精及其他调味品
	9	土产杂品	土产品、各种杂品
	10	皮毛、塑料	生皮张、生熟皮毛、鬃毛绒及其加工品、塑料及其制品
	11	日用百货、一般纺织制品	各种日用小百货、一般纺织品、针织品
	12	药材	普通中药材
	13	纸、纸浆	普通纸及纸制品、各种纸浆
	14	文化体育用品	文具、教学用具、体育用品
	15	印刷品	报刊、图书及其他印刷品
	16	木材	圆木、方木、板料、成材、杂木棍等
	17	橡胶、可塑材料及其制品	生橡胶、人造橡胶、再生胶及其制品、电木制品、其他可塑原料及其制品
	18	水泥及其制品	袋装水泥、水泥制品、预制水泥构件等
	19	钢材(管、丝、线、绳、板、皮条)、钢铁、有色金属及其制品	生铁、毛坯、铸铁件、有色金属、材料、大/小五金制品及配件、小型农机具等
	20	矿物性建筑材料	普通砖、瓦、缸砖、水泥瓦、乱石、块石、级配石、条石、水磨石、白云白、蜡石、萤石及一般石制品、滑石粉、石灰膏、电石灰、矾石灰、石膏、石棉、白垩粉、陶土管、石灰石、生石灰
	21	金属矿石	各种金属矿石
	22	煤	原煤、块煤、可燃性片岩等
	23	焦炭	焦炭、焦炭末、石油焦、沥青、焦木炭等
	24	原煤加工品	煤球、煤砖、蜂窝煤
	25	盐	原盐及加工精盐
	26	泥、灰	泥土、淤泥、煤泥、青灰、粉煤灰等
	27	废品及散碎品	废钢铁、废纸、破碎布、碎玻璃、废鞋靴、废纸袋等
	28	空包装容器	篓、坛罐、桶、瓶、箱、筐、袋、包、箱皮、盒等
	29	其他	未列入表中的其他货物

续表

等级	序号	货类	货物名称
三等货物	1	蜂	蜜蜂、蜡虫
	2	蚕、茧	蚕、蚕子、蚕蛹、蚕茧
	3	观赏用花、木	观赏用长青树木、花草、树苗
	4	蔬菜、瓜果	鲜蔬菜、鲜菌类、鲜水果、甘蔗、瓜类
	5	植物油	各种食用、工业、医药用植物油
	6	蛋、乳	蛋、乳及其制品
	7	肉脂及制品	鲜/腌/酱肉类、油脂及制品
	8	水产品	干鲜鱼、虾、蟹、贝、海带
	9	干菜、干果	干菜、干果、子仁及各种果脯
	10	橡胶制品	轮胎、橡胶管、橡胶布类及其制品
	11	颜料、染料	颜料、染料及助剂与其制品
	12	食用香精、树胶、木蜡	食用香精、糖精、樟脑油、芳香油、木榴油、木蜡、橡蜡(橡油、皮油)、树胶等
	13	化妆品	护肤、美容、卫生、头发用品等各种化妆品
	14	木材加工品	毛板、企口板、胶合板、刨花板、装饰板、纤维板、木构件等
	15	家具	竹、藤、钢、木家具
	16	交电器材	普通医疗器械、无线电广播设备、电线电缆、电灯用品、蓄电池(未装酸液)、各种电子元件、电子或电动玩具
	17	毛、丝、棉、麻、呢绒、化纤、皮革制品	毛、丝、棉、麻、呢绒、化纤、皮革制品、鞋帽、服装
	18	烟、酒、饮料、茶	各种卷烟、各类瓶罐装的酒、汽水、果汁、食品、罐头、炼乳、植物油精(薄荷油、桉叶油)、茶叶及其制品
	19	糖果、糕点	糖果、果酱(桶装)、水果粉、蜜饯、面包、饼干、糕点
	20	淀粉	各种淀粉及其制品
	21	冰及冰制品	天然冰、机制冰、冰淇淋、冰棍
	22	中西药品、医疗器具	西药、中药(丸、散、膏、丹成药)及医疗器具
	23	贵重纸张	卷烟纸、玻璃纸、过滤纸、晒图纸、描图纸、绘图纸、国画纸、蜡纸、复写纸、复印纸
	24	文娱用品	乐器、唱片、幻灯片、录音带、录像带及其他演出用具和道具
	25	美术工艺品	刺绣、蜡或塑料制品、美术制品、骨角制品、漆器、草编/竹编/藤编等各种美术工艺品
	26	陶瓷、玻璃及其制品	瓷器、陶器、玻璃及其制品
	27	机器及设备	各种机器及设备
	28	车辆	组成的自行车、摩托车、轻骑、小型拖拉机
	29	污染品	炭黑、铅粉、锰粉、乌烟(墨黑、松烟)、涂料及其他污染人体的货物、角、蹄甲、牲骨、死禽兽
	30	粉尘品	散装水泥、石粉、耐火粉
	31	装饰石料	大理石、花岗岩、汉白玉
	32	带釉建筑用品	玻璃瓦、琉璃瓦、其他带釉建筑用品、耐火砖、耐酸砖、瓷砖瓦

(四)特种货物运价

1. 长大笨重货物运价

1)一级长大、笨重货物在整批货物基本运价的基础上加成40%~60%;

2)二级长大、笨重货物在整批货物基本运价的基础上加成60%~80%。

2. 危险货物运价

1)一级危险货物在整批(零担)货物基本运价的基础上加成60%~80%;

2)二级危险货物在整批(零担)货物基本运价的基础上加成40%~60%。

3. 贵重、鲜活货物运价

贵重、鲜活货物在整批(零担)货物基本运价的基础上加成40%~60%。

(五)特种车辆运价

按车辆的不同用途,在基本运价的基础上加成计算,特种车辆运价和特种货物运价两个价目不准同时加成使用。

(六)非等级公路货运运价

非等级公路货运运价在整批(零担)货物基本运价的基础上加成10%~20%。

(七)快速货运运价

快速货运运价按计价类别在相应运价的基础上加成计算。

(八)集装箱运价

1. 标准集装箱运价

标准集装箱重箱运价按照不同规格箱型的基本运价执行,标准集装箱空箱运价在标准集装箱重箱运价的基础上减成计算。

2. 非标准箱运价

非标准箱重箱运价按照不同规格的箱型,在标准集装箱基本运价的基础上加成计算,非标准箱空箱运价在非标准箱重箱运价的基础上减成计算。

3. 特种箱运价

特种箱运价在箱型基本运价的基础上按装载不同特种货物的加成幅度加成计算。

(九)出入境汽车货物运价

出入境汽车货物运价,按双边或多边出入境汽车运输协定,由两国或多国政府主管机关协商确定。

四、货物运输其他费用

(一)调车费

1)应托运人要求,车辆调往外省、自治区、直辖市或调离驻地临时外出驻点参加营运,调车往返空驶者,可按全程往返空驶里程、车辆标记吨位和调出省基本运价的50%计收调车费。在调车过程中,由托运人组织货物的运输收入,应在调车费内扣除。

2)经承、托双方共同协商,可以核减或核免调车费。

3)经铁路、水路调车,按汽车在装卸船、装卸火车前后的行驶里程计收调车费;在火车、在船期间（包括车辆装卸及待装待卸时），每天按 8 小时、车辆标记吨位和调出省计时包车运价的 40% 计收调车延滞费。

（二）延滞费

1）发生下列情况，应按计时运价的 40% 核收延滞费。

①因托运人或收货人的责任引起超过装卸时间定额、装卸落空、等装待卸、途中停滞、等待检疫。

②应托运人要求运输特种或专项货物需要对车辆设备进行改装、拆卸和清理；因托运人或收货人造成不能及时装箱、卸箱、掏箱、拆箱、预冷冷藏箱等，使车辆在现场或途中停滞。

延误时间从等待或停滞时开始计算，不足 1 小时者，免收延滞费；超过 1 小时者，以半小时为单位递进计收，不足半小时进整为半小时。车辆改装、拆卸和清理延误的时间，从车辆进厂（场）起计算，以半小时为单位递进计算，不足半小时进整为半小时。

2）由于托运人或收、发货人的责任造成车辆在国外停留延滞（夜间住宿时间除外），计收延滞费。延滞时间以小时为单位，不足 1 小时进整为 1 小时。延滞费按计时包车运价的 60% ~80% 核收。

3）执行合同运输时，因承运人的责任引起货物运输期限延误，应根据合同规定，按延滞费标准，由承运人向托运人支付违约金。

（三）装货（箱）落空损失费

应托运人要求，车辆开至约定地点装货（箱）落空造成的往返空驶里程，按其运价的 50% 计收装货（箱）落空损失费。

（四）道路阻塞停运费

在汽车货物运输过程中，如发生自然灾害等不可抗力造成的道路阻滞，无法完成全程运输，需要就近卸存、接运时，卸存、接运费用由托运人负担。已完运程收取运费；未完运程不收运费；托运人要求回运，回程运费减半；应托运人要求绕道行驶或改变到达地点时，运费按实际行驶里程核收。

（五）车辆处置费

应托运人要求，运输特种货物、非标准箱等需要对车辆进行改装、拆卸和清理所发生的工料费用，均由托运人负担。

（六）车辆通行费

车辆通过收费公路、渡口、桥梁、隧道等发生的收费，均由托运人负担。其费用由承运人按当地有关部门规定的标准代收代付。

（七）运输变更手续费

托运人要求取消或变更货物托运手续，应核收变更手续费。因变更运输，承运人已发生的有关费用应由托运人负担。

五、货物运费计算

（一）整批货物运费计算

1）整批货物运价按货物运价价目计算；

2）整批货物运费计算公式：

整批货物运费 = 吨次费 × 计费重量 + 整批货物运价 × 计费重量 × 计费里程 + 货物运输其他费用

（二）零担货物运费计算

1）零担货物运价按货物运价价目计算；

2）零担货物运费计算公式：

零担货物运费 = 计费重量 × 计费里程 × 零担货物运价 + 货物运输其他费用

（三）集装箱运费计算

1）集装箱运价按计价类别和货物运价价目计算；

2）集装箱运费计算公式：

重（空）集装箱运费 = 重（空）箱运价 × 计费箱数 × 计费里程 + 箱次费 × 计费箱数 + 货物运输其他费用

（四）计时包车运费计算

1）包车运价按照包用车辆的不同类别分别制定；

2）包车运费计算公式：

包车运费 = 包车运价 × 包用车辆吨位 × 计费时间 + 货物运输其他费用

（五）运费单位

运费以元为单位，运费尾数不足 1 元时，四舍五入。

案例

日本大和运输的急宅便

一、宅急便的由来

日本的大和运输株式会社（Yamato Transportation）成立于 1919 年，是日本第二古老的货车运输公司。1973 年日本陷入第一次石油危机的大混乱中，企业委托的货物非常少，这对完全仰赖于运送大宗货物的大和运输来说，无疑是一大打击。对此，当时大和运输的社长小仓提出了“小宗化”的经营方向，认为这是提高收益的关键。1976 年 2 月，大和运输开办了“宅急便”业务。当时有人提出用 Yamato-Parcel-Service（大和、包裹、服务）这一名词，简称“YPS”。但是未能决定是使用英文好，还是使用日文好。对“宅急便”这个名词，起初也有人反对使用，认为当时已有了“急便”和“宅配”的用语。但最后小仓社长还是决定使用“宅急便”这个名词。他认为，以前有人说过“桌球这个名词比乒乓球更能被人接受”，后来事实证明，“乒乓球”反而较为人们所接受，“宅急便”这个名词，只要大家熟悉了，应该就不会有什么问题。

早期宅急便一年就受理了170万件货物,同年日本国铁受理包裹数为6 740万件,邮局受理小包数则达17 880万件。到1988年,宅急便已达34 877万件,超过了邮局小包数的23 500万件。该年,在宅配行业中,宅急便的市场占有率已达40%,位居日本运输业第一位的日本通运的"信天翁便"只占28%。到1995年,宅急便的受理件数多达57 000万,营业额为6 000亿日元。宅急便的员工人数由原先的300人增加到57 797人,拥有车辆由2 000辆增加到25 000辆。在日本,大和运输的宅急便已是无人不知、无人不晓,在马路上到处可见宅急便的车辆在来回穿梭。

二、黑猫商标

大和运输的商标是一只黑猫叼着小猫的图案。1957年大和运输受理美国军人、军队的杂物运送,开始与美国的亚莱德·莱斯运输公司一起合作输送。这家美国公司以"Careful handling"为宣传口号,并以母猫叼着小猫小心运送的图案作为标志,象征这个标语的意义。大和运输认为,图案中母猫那种小心翼翼,不伤及小猫,轻衔住脖子运送的样子,仿佛是在谨慎地搬运顾客托运的货物,这种印象正和公司的宗旨相符。于是经过亚莱德公司的同意,大和运输对图案作了进一步的造型设计,改成现在的黑猫标志,使这个图案给人以更具象征性的印象。大和运输又将"Careful handling"意译为"我做事,你放心",并以此作为宣传标语。因此,人们又把大和运输称为"黑猫大队"。

三、一通电话翌日送达

宅急便类似目前的快递业务,但其服务的内容更广。其在运送货物时,讲究三个"S",即速度(Speed)、安全(Safety)、服务(Service)。大和在这三者之中,最优先考虑的是速度。因为有了速度,才能抢先顺应时代的需求,在激烈的竞争中取胜。而在速度中,宅急便又特别重视"发货"的速度。宅急便的配送,除去夜间配送以外,基本是一天2回,即2次循环。凡时间距离在15小时以内的货物,保证在翌日送达。1989年开始一部分一日3次循环,可以做到时间距离在18小时以内的货物,可以翌日送达。也就是说,可以将截止接受货物的时间,延长到下午3点,从而使翌日送达的达成率达到95%,展现了大和运输更周到的服务。

宅急便的受理店多达20多万家(包括大和本身的近2 000家分店),是以米店、杂货店等地方上分布面广的重要零售店为基础设立的。1989年后,由于与7-11和罗森等大型便利店合作,已调整为24小时全天候受理货物。大和对这些受理店,每受理一件货物,支付100元的受理手续费。如果顾客亲自将货物送到受理店,这位顾客就可以从所应付的运费当中扣除100日元。

"黑猫大队"有一个保证翌日送达的输送系统。在受理店截止接受货物之后,大和运输分区派出小型货车到区内各处将货集中运往称为"集货中心"的营业所,并迅速转送到称为"基地"的地点,进行寄往全国各地的货物分拣工作。然后,将经过分拣的货物,以发往的地区和货物种类为单元,装入统一的长110厘米、高185厘米的货箱内,一个货箱可以放进70~80件货物。从基地往基地移动时是使用10吨级的大型车,可装载16只货箱;从集货中心往基地,或是从基地往集货中心移动时(称为平行运输),常使用可装8个货箱的4吨车;而专门用来收集以及递送货物的2吨车,则可零堆约一个货箱容量的货物。宅急便由于采用了统一规格的小型货箱和不同吨级的货车，从而大大提高了运送效率，降低了物流成本。

利用夜间进行从出发地到目的地的运输，是宅急便得以在速度上取得优势的重要措施，从而做到了当日下午进行集货，夜间进行异地运输，翌日上午即可送货上门，得以保证在15～18小时内完成整个服务过程。宅急便还采取了车辆分离的办法，采用拖车运输。牵引车把拖车甲运到B地以后，把车摘下来放在B地，再挂上B地的拖车乙开向A地。这样，车辆的周转率是最高的。

此外，宅急便还采取了设立中转站的办法。这种中转方法不是货车和货物的中转，而是司机进行交换的开车方式。如从东京到大阪的长途运输，距离为600千米，需要司机2个人，再从大阪返回时还需要这么长的时间，司机也非常累，这样一来一往就需要6个人。如果在中间设置一个中转站，东京和大阪同时发车，从东京来的，在中转站开上大阪来的车返回就不要2个人，只要1个人就可以了，总共只需要4个人，从而减少了2个人的费用。

四、开拓业务，强化服务

宅急便受理货物的内容种类繁多，包括地方特产、企业文件、各种零件、划拨商品等，各式各样的小货物，都可通过宅急便来运送。旅客乘飞机可以委托将行李在登机前运送到机场；居住在乡下的长者，可以寄送昆虫、金鱼等小动物给住在城市的儿孙辈。有一回长崎发生大水灾，严重影响水源，住在远地的亲朋好友就寄送饮用水给生活受困的受灾者。宅急便对礼品市场的扩展也有相当大的贡献。单是每年的情人节、母亲节，宅急便的需求量就呈巅峰状态，即使一盒巧克力，也可以利用宅急便来寄送。特别是在情人节，没有勇气将巧克力亲手交给心爱的女孩子时，宅急便就成为可爱的“恋爱之神”。宅急便也为企业活动带来了方便，有许多企业利用宅急便来传递紧急文件，连百货公司也将宅急便作为“送货到家”的运送管道。当今非常流行的邮购等通信销售，若不是宅急便的普及，也就没有如此快速的发展。对利用宅急便运送货物的客户进行分析，企业占60%，个人占40%，法人利用的比例很高，由此可见宅急便对企业界的吸引力。

日本人现在去打高尔夫球时，已经很少有人亲自背着高尔夫球杆去球场，大多数是利用高尔夫宅急便将球具送到高尔夫球场，自己则空手前往。在打完球回程时，也是用宅急便送回自己家中，做到能够身轻如燕地去游玩。1983年12月，滑雪宅急便登场，日本长野是这一季节的滑雪胜地，每年都从外县涌入1 100万名滑雪客。只要运送滑雪橇和随身货物，如果平均每人2件的话，往返就会有4 400万件的货源。滑雪宅急便保证做到在滑雪的前一天将货物送达，一开始就得到顾客的好评，特别是受到体力较差的女性顾客们的喜爱。1987年8月，大和又推出了冷藏宅急便。分为5摄氏度（冷藏）、零度（冰温）和零下18摄氏度（冷冻）3种，货物以蔬菜、水果、鱼、肉等生鲜食品为主。在全体宅急便之中，生鲜食品占40%。冷藏宅急便开发后，这一比例又急速升高，说明日本生鲜食品的输送需求极其旺盛。此外，大和运输又开拓了书籍服务，读者直接向书籍公司订购后，公司可以利用宅急便的配送网络，尽早地把书籍送到读者手中。

宅急便还利用航空来运送货物，但由于在下午3点以前接收的货物若要翌日送达，飞机必须夜间飞行，困难较多，货运量不大，约占总运量的1%。同时，宅急便对运距在600千米以上的，采取铁路运输的办法，宅急便每天有54班车（往返）就是通过东京到北海道函馆之间的直达车运送货物的。

五、黑猫大队的货物追踪系统

大和运输致力于电脑化的推进，成为运输界中最初采用条形码的公司，美国的大型运输公司“UPS”（United Parcel Service）也仿效使用，现今条形码已成为运输界的世界标准码。大和运输将宅急便的信息系统称为“猫系统”。第一代猫系统始于 1974 年，以路线及货运为中心。在结构上，是采用设置在大和系统开发总公司的主电脑以及各营业所的终端机，全部以专用线缆来导引线路，以集中货物信息的方法进行处理。第二代猫系统始于 1980 年，此时初次登场的 POS 终端机，简化了资料输入动作，任何人都可以简单操作，信息的处理速度也快。第三代猫系统始于 1985 年，重点在于开发了携带型 POS，让所有的货车司机都拥有一台。大和将所有附随货物的信息，包括发货店密码、日期、负责集货公司的司机密码、到店密码、货物规格、顾客密码、顾客送来或是集货方式、运费、传票号码以及滑雪宅急便或高尔夫宅急便的顾客游玩日等，全都输入电脑进行管理。大和在全国 1 300 所分店、营业所、基地设置终端机，网络站的终端机数约为 2 000 台，携带型 POS 突破 20 000 台。通过这个追踪货物系统，便能完全掌握所发生的各种信息。顾客如果询问邮局托运的货物现今在何处，邮局必须花费 2 分钟才能作回答；而宅急便却能在 40 秒内做出答复（电脑的应答时间是 3 ~ 5 秒）。由此可以查明：货物现在是在仓库，还是在分拣设施上，还是正在装车，还是已经送到顾客手中。这个优异的追踪系统的存在，进一步提高了顾客对宅急便的依赖度。

现在大和运输与美国 UPS 合作，建立了国际快递网络。UPS 拥有覆盖世界 175 个国家和地区的配送网，大和已将这些国家和地区全部划入自己的服务区域。

思考题

1. 什么是公路运输？公路运输有哪些功能？
2. 公路运输的特点有哪些？
3. 公路货物运输一般分为哪几类？各有哪些特点？
4. 公路运输货物的种类有哪些？
5. 什么是公路汽车列车？什么是公路定挂运输与甩挂运输？
6. 什么是公路整车货物运输？其运输生产过程由几部分组成？
7. 根据整车货物运输站务工作内容做出流程图。
8. 公路货物运输作业的基本业务包括哪些环节？各环节的主要内容是什么？
9. 什么是公路零担货物运输？其组织形式有哪些？
10. 零担货物运输的组织形式有几种？各有什么优缺点？
11. 零担货物运输在中转地的中转方式有哪些？
12. 公路货物运输的运费计算方法有哪些？

情境三　铁路货物运输

通过对情境三知识与技能的学习与应用,学生应掌握铁路货物运输的内涵及其类型;铁路货物运输的技术装备与设施;铁路运输货物的种类;铁路整车及零担货物运输的方法;铁路运输期限与运输费用的计算。具备铁路货物运输的基本知识与能力,培养组织铁路货物运输的技能。

知识目标

1. 掌握铁路货物运输的内涵及其类型;
2. 掌握铁路货物运输的技术装备与设施;
3. 掌握铁路运输的成本构成与市场竞争特点;
4. 掌握铁路运输服务的特点;
5. 掌握铁路运输货物的种类;
6. 掌握铁路货物运输的作业流程;
7. 掌握铁路整车运输的业务要求,办理铁路整车运输的货物范围;
8. 掌握铁路零担运输的业务要求,零担运输的办理条件;
9. 掌握铁路整装、零担车的种类;
10. 掌握货物运到期限的计算方法;
11. 掌握货物运到逾期的内涵;
12. 掌握铁路货物运价种类;
13. 掌握铁路货物运输费用的计算程序;
14. 掌握铁路货运杂费及其他费用;
15. 掌握铁路集装箱运输业务程序。

能力目标

1. 能解释铁路货物运输的内涵,区分几种不同的运输结构形态;
2. 能应用铁路货物运输作业流程选择运输服务的价格策略;
3. 能办理铁路整车货物运输业务;
4. 能办理铁路零担货物运输业务;
5. 能对铁路整车及零担进行装箱作业;
6. 能计算货物运到期限;
7. 能应用铁路货物运输费用的计算程序来计算运输费用;
8. 能管理铁路集装箱运输业务。

任务一　铁路货物运输知识构建

一、铁路运载工具

利用铁路把货物从一个地点运输到另一个地点,称为铁路货物运输。铁路与公路、水路、航空、管道等运输方式组成国家交通运输网。铁路运输与其他运输方式相比较,具有运量大,运送速度快,不受气候条件的影响,运输准时,使用方便等特点,铁路与其他陆上运输方式比较,还具有占地少、能耗低、事故少、污染少等优势。所以,铁路在国民经济中承担着大部分的客货运输任务,是我国交通运输网的骨干。

(一)铁路机车

铁路车辆本身没有动力装置,无论是客车还是货车,都必须把许多车辆连接在一起编成一列,由机车牵引才能运行。所以,机车是铁路车辆的基本动力。铁路上使用的机车按照机车原动力,可分为蒸汽机车、内燃机车和电力机车三种。从今后发展来看,最有发展前途的机车是电力机车。

(二)车辆及其标记

1. 车辆及其特点

(1)车辆的种类

铁路车辆是运送旅客和货物的工具,它本身没有动力装置,需要把车辆连接在一起由机车牵引,才能在线路上运行。铁路车辆可分为客车和货车两大类,铁路货车的种类很多,可从以下几个方面对其分类。

1)按照用途或车型划分,可分为通用货车和专用货车两大类。

2)按载重分,可分为 20 吨以下,25 ~ 40 吨,50 吨,60 吨,65 吨,75 吨,90 吨等各种不同的车辆。为适应我国货物运量大的客观需要,有利于多装快运和降低货运成本,我国目前以制造 60 吨车为主。

3)按轴数分,车辆分为四轴车,六轴车和多轴车等。我国铁路以四轴车为主。

(2)车辆的特点

1)棚车车体由端墙、侧墙、棚顶、地板、门窗等部分组成。主要装运怕日晒、雨淋、雪侵的货物(粮食、日用品、贵重仪器设备等)。部分棚车还可运送人员和马匹。

2)敞车仅有端墙、侧墙和地板。主要装运煤炭、矿石、木材、钢材等,也可装运重量不大的机械设备,苫盖篷布可装运怕雨淋的货物。

3)平车只有一个底板,供装运特殊长大重型货物,因而也称为长大货物车。

4)冷藏车车体装有隔热材料,车内设有冷却、加温等装置,具有制冷、保温和加温三种性能。用于运送新鲜蔬菜、水果、鱼、肉等易腐的货物。

5)罐车车体为圆筒形,罐体上设有装卸口。罐车主要用于运送液化石油气、汽油、硫酸、酒精等液态货物或散装水泥等。

6)专用敞车供具有翻车机的企业使用,主要用于装运块粒状货物且采用机械化方式装卸。

7）专用平车是运送小汽车（型号为 SQ）与集装箱（型号为 X）的平车。运送小汽车的平车车体一般分为 2～3 层，并设有跳板，以便汽车自行上下。

8）漏斗车用于装运块粒状散装货物，主要运送煤炭、矿石、粮食等。

9）水泥车是用来运送散装水泥的专用车。

10）家畜车是用于运送活家禽、家畜等的专用车。车内有给水、饲料的储运装置，还有供押运人乘坐的设施。

2. 车辆标记

一般常见的铁路车辆标记主要有以下几种。

1）路徽，中国铁道部所属车辆均有人民铁道的路徽。

2）车号，它是识别车辆的最基本的标记，车号包括型号和号码，型号又有基本型号和辅助型号两种。

①基本型号代表车辆种类，用汉语拼音字母表示，包括货车的种类及基本型号；

②辅助型号表示车辆的构造形式，它以阿拉伯数字和汉语拼音组合而成，例如，P64A 表示结构为 64A 型的棚车；

③号码一般编在车辆的基本型号和辅助型号之后，车辆号码是按车种和载重分别依次编号的，如 P62. 3319324。

3）配属标记，对固定配属的车辆，应标上所属铁路局和车辆段的简称，如“京局京段”表示北京铁路局北京车辆段的配属车。

4）载重，即车辆允许的最大装载重量，以吨为单位。

5）自重，即车辆本身的重量，以吨为单位。

6）容积，为货车（平车除外）可供装载货物的容积，以立方米（m^3）为单位。

7）特殊标记，是根据货车的构造及设备情况，在车辆上标打的各种特殊的标记。

二、铁路货物运输种类

（一）按运输条件的不同分

1. 普通货物运输

除按特殊运输条件办理的货物运输外的其他各种货物运输。

2. 特殊货物运输

1）阔大货物，包括超长货物、集重货物和超限货物，是一些长度长、重量重、体积大的货物。

2）危险货物，指在铁路运输中，具有爆炸、易燃、毒蚀、放射性等特性，在运输、装卸和储存保管过程中，容易造成人身伤亡和财产毁损而需要特殊防护的货物。

3）鲜活货物，指在铁路运输过程中需要采取制冷、加温、保温、通风、上水等特殊措施，以防止腐烂变质或死亡的货物以及其他托运人认为须按鲜活货物运输条件办理的货物。鲜活货物分为易腐货物和活动物两大类。易腐货物主要包括肉、鱼、蛋、奶、鲜水果、鲜蔬菜、鲜活植物等；活动物主要包括禽、畜、蜜蜂、活鱼、鱼苗等。

4）罐装货物，是指用铁路罐车运输的货物。

（二）按运输速度的不同分

1）按普通货物列车办理的货物运输；

2）按快运列车办理的货物运输；

3）按客运速度办理的货物运输。

（三）按一批货物的重量、体积、性质、形状分

"一批"是铁路运输货物的计数单位，铁路承运货物和计算运输费用等均以批为单位。按一批托运的货物，其托运人、收货人、发站、到站和装卸地点必须相同。

按一批货物的重量、体积、性质、形状运输分为以下几种。

1. 整车运输

整车运输是指一批货物至少需要一辆货车的运输。具体地说，凡一批货物因重量、体积或形状需要以一辆或一辆以上货车装运的，均应按整车托运。

2. 零担运输

凡不够整车运输条件的货物，即重量、体积和形状都不需要单独使用一辆货车运输的一批货物，除可使用集装箱运输外，应按零担货物托运。一件零担货物体积不得小于0.02立方米（一件重量在10千克以上的除外）。每批件数不得超过300件。

3. 集装箱运输

使用集装箱装运货物或运输空集装箱，称为集装箱运输。集装箱运输适合于运输精密、贵重、易损的货物。凡适合集装箱运输的货物，都应采用集装箱运输。

4. 快运货物运输

为加速货物运输，提高货物运输质量，适应市场经济的需要，铁路开办了快运货物运输（简称快运），在全路的主要干线上开行了快运货物列车。

托运人按整车、集装箱、零担运输的货物，除不宜按快运办理的煤、焦炭、矿石等品类的货物外，托运人都可要求铁路按快运办理，经发送铁路局同意并切实做好快运安排，货物即可按快运货物运输。

托运人按快运办理的货物应在"铁路货物运输服务订单"内用红色戳记或红笔注明"快运"字样，经批准后，向车站托运货物时，须提出快运货物运单，车站填写快运货票。

5. 班列运输

为了适应市场经济发展的需要，向社会提供优质服务，铁路开展了货运"五定"班列运输。货运"五定"班列（简称班列）是指铁路开行的发到站间直通，运行线和车次全程不变，发到日期和时间固定，实行以列、组、车或箱为单位报价、包干办法，即定点、定线、定车次、定时、定价的货物列车。班列按其运输内容分为集装箱货物班列（简称集装箱班列）、鲜活货物班列（简称鲜活班列）、普通货物班列（简称普通班列）。班列的开行周期实行周历，按每周×列开行。

目前班列运行线中集装箱班列有26条（其中预留线17条）、普通班列有44条（含季节性鲜活班列2条），共70条，遍及京哈、京广、京沪、京九、陇海、浙赣等主要干线，每周开行220列上下。除不明到站的军事运输、超限货物和限速运行的货物外，其他都可以按班列办理运输。

班列运输的特点如下。

1)运达迅速,班列运行速度双线区间为800千米/天以上,单线区间为500千米/天以上,运达速度快。

2)手续简便,托运人可在车站的一个窗口一次办理好手续。

3)运输费用由铁道部统一组织测算并公布,除此之外不得收取或代收任何其他费用,透明度高。

4)班列在运输组织上实行"五优先、五不准"。即优先配车、优先装车、优先挂运、优先放行、优先卸车,除特殊情况报铁道部批准外,不准停限装、不准分界口拒接、不准保留、不准途中解体、不准变更到站。

任务二　铁路货物运输业务流程

一、货运合同的签订

货运合同是承运人将货物从发站运输至指定地点,托运人或收货人支付运输费用的合同。货运合同的当事人是承运人、托运人与收货人。根据《合同法》、《铁路货物运输合同实施细则》的规定,承、托双方必须签订货运合同。

铁路货运合同有预约合同和承运合同,都属于书面形式的合同。

(一)预约合同

预约合同以"铁路货物运输服务订单"作为合同书,预约合同的签订过程就是订单的提报与批准过程。

1. 订单提报

1)托运人应于每月19日前向铁路提报次月集中审定的订单,其他订单可以随时提报。

2)托运人办理整车货物(包括以整车形式运输的集装箱)运输应提出订单一式两份;与铁路联网的托运人,可通过网络向铁路提报。

3)订单内容应正确填写,字迹清楚,不得涂改。

2. 订单审定

订单审定方式有集中审定、随时审定、立即审定等。集中审定是指为编制次月月编计划,对每月19日前提报的次月订单进行定期审定;随时审定是指对未列入月编计划的订单进行随时受理、随时审定;立即审定是指对抢险救灾物资等必须迅速运输的物资的审定方式。

铁道部(负责国际联运、水陆联运和到港货物以及国家指定的重点货物订单的审定,其他货物由铁路局、铁路分局审定)、铁路局、铁路分局审定后,应及时将审定结果传输给指定联网点,指定联网点负责及时通知未联网的装车站,装车站负责及时通知托运人。审定后的订单当月有效,不准变更。因铁路原因造成的未能按时装车的订单,应在随时审定中给予优先安排。

托运人按要求填写订单并提报或通过网络提报,一旦被审定并通知,预约合同成立,合同当事人必须履行预约合同的义务和责任。

（二）承运合同

承运合同以“货物运单”（简称为“运单”）作为合同书。托运人按要求填写运单提交承运人，经承运人审核同意并承运后合同成立。

零担货物和以零担形式运输的集装箱货物使用运单作为货运合同。整车货物与以整车形式运输的集装箱货物的货运合同包括经审定的订单和运单。

二、货物的托运和承运

（一）货物运单

1. 运单

运单是托运人与承运人之间为运输货物而签订的一种运输合同或运输合同的组成部分。它是确定托运人、承运人、收货人之间在铁路运输中的权利、义务和责任的原始依据。货物运单是托运人向承运人托运货物的申请书，也是承运人承运货物和核收运费、填制货票以及编制记录和备查的依据。运单由货物运单和领货凭证两部分组成。

2. 货物运单的传递过程

货物运单：托运人→发站→到站→收货人。

领货凭证：托运人→发站→托运人→收货人→到站。

3. 运单的种类

1）现付运单，黑色印刷；

2）到付或后付运单，红色印刷；

3）快运货物运单，黑色印刷，将“货物运单”改为“快运货物运单”字样；

4）剧毒品专用运单，黄色印刷，并有剧毒品标志图形。

4. 运单的填写

（1）运单填写的基本要求

运单的填写，分为托运人填写和承运人填写两部分。在运单中“托运人填写”和“领货凭证”有关各栏由托运人填写。“承运人填写”各栏由承运人填写。承、托双方在填记时均应对运单所填记的内容负责。运单的填写要做到正确、完备、真实、详细、清楚、更改盖章。

1）正确，要求填记的内容和方法符合规定。

2）完备，要求出记的事项，必须填写齐全，不得遗漏。如危险货物，不但要填写货物的名称，而且要填写其编号。

3）真实，要求实事求是地填写，内容不得虚假隐瞒。如不能错报、匿报货物品名。

4）详细，要求填写的品名应具体，有具体名称的不填概括名称，如双人床、沙发、立柜不能填写为家具。

5）清楚，填写字迹清晰，应使用钢笔、毛笔、圆珠笔或加盖戳记、打字机打印或印刷等方法填写，不能用红色墨水填写，文字规范，以免造成办理上的错误。

6）更改盖章，运单内填写各栏有更改时，在更改处，属于托运人填记事项，应由托运人盖章证明；属于承运人记载事项，应由车站加盖站名戳记。承运人对托运人所记事项一般不得更改。

铁路规定,严禁中介部门代理(代办)国内危险货物运输。因此,在办理国内危险货物运输时,托运人应直接向铁路办理托运手续。在办理托运手续时,须出具《资质证书》、经办人身份证和业务培训合格证书。

(2)运单填写的具体要求

1)发站、到站(局)和到站所属省(市)、自治区各栏。

发站和到站应按《铁路货物运价里程表》中所载的名称填写,不得省略,不得简称。如郑州东不得写成郑东。到站(局)名,填写到达站主管铁路局名的第一个字,例如哈、上、广等。同时,还必须注意到站营业限制,剧毒品按"全路剧毒品办理站名表"确定;其他货物按《铁路货物运价里程表》上册"站名索引表"的"营业办理限制"确定。到站所属局名,填写到站所属铁路局的简称。

到站所属省(市)、自治区,填写到站所在地的省(市)、自治区的名称。到站及到站所属铁路局,省(市)、自治区,三者必须相符。

2)托运人、收货人名称、地址及电话各栏。

托运人、收货人名称,应填写托运单位、收货单位的全名,当为自然人时,应填写其姓名。对于危险货物,应是通过资质认定的企业法人。

托运人和收货人地址,应详细填写其所在省(市)、自治区、城镇、街道、门牌号码或乡、镇、村名称。托运人或收货人装有电话时,应记明电话号码。如托运人要求到站于货物到达后用电话通知收货人,必须将收货人的电话号码填写清楚。

3)货物名称栏。

"货物名称"栏应填写《铁路货物运价规则》附件三《铁路货物运输名称检查表》内所列载的品名,危险货物应填写《铁路危险货物运输管理规则》附件一《铁路危险货物品名表》内所列载的品名并在品名后用括号注明危险货物的编号。对于《铁路货物运输名称检查表》或《铁路危险货物品名表》未列载品名的货物,应填写生产或贸易上通用的具体名称。

托运人托运的货物品名过多,不能在运单内逐一填记或托运搬家货物以及同一包装内有两种以上的货物,须提出物品清单一式三份。加盖车站承运日期戳后,一份由发站存查,一份随同运输票据递交到站,一份退还托运人。

对危险货物、鲜活货物或使用集装箱运输的货物,除填记货物的完整名称外,应按货物性质,在运单右上角用红色墨水书写或用加盖红色戳记的方法,注明"爆炸品"、"氧化剂"、"毒害品"、"腐蚀物品"、"易腐货物"等字样。

4)包装栏。

本栏填写包装种类,如"木箱"、"纸箱"、"麻袋"、"铁桶"等,按件承运的无包装的货物填写"无"字。使用集装箱运输的货物填写箱型。只按重量承运的货物,本栏可不填写。

5)件数栏。

按货物名称与包装种类,分别填写件数。集装箱运输的货物填写箱数。只按重量承运的货物,本栏填写"散"、"堆"、"罐"字样。

6)货物价格栏。

按保价运输和(或)货物保险运输时,必须填写此栏。运输多种货物时,按货物的名称分别填写,也可填写一个总数。

7）托运人确定重量栏。

按货物名称与包装种类，以千克为单位，分别填写货物的重量，也可填写一个总数。

8）合计栏。

“货物价格”、“托运人确定重量”各栏填写其合计数。“件数”栏填写其合计数或“散”、“堆”、“罐”字样。

9）托运人记载事项栏。

此栏填写需要由托运人记载的事项，包括以下各项。

①货物本身有缺陷，但不致影响货物运输安全的，应具体注明其缺陷，需要证明文件运输的货物，应填写证明文件名称、号码及填发日期。

②派有押运人的货物，应填写押运人姓名、证明文件名称以及证明文件与业务培训合格证号码。

③托运易腐货物或“短寿命”放射性物品时，应填写“允许运输期限××天”。

④整车货物，应填写要求使用的车种、吨位、是否苫盖篷布；在专用线卸车时，还应填写“在××专用线卸车”。

⑤委托承运人代封货车或集装箱时，应填写“委托承运人施封”。

⑥使用自备货车或租用铁路货车在营业线上运输货物时，应填写“××单位自备车”或“××单位租用车”。

⑦笨重货件或规格相同的零担货物，应注明货件的长、宽、高度，规格不同的零担货物应注明全批货物的体积。

⑧委托铁路代递的有关文件或单据，应填写文件、单据的名称和页数。

⑨托运人使用自备帆布时，应填写“自备帆布 × 张”。

⑩整车分卸货物，应分别注明最终到站和各卸站的站名、货物品名、件数、重量。

⑪发站由托运人组织装车，到站由承运人卸车，托运人要求到站会同收货人卸车时，应填写此要求事项。

⑫使用自备集装箱运输货物时，应填写“使用 × 吨自备箱”。

⑬集装箱内单件货物重量超过 100 千克时应注明。

危险货物应注明的事项有以下各项。

①托运危险货物时，应填写托运人的资质证书号码及经办人的身份证、业务培训合格证号码。

②国外进口危险货物按原包装运输时，应填写“进口原包装”。

③使用旧包装容器装危险货物（剧毒品除外），应填写“使用旧包装，符合安全要求”。

④托运的货物在《国际危规》等有关国际运输组织规定中属危险货物，而我国铁路按非危险货物运输时，可按非危险货物运输，但应填写“转海运进（出）口”或“国际联运进（出）口”字样。

⑤经批准改变包装试运时，应填写“试运包装”。

⑥经批准进行危险货物新产品试运时，应填写“危险货物新产品试运”。

⑦自备罐车装运《危规》附件一未做规定的货物，经铁道部批准后进行试运时，应填写“自备罐车试运”。

⑧经批准进行危险货物集装箱试运时，应填写“危险货物集装箱试运”。

⑨托运爆炸品保险箱时，应填写保险箱的统一编号。

⑩按普通货物条件运输的危险货物，应填写“××（名称），可按普通货物运输”。

⑪润滑油罐车运输润滑油时，应注明“罐车卸后回送××站”。

10）领货凭证。

领货凭证各栏的内容应与运单相应各栏保持一致。

最后托运人盖章或签字。托运人填写完运单和领货凭证并确认无误后，在此两栏内盖章或签字，还应在日期处填写日期。

（二）货物的托运与受理

1. 托运

托运人向承运人提出货物运单和运输要求，称为货物的托运。所托运的货物应符合一批的要求，不得将不能按一批托运的货物作为一批托运。托运人向承运人交运货物，应向车站按批提出货物运单一份。托运人向车站提出货物运单，即说明其向铁路详细而正确地提出了书面申请，并愿意遵守铁路货物运输的有关规定，履行义务，且货物已准备就绪，随时可以移交承运人。

2. 受理

车站对托运人提出的货物运单，经审查符合运输要求，在货物运单上签上货物搬入或装车日期后，即为受理。

（三）进货与验货

1. 进货

托运人凭车站签证后的货物运单，按指定日期将货物搬入货场指定的货位即为进货。托运人进货时，应根据货物运单核对是否符合签证上的搬入日期；品名与现货是否相等。经检查无误后，方准搬入货场。

2. 验货

进货验收是为了保证货物运输安全，完善以及划清承运人与托运人之间的责任，检查疏忽则可能会使不符合运输要求的货物进入运输过程，造成或扩大货物的损失。

检查的内容主要有以下几项：

1）货物的名称、件数是否与货物运单的记载相符；

2）货物的状态是否良好；

3）货物的运输包装和标记及加固材料是否符合规定，托运人托运货物，应根据货物的性质、重量、运输种类、运输距离、气候以及货车装载等条件，使用符合运输要求，便于装卸和保证货物安全的运输包装；

4）货物的标记（货签）是否齐全、正确；

5）货件上的旧标记是否撤换或抹消；

6）装载整车货物所需要的货车装备物品或加固材料是否齐备。

（四）货物的件数、重量

在铁路运输过程中，保证货物的件数和重量的完整是承运人必须履行的义务。因此，铁路明确规定了确定货物件数和重量的范围。

按整车运输的货物,原则上按件数和重量承运,但有些非成件货物或一批货物件数过多而且规格不同,在承运、装卸、交接和交付时,点件费时、费力,只能按重量承运,不再计算件数。

以整车运输的规格相同(规格在 3 种以内视为规格相同)的货物件数超过 2 000 件以及规格不同、一批数量超过 1 600 件的成件货物,只按重量承运,不计算件数。

托运人组织装车,到站由收货人组织卸车的货物,按托运人在货物运单上填记的件数承运。

整车货物与集装箱货物,由托运人确定重量;零担货物除有标准重量、标记重量或过秤清单及一件重量超过车站衡器最大称量的货物外,由承运人确定重量,并核收过秤费。

货物的重量,包括货物的包装重量,是承运人与收货人之间交接货物和铁路计算运费的依据,而且与货车载重量的利用和列车运行的安全都有很大的关系,同时也影响铁路运营指标。因此,货物重量的确定必须准确。对于由托运人确定重量的整车货物、集装箱货物和零担货物,承运人应进行抽查,重量不符时应进行处理并向托运人核收过秤费。

(五)货票

整车货物装车后(零担货物过秤完,集装箱货物装箱后),货运员将签收的运单移交货运室填制货票,核收运杂费。

货票是铁路运输货物的凭证,也是一种具有财务性质的票据,可以作为承运货物的依据和交接运输的凭证。

货票一式四联。甲联为发站存查联;乙联为报告联,由发站报发局;丙联由发站给托运人报销用;丁联为运输凭证,由发站随货物递交到站,到站由收货人签章交付,作为完成运输合同的唯一依据。

(六)货物的承运

1. 承运前的保管

托运人将货物搬入车站,经验收完毕后,一般不能立即装车,需在货场内存放,这就产生了承运前保管的问题。

整车货物,发站实行承运前保管的,从收货完毕填发收货证起,即负承运前保管责任。

零担货物和集装箱运输的货物,车站从收货完毕时即负承运前保管责任。

2. 承运

零担货物和集装箱运输的货物由发站接收完毕,整车货物装车完毕,发站在货物运单上加盖车站日期戳时起,即为承运。承运是货物运输合同的成立,从承运起承、托双方就要分别履行运输合同的权利、义务和责任。因此,承运意味着铁路负责运输的开始,是承运人与托运人划分责任的时间界线。同时承运标志着货物正式进入运输过程。

(七)标打标志、标记

在储运过程中有特殊要求的货物,应在包装上标打包装储运图示标志。对于危险货物,还应在包装上按规定标打危险货物包装标志。对于零担货物,在包装上标打的货物标志(标签)内容必须与运单的相应内容一致。

三、货物的装车作业

(一)装卸车责任的划分

1. 承运人装卸的范围

货物装车或卸车的组织工作,在车站公共装卸场所内由承运人负责。有些货物虽在车站公共装卸场所内进行装卸作业,由于在装卸作业中需要特殊的技术、设备、工具,仍由托运人或收货人负责组织。

2. 托运人、收货人装卸的范围

除在车站公共装卸场所以外进行的装卸作业,装车由托运人、卸车由收货人负责。此外,由于货物性质特殊,在车站公共场所装卸也由托运人、收货人负责。其负责的情况有:

1)罐车运输的货物;

2)冻结的易腐货物;

3)未装容器的活动物,如蜜蜂、鱼苗等;

4)一件重量超过1吨的放射性同位素;

5)由人力装卸带有动力的机械和车辆。

其他货物由于性质特殊,经托运人或收货人要求,并经承运人同意,也可由托运人或收货人组织装车或卸车。例如,气体放射性物品、尖端保密物资、特别贵重的展览品和工艺品等。货物的装卸不论由谁负责,都应在保证安全的条件下,积极组织快装、快卸,昼夜不断地作业,以缩短货车停留时间,加速货物运输。

由托运人装车或收货人卸车的货车,车站应在货车调到前,将调到时间通知托运人或收货人。托运人或收货人在装卸车作业完毕后,应将装车完毕或卸车完毕的时间通知车站。

托运人、收货人负责组织装卸的货车,超过规定的装卸车时间标准或规定的停留时间标准,承运人向托运人或收货人核收规定的货车使用费。

(二)装车作业

1. 装车的基本要求

货物重量应均匀分布在车的地板上,不得超重或偏重和集重。

装载应认真做到轻拿轻放、大不压小、重不压轻,堆码稳妥紧密、捆绑牢固,在运输中不发生移动、滚动、倒塌或坠落等情况。

使用敞车装载怕湿货物时应堆码成屋脊形,苫盖好篷布,并用绳索捆绑牢固。

使用棚车装载货物时,装在车门口的货物应与车门保持适当距离,以防挤住车门或湿损货物。

使用罐车及敞、平车装运货物时,应各按其规定办理。

所装货物需进行加固时,按《铁路货物装载加固规则》的规定办理。

2. 装车前的检查

为保证装车的工作质量,使装车工作顺利进行,装车前应做好以下“三检”工作。

1)检查运单,即检查运单的填记内容是否符合运输要求,有无漏填和错填。

2)检查待装货物,即根据运单所填记的内容核对待装货物的品名、件数、包装,检查标志、标签和货物状态是否符合要求。集装箱还需检查箱体、箱号和封印。

3)检查货车,即检查发车的技术状态和卫生状态。其主要检查内容为:是否符合使用条件。

货车状态是否良好,主要检查车体(包括透光检查)、车门、车窗、盖、阀是否完整良好,车内是否干净,是否被毒物污染。装载食品、药品、活动物和有押运人乘坐时,还应检查车内有无恶臭异味。

货车"定检"是否过期,有无扣修通知、货车洗刷回送标签或通行限制。

通过检查,若发现不符合使用要求的情况,应采取适当措施,必要时予以更换。

3. 监装(卸)工作

装卸作业前货运员应向装卸工组详细说明货物的品名、性质,布置装卸作业安全注意事项和需要准备的消防器材及安全防护用品,装卸剧毒品应通知公安到场监护。装卸作业时要做到轻拿轻放,堆码整齐牢固,防止倒塌。要严格按规定的安全作业事项操作,严禁货物侧放、卧装(钢瓶器除外)。包装破损的货物不准装车。装完后应关闭好车门、车窗、盖、阀,整理好货车装备物品和加固材料。装车后需要施封、苫盖篷布的货车由装车单位进行施封与苫盖篷布。

4. 装车后的检查

为保证正确运送货物和行车安全,装车后还需要检查下列内容。

1)检查车辆装载,主要检查有无超重、超限现象,装载是否稳妥,捆绑是否牢固,施封是否符合要求,标示牌插挂是否正确。对装载货物的敞车,要检查车门插销、底开门塔扣和篷布苫盖、捆绑情况。

2)检查运单,检查运单有无漏填和错填,车种、车号和运单所载是否相符。

3)检查货位,检查货位有无误装或漏装的情况。

四、货物的途中作业

(一)货运合同的变更和解除

1. 货运合同的变更

(1)货运合同变更的种类

1)变更到站。货物已经装车挂运,托运人或收货人可按批向货物所在的中途站或到站提出变更到站。如:北京运往宁波的货物在上海站要求变更到杭州。

为保证液化气体运输安全,液化气体罐车不允许进行运输变更或重新起票办理新到站,如遇特殊情况需要变更或重新起票办理新到站时,需经铁路局批准。

2)变更收货人。货物已经装车挂运,托运人或收货人可按批向货物所在的中途站或到站提出变更收货人。

(2)货运合同变更的限制

铁路是按计划运输货物的,货运合同变更必然会给铁路运输工作的正常秩序带来一定的影响。所以,对于下列情况承运人不受理货运合同的变更:

1)违反国家法律、行政法规;

2)违反物资流向;

3)违反运输限制；

4)蜜蜂；

5)变更到站后的货物运到期限大于容许运到期限；

6)变更一批货物中的一部分；

7)第二次变更到站的货物。

(3)货运合同变更的处理

托运人或收货人要求变更货运合同时，应提出领货凭证和货物运输变更要求书，提不出领货凭证时，应提出其他有效证明文件，并在货物运输变更要求书内注明。提出领货凭证是为了防止托运人要求铁路办理变更，而原收货人又持领货凭证向铁路要求交付货物而产生的矛盾。

2. 货运合同的解除

整车和大型集装箱货物在承运后挂运前，零担和其他型集装箱货物在承运后装车前，托运人可向发站提出取消托运，经承运人同意，货运合同即告解除。

解除合同，发站退还全部运费与押运人乘车费，但特种车使用费和冷藏车使用费不退。此外，应按规定支付变更手续费、保管费等费用。

(二)运输阻碍的处理

因不可抗力的原因致使行车中断，货物运输发生阻碍时，铁路局对已承运的货物，可指示绕路运输，或者在必要时先将货物卸下妥善保管，待恢复运输时再装车继续运输。因货物性质特殊(如危险货物发生燃烧、爆炸或动物死亡、易腐货物腐烂等)，绕路运输或卸下再装，会造成货物损失时，车站应联系托运人或收货人请其在要求的时间内提出处理办法。超过要求时间未接到答复或因等候答复而使货物造成损失时，比照无法交付货物处理，所得剩余价款(缴纳装卸、保管、运输、清扫、洗刷除污费后)通知托运人领取。

五、货物的到达领取

1. 货物的暂存

对到达的货物，收货人有义务及时将货物搬出，铁路也有义务提供一定的免费保管期，以便收货人安排搬运车辆，办理仓储手续。免费保管期规定为：由承运人组织卸车的货物，收货人应于承运人发出催领通知的次日(不能实行催领通知或会同收货人卸车的货物为卸车的次日)起算，2 天(铁路局规定 1 天的为 1 天)内将货物搬出，超过此期限未将货物搬出，按超过的时间核收货物暂存费。

货物运抵到站，收货人应及时领取。拒绝领取时，应出具书面说明，自拒领之日起，3 日内到站应及时通知托运人和发站，征求处理意见。托运人自接到通知之日起，30 日内提出处理意见答复到站。

从承运人发出催领通知次日起(不能实行催领通知的，从卸车完毕的次日起)，经过查找，满 30 日(搬家货物满 60 天)仍无人领取的货物或收货人拒领，托运人又未按规定期限提出处理意见的货物，承运人可按无法交付货物处理。

无法交付货物的范围、保管期限、上报和移交手续、价款处理，应按照国家经济委员会颁发的《关于港口、车站无法交付货物的处理办法》的有关规定办理。

对性质不宜长期保管的货物，承运人根据具体情况，可缩短通知和处理期限。

2. 票据交付

收货人持领货凭证和规定的证件到货运室办理货物领取手续，在支付费用和在货票丁联盖章(或签字)后，留下领货凭证，在运单和货票上加盖到站交付日期戳，然后将运单交给收货人，凭此领取货物。如收货人在办理货物领取手续时领货凭证未到或丢失，机关、企业、团体应提出本单位的证明文件；个人应提出本人的居民身份证、工作证(或户口簿)或服务所在单位(或居住单位)出具的证明文件。

货物在运输途中发生的费用(如包装整修费、托运人责任的整理或换装费、货物变更手续费等)和到站发生的杂费，在到站应由收货人支付。

3. 现货交付

现货交付即承运人向收货人点交货物。收货人持货运室交回的运单到货物存放地点领取货物，货运员向收货人点交货物完毕后，在运单上加盖"货物交讫" 戳记，并记明交付完毕的时间，然后将运单交还给收货人，凭此将货物搬出货场。

在实行整车货物交付前保管的车站，货物交付完毕后，如收货人不能在当日将货物全批撤出车站，对剩余部分，按件数和重量承运的货物，可按件数点交车站负责保管，只按重量承运的货物，可向车站声明。

收货人持加盖"货物交讫"的运单将货物搬出货场，门卫对搬出的货物应认真检查品名、件数、交付日期与运单记载是否相符，经确认无误后放行。

任务三　铁路整车及零担货物运输

一、整车运输

整车运输是指一批货物至少需要一辆货车的运输。具体地说，凡一批货物因重量、体积或形状需要以一辆或一辆以上货车装运的，均应按整车托运。

铁路整车运输的条件如下。

1. 货物的重量与体积

我国现有的货车以棚车、敞车、平车和罐车为主，标记载重量(简称为标重)大多为50吨与60吨，棚车容积在100立方米以上，达到这个重量或容积条件的货物，即应按整车运输。

2. 货物的性质与形状

有些货物，虽然其重量、体积不够一车，但因性质与形状需要单独使用一辆货车时，应按整车运输：

1)需要冷藏、保温、加温运输的货物；

2)规定限按整车运输的危险货物；

3)易于污染其他货物的污秽品；

4)蜜蜂；

5)不易计算件数的货物；

6)未装容器的活动物；

7)单件货物重量超过 2 吨,体积超过 3 立方米或长度超过 9 米的货物。

整车运输装载量大,运输费用较低,运输速度快,能承担的运量也较大,是铁路的主要运输形式。

二、整车运输的特殊形式

(一)整车分卸

整车分卸是托运人的货物数量不够一车而又不符合按零担办理条件的货物运输。整车分卸应符合的条件是:

1)托运的货物必须是除蜜蜂、使用冷藏车装运需要制冷或保温的货物和不易计件的货物以外的不得按零担货物托运的货物;

2)到达分卸站的货物数量不够一车;

3)到站必须是同一路线上的两个或三个到站;

4)必须在站内卸车;

5)在发站装车必须装在同一货车内作为一批托运。

按整车分卸办理的货物,除派有押运人外,托运人必须在每件货物上拴挂标记,分卸站卸车后,必须对车内货物进行整理。

(二)途中装卸以及站内搬运

途中装卸是指在两个货运营业站之间的区间或不办理货运营业的车站所进行的装车或卸车作业。途中装卸货物的发站或到站,是以托运人指定的途中装卸地点后方或前方办理货运营业的车站作为发站或到站。货物的装卸作业均在同一车站内进行的运输,称为站内搬运。

途中装卸以及站内搬运应符合的条件:

1)按整车运输的货物;

2)必须经货运计划核准;

3)只限在铁路局管内办理;

4)危险货物不得办理。

(三)准、米轨直通运输

准、米轨直通运输是指使用一份运输票据,跨及准轨(标准轨距 1 435 毫米)与米轨铁路,将货物从发站直接运至到站的运输。

1)下列货物不办理准、米轨间的直通运输:

①鲜活货物及需要冷藏、保温或加温运输的货物;

②罐车运输的货物;

③每件重量超过 5 吨(经商定者除外)、长度超过 16 米或体积超过米轨装卸载界限的货物。

2)准、米轨直通运输一批货物的重量或体积的具体规定为:

①重质货物重量为 30、50、60 吨(不适用货车增载的规定);

②轻泡货物体积为 60、95、115 立方米。

国有铁路与地方铁路实行一票直通运输时，由于两者的管理体制以及收费标准不同，必须按《国家铁路与地方铁路货物直通运输规则》办理，采取分段计费，一次核收的办法。

三、零担货物运输

（一）零担运输

凡不够整车运输条件的货物，即重量、体积和形状都不需要单独使用一辆货车运输的一批货物，除可使用集装箱运输外，应按零担货物托运。一件零担货物体积不得小于 0.02 立方米（一件重量在 10 千克以上的除外），每批件数不得超过 300 件。

（二）零担货物的种类

1. 普通零担货物

简称普零货物，即以零担办理的普通货物，使用棚车装运。

2. 危险零担货物

简称危零货物，即以零担办理的危险货物，使用棚车装运。

3. 笨重零担货物

简称笨零货物，是指：

1）一件重量在 1 吨以上，体积在 2 立方米以上或长度在 5 米以上，需要以敞车装运的货物。

2）货物的性质适宜敞车装运和吊装吊卸的货物。

（三）零担货物运输的特点

1）运量零星；

2）批数较多；

3）到站分散；

4）品种繁多；

5）性质复杂；

6）包装条件不一；

7）作业复杂。

（四）整装零担车

1. 整零车的种类

装运零担货物的车辆称为零担货物车，简称为零担车。零担车的到站是两个（普零）或三个（危零或笨零）的，称为整装零担车，简称为整零车。整零车按车内所装货物是否需要中转，分为直达整零车和中转整零车两种；按其到站个数，分为一站整零车、两站整零车和三站整零车三种；将上述两种分法组合，则有一站（两站或三站）直达整零车和一站（两站或三站）中转整零车六种。

直达整零车是指车内所装货物都是直接运至货物到站的整零车。中转整零车是指车内所装货物有需要中转站中转才能运至货物到站的整零车。

2. 整零车的组织条件

一站整零车，车内所装货物不得少于货车标记载重量（简称标重）的 50% 或容积的90%。

两站整零车,第一到站的货物不得少于货车标重的20%或容积的30%;第二到站的货物不得少于货车标重的40%或容积的60%。两个到站必须在同一最短路线上,且距离不得超过250千米。但符合下列条件之一时,可不受距离限制:

1)第二到站货物的重量达到货车标重的50%或容积的70%;

2)两个到站为相邻中转站;

3)第一到站是中转站,装至第二到站的货物符合第一到站的自然中转范围。

三站整零车,危零、笨零货物不够条件组织一站或两站整零车时,可以组织同一最短路线上三个到站的整零车,但第一与第三到站间的距离不得超过500千米。

(五)零担货物运输的组织原则

零担货物的运输组织工作应贯彻"多装直达、合理中转、巧装满载、安全迅速"的原则。从这一原则出发,凡具备直达整零车条件的货物,应组织直达整零车装运,绝不组织去某一中转站中转;不够组织直达整零车条件的,则组织中转整零车装运,且应将货物装运至《全路零担车组织计划》规定的中转站进行中转。

(六)零担货物的承运方式

1.随到随承运

为方便承运人,车站可采取随到随承运的方式,因为托运人发送货物是随机的,事先无法计划,只能是承运以后,在车站仓库内进行集结,所以仓库设备利用效率低,货物集结时间长,不利于组织直达整零车或中转整零车。

2.计划受理(预先审批运单)

在零担货物运量较小而货物去向又分散的车站,可采用这种方式。

计划受理是由托运人提前向车站提出运单,车站对所提运单实行集中审批。当发送某一到站或方向的货物能够配装一辆整零车时,则通知托运人按指定日期进货,使货流集中。采用此方法,加强了零担货物运输的计划性,提高了零担货物运输的组织水平。但是,容易造成货物在承运前的积压。

1)日历承运与预先审批运单相结合,也就是车站按承运日期表进货和承运,但托运单位必须在承运日之前向车站提交运单,经审批后再指定进货日期和货位。

2)预先集中审批运单,托运单位事先向车站提交运单,定期根据所提出的运单进行集配,组织成各种零担车,并根据车站设备和作业能力加以平衡,分别指定进货日期。

3.承运日期表

承运日期表是车站有计划地组织零担货物运输的主要方式,这种方式是车站在掌握货物流量、流向基本规律的前提下,按主要到站或方向分别安排承运日期,事先公布,托运人按规定的日期办理托运。

承运日期表可以使托运人事先了解车站对各主要到站或方向的收货日期,及时做好托运的准备工作,做到有计划托运;可将分散的零担货流按主要到站或方向集结,便于配装整零车;车站可以平衡安排日间作业量,提高车站货运设备的利用效率;可以有计划地配送空车和按主要到站、中转站组织整零车。

四、铁路集装箱运输

1853 年美国铁路企业开始办理集装箱运输，但由于各部门使用的箱型不同，管理分散，未得到发展。第二次世界大战时期，美国为了安全、迅速而简便地输送军用物资，大量采用集装箱运输。战后各国相继发展了铁路集装箱运输。当前我国铁路集装箱运输的重点是解决铁路零担货物运输，主要采用 1 吨和 5 吨通用集装箱。

随着集装箱运输和拖车式集装箱运输的发展，铁路集装箱运输的组织工作也获得新的发展，有了集装箱定期直达列车和集装箱专运列车。

（一）集装箱定期直达列车

这种列车定点、定线、定期、固定车底，循环运行于两个基地站间，不需重新编组，因此运行速度快、效率高。利用电子计算机编制计划、掌握运输情况和动态、处理运输报告和控制集装箱的装卸等，实现了全部作业过程的自动化。零星运送的小批量的集装箱，往往不能为集装箱定期直达列车所吸收，但又急需运送时，可编入快运货物列车进行运送。

集装箱直达列车的开行对集装箱运输的发展起到了很大的作用。但各个国家，各个发展时期组织直达列车的形式也不尽一致。集装箱直达列车应如何组织要根据国家陆域的大小，主要资源的分布，铁路运输设备等情况加以确定，并贯彻运送速度快、服务质量优、运营成本低的原则。

（二）集装箱五定班列运输

集装箱货物运输中具备下列特点的运输被称为五定班列运输：

定点——装车站和卸车站固定；

定线——运输线固定；

定车次——班列车次固定；

定时——货物发到时间固定；

定价——全程运输价格固定。

这种运输方式运行快速，日行 800 千米（单线 600 千米）；手续简便，一个窗口一次办理承运手续；一次收费，明码标价，价格合理；安全优质，保证运到时间，安全系数高。

（三）集装箱专运列车

集装箱专运列车一般是指在港口站编组开行的列车。当集装箱船到达港口后，在 24 小时内即可卸空，除到达港所在地区和近距离的集装箱可由汽车输送外，运程较远的集装箱组织集装箱专运列车运送。由于集装箱船航行易受天气等自然条件的影响，到港日期不很准确，集装箱的去向和到站又不一致，因此，集装箱专运列车虽在列车运行图上有专门的运行线，但只能不定期地编组开行。

集装箱专运列车与定期直达列车的相同之处在于都在铁路运行图上有专门的运行线，不同之处在于专运列车虽然也是大批量的集装箱，运程较长，但不是定期的，这种运输可以解决货源不均衡或者船期不定的矛盾。

（四）铁路集装箱运输的基本条件

铁路使用集装箱进行的货物运输，基本条件主要有：

1）每批必须是同一箱型，使用不同箱型的货物不得按一批托运；

2）每批至少一箱，最多不得超过铁路一辆货车所能装运的箱数；

3）货物重量由托运人确定；

4）铁路按箱承运，不查点箱内货物。

五、铁路货物运输中的“一批”

“一批”是指使用一张货物运单和一份货票，按照同一运输条件运送的货物，它是铁路承运货物、计算运费和交付货物的一个基本单位，按一批托运的货物，托运人、收货人、发站、到站和装卸地点必须相同（整车分卸货物除外）。

1. 铁路运输“一批”货物的分类

1）货物每车为一批；

2）跨装、爬装及使用游车的货物，每一车组为一批；

3）零担货物或使用集装箱运输的货物，以每张货物运单为一批；

4）使用集装箱运输的货物，每批必须是同一箱型、同一箱主、同一箱态（空箱、重箱），至少一箱，最多不得超过铁路一辆货车所能装运的箱数，集装箱总重不得超过货车的最大容许载重量。

2. 不能作为一批进行铁路运输的货物

1）易腐货物和非易腐货物；

2）危险货物与非危险货物（另有规定者除外）；

3）根据货物的性质不能混装运输的货物；

4）投保运输险的货物与未投保运输险的货物；

5）按保价运输的货物与不按保价运输的货物；

6）运输条件不同的货物。

任务四　铁路货物运输时间及运输费用计算

一、运到时间

铁路在现有技术设备条件和运输工作组织水平的基础上，根据货物运输种类和运输条件规定的货物由发站运至到站的最长运输限定天数，称为货物运到期限。

（一）货物运到期限的计算

货物运到期限按天计算。起码天数为 3 天，即计算出的运到期限不足 3 天时，按 3 天计算。运到期限由以下三部分组成：

1）货物发送期间（$T_{发}$），是车站完成货物发送作业的时间，它包括发站从货物承运到挂出的时间。货物发送期间为 1 天。

2）货物运输期间（$T_{运}$），是货物在途中的运输天数。每 250 运价千米或其未满为 1 天；按快运办理的整车货物每 500 运价千米或其未满为 1 天。

3）特殊作业时间（$T_{特}$），特殊作业时间是为某些货物在运输途中进行作业所规定的时间，具体规定如下。

①需要中途加冰的货物,每加冰1次,另加1天。

②运价里程超过250千米的零担货物和1吨、5吨型集装箱另加2天,超过1 000千米加3天。

③一件货物重量超过2吨、体积超过3立方米或长度超过9米的零担货物另加2天。

④整车分卸货物,每增加一个分卸站,另加1天。

⑤准、米轨直通运输的货物另加1天。

上述五项特殊作业时间应分别计算,当一批货物同时具备几项时,累计相加计算。

若运到期限用T表示,则

$$T = T_{发} + T_{运} + T_{特}$$

【例3-1】广安门站承运到石家庄站的零担货物一件,重2 300千克,计算运到期限。已知运价里程为274千米。

解:$T_{发}=1$天;$T_{运}=274/250=1.096$天(按2天算);运价里程超过250千米的零担货物另加2天,一件货物重量超过2吨的零担货物另加2天,$T_{特}=2+2=4$天。

所以这批货物的运到期限$T = T_{发} + T_{运} + T_{特} = 1+2+4=7$天。

(二)班列运到期限

班列运输的运到期限,按列车开行天数(始发日和终到日不足24小时按1天计算)加2天计算,运到期限自班列始发日开始计算。

(三)货物运到逾期

所谓货物运到逾期,是指货物的实际运到天数(用$T_{实}$表示)超过规定的运到期限。货物的实际运到天数是从起算时间到终止时间的这段时间。

起算时间,从承运人承运货物的次日(指定装车日期的,为指定装车日的次日)起算。

终止时间,到站由承运人组织卸车的货物,到卸车完毕时止;由收货人组织卸车的货物,货车调到卸车地点或货车交接地点时止。

若货物运到逾期,不论收货人是否因此受到损失,铁路均应向收货人支付违约金。

违约金的支付是根据逾期天数和运到期限天数,按承运人所收运费的百分比进行支付。

快运货物运到逾期,除按规定退还快运费外,货物运输期间按250运价千米或其未满为1天计算运到期限仍超过时,还应按上述规定向收货人支付违约金。

超限货物、限速运行的货物、免费运输的货物以及货物全部灭失时,若运到逾期,承运人不支付违约金。

从承运人发出催领通知的次日起(不能实行催领通知或会同收货人卸车的货物为卸车的次日起),如收货人未于2天内将货物领出,即失去要求承运人支付违约金的权利。

货物在运输过程中,由于不可抗力(如风灾、水灾、雹灾、地震等)、托运人的责任致使货物在途中发生换装、整理、托运人或收货人要求运输变更、运输的活动物在途中上水以及其他非承运人的责任之一造成的滞留时间,应从实际运到天数中扣除。

二、铁路货物运输费用

(一)货物运价的分类

1. 按适用范围分

(1)普通运价

凡在路网上办理正式营业的铁路运输线都适用统一运价(优待运价、国际联运运价及地方运价等除外)。现行铁路的整车货物、零担货物、集装箱货物、保温车货物运价都属于普通运价。普通运价是计算运费的基本依据。

(2)优待运价

优待运价是对一定机关或企业运输的一切货物或对于不同的托运人运送给一定机关或企业的货物而规定的低于普通运价的一种运价。

(3)国际联运运价

国际联运运价是对经国际铁路联运的货物所规定的运价,国际铁路联运货物国内段的运输费用按《铁路货物运价规则》(简称《价规》)的规定办理。

(4)地方运价

地方运价是铁路局经铁道部批准对某些管内支线或地方铁路所规定的运价。

2. 按货物运输种类分

(1)整车货物运价

整车运价是《价规》中规定的按整车运送的货物的运价,由按货种别的每吨的发到基价和每吨的千米或每轴千米的运行基价组成。

(2)零担货物运价

零担货物运价是铁路对按零担运送的货物所规定的运价,由按货种别的每 10 千克的发到基价和每 10 千克千米的运行基价组成。

(3)集装箱货物运价

集装箱货物运价是铁路对按集装箱运送的货物所规定的运价,由每箱的发到基价和每箱千米的运行基价组成。

我国现行铁路货物运价是将运价设立为若干个运价号,即实行的是分号运价制。整车货物运价分为 9 个号(1 ~ 9 号);保温车货物运价按冰保车和机保车两类来确定,相当于 2 个运价号;零担货物运价分为 4 个号(21 ~ 24 号);集装箱货物按箱型不同进行确定。

3. 铁路货物运价核收依据

铁路货物运输费用根据《铁路货物运价规则》(简称《价规》)核收。

(1)《价规》的适用范围

《价规》是计算铁路货物运输费用的依据,承运人和托运人、收货人必须遵守《价规》的规定。

铁路营业线的货物运输,除军事运输、水陆联运、国际铁路联运、过境运输及其他另有规定者外,均按《价规》计算货物的运输费用。

《价规》以外的货物运输费用,按铁道部的有关规定计算核收。

(2)《价规》的基本内容

《价规》规定了在各种不同情况下计算货物运输费用的基本条件,各种货物运费、杂费和其他费用的计算方法及国际铁路联运货物国内段的运输费用的计算方法等。

(3)《价规》的附件

《价规》包含四个附件:

1)附件一《铁路货物运输品名分类与代码表》(简称《分类表》)和附件二《铁路货物运输品名检查表》(简称《检查表》),都是用来判定货物的类别代码和确定运价号的工具。

《分类表》由代码、货物品类、运价号(整车、零担)、说明等项组成。根据货物所属的类项,便可确定货物的运价号。代码由4位阿拉伯数字组成,是类别码(前2位表示货物品类的大类,第3位表示中类,第4位表示小类),对应运价号。铁路运输的货物共分26类,每一类都是按大类、中类、小类的顺序排列。

2)附件三、附件四为《货物运价里程表》(分上、下两册)。使用《货物运价里程表》(上、下册)可以很快查到需要找的站名、有关事项,确定运输里程。查找车站有关事项的方法如下。

先由里程表上册的"站名首字汉语拼音索引表"或"站名首字笔画索引表"查出车站在"站名索引表"中的页数,再翻到"站名索引表"的该页数,就可以查到该车站的"电报略码",所在的铁路局、省(市、自治区)的简称,"最大起重能力","营业办理限制"等有关事项。

(4)《价规》的附录

《价规》有三个附录。附录一为《铁路电气化附加费核收办法》,附录二为《新路新价均摊运费核收办法》,附录三为《铁路建设基金计算核收办法》。费用计算方法如下:

$$\left.\begin{array}{l}\text{电气化附加费}\\\text{均摊运费}\\\text{建设基金}\end{array}\right\}=\text{费率}\times\text{运价里程}\times\text{计费重量(或轴数、箱数)}$$

(二)计算货物运输费用

1. 计算货物运输费用的程序

1)按《货物运价里程表》(附件四)计算出发站至到站的运价里程。

2)根据货物运单上填写的货物名称查找《铁路货物运输品名分类与代码表》(附件一)、《铁路货物运输品名检查表》(附件二),确定适用的运价号。

3)整车、零担货物按货物适用的运价号,集装箱货物根据箱型,冷藏车货物根据车种分别在"铁路货物运价率表"中查出适用的运价率(即发到基价和运行基价,以下同)。

4)货物适用的发到基价加上运行基价与货物的运价里程相乘之后,再与按本规则确定的计费重量(集装箱为箱数)相乘,计算出运费。

5)计算其他费用。

2. 计算货物运输费用的基本条件

1)货物运费的计费重量,整车货物以吨为单位,吨以下四舍五入;零担货物以10千克为单位,不足10千克进为10千克;集装箱货物以箱为单位。

2)运价里程根据《货物运价里程表》按照发站至到站间国铁正式营业线最短经济路线计算,但《货物运价里程表》内或铁道部规定有计费经济路线的,按规定的计费经济路线计算运价里程。运价里程不包括专用线、货物支线的里程。通过轮渡时,应将规定的轮渡里程加入运价里程内计算。水陆联运的货物，应将换装站至码头线的里程加入运价里程内计算。

3）凡按里程计算核收的货物运输杂费，发站按国铁的运价里程（含铁路局临管线和工程临管线）计算，通过地方铁路的将其通过的地方铁路运价里程合并计入，在地方铁路发到的计算到地方铁路的分界站。

每项运费、杂费的尾数不足1角的按四舍五入处理。

（三）运价率查找方法

1. 运价号

（1）列名的货物

1）整车、零担货物根据运单上填写的货物名称和运输种别先查《检查表》，查出该品名的拼音码、代码和运价号。

2）《分类表》和《检查表》中有具体名称时，按具体名称判定类别和运价号，不属于该具体名称的不能对照。

3）《分类表》和《检查表》中无具体名称时，则按概括名称判定类别和运价号。

（2）未列名的货物

可列入总收容类目——99种未列名的其他货物。

2. 运价率

整车、零担货物按货物适用的运价号，集装箱货物根据箱型，冷藏车货物根据车种分别在《铁路货物运价表》中查出适用的发到基价和运行基价。

（四）运费计算

1. 执行统一运价营业线的运费计算

（1）整车货物的运费

运费 =（发到基价 + 运行基价 × 运价里程）× 计费重量

计费重量，除下列情况外，均以货车标记载重量作为计费重量，货物重量超过标重时，按货物重量计费。

1）使用矿石车、平车、砂行车，经铁路局批准装运《铁路货物运输品名分类与代码表》中的“01.0310.04.06.081”和“14”类货物按40吨计费，超过时按货物重量计费。

2）使用自备冷藏车装运货物时按60吨计费；使用标重低于50吨的自备罐车装运货物时按50吨计费。

3）标重不足30吨的家畜车，计费重量按30吨计算。

4）铁路配发计费重量高的货车代替托运人要求的计费重量低的货车，如托运人无货加装，按托运人原要求车的计费重量计费。例如：托运人在某站托运化工机械设备一套，货物重量为15.7吨，托运人要求用40吨敞车装运，经调度命令一辆50吨敞车代用，托运人无货加装，则其计费重量按40吨计算；如有货物加装，加装5吨，则加装后按50吨标重计费。

5）货车装运货物时，计费重量按规定计算，货物重量超过规定计费重量的，按货物重量计费。

【例3-2】兰州西站发银川站机器一台重24吨，用50吨货车一辆装运，计算其运费。

解：从兰州西站至银川站运价里程为479千米。查货物检查表得机器的运价号为8号。

再查运价率表,运价号为 8 号,发到基价为 10.7 元/吨,运行基价为 0.049 0 元/(吨·千米)。计算该批货物的运费。

$$
\left.\begin{array}{l}
\left.\begin{array}{ll}
\text{运价里程} & 479 \\
 & \times \\
\text{运价号 8} \longrightarrow & 10.7 + 0.049\,0
\end{array}\right\} 34.171 \\
\qquad\qquad\qquad\qquad\qquad\qquad \times \\
\text{货重 24} \longrightarrow \text{计费重量 50}
\end{array}\right\} 1\,708.55
$$

运费为 1 708.6 元。

(2)零担货物的运费

运费 =(发到基价 + 运行基价 × 运价里程)× 计费重量/10

零担货物的运费计算须遵循如下规定。

1)计费重量,零担货物的计费重量以 10 千克为单位,不足 10 千克进为 10 千克。具体分三种情况计算:

① 按规定计费重量计费;

②按货物重量计费;

③按货物重量和折合重量择大计费。

为保持零担货物运价与整车货物运价之间合理的比价关系,避免货物运输中发生运费倒挂、化整为零的现象,除前述两项特殊规定外,凡不足 300 千克/立方米的轻浮零担货物均按其体积折合重量与货物重量择大确定计费重量。

折合重量 = 300 × 体积

货物长、宽、高的计算单位为米,小数点后取两位小数(以下四舍五入)。体积的计算单位为立方米,保留两位小数,第三位小数四舍五入。

【例 3-3】某站发送一批零担货物,重 225 千克,体积为 0.82 立方米。在确定计费重量时,其折合重量为 300 × 0.82 = 246 千克。因此计费重量应为 250 千克。

【例 3-4】广安门车站发包头车站灯管 4 件,重 46 千克,货物每件长 1 米,宽 0.35 米,高 0.16 米,试计算运费。

解:从广安门车站发包头车站运价里程为 798 千米。查货物检查表,灯管的运价号为 24 号。再查运价率表,运价号为 24 号,发到基价为 0.15 元/10 千克,运行基价为 0.000 631 元/(10 千克·千米)。

体积:4 × 1 × 0.35 × 0.16 = 0.20 立方米

折合重量:300 × 0.20 = 60 千克

计费重量:60 千克

运费为

$$
\left.\begin{array}{l}
\left.\begin{array}{ll}
\text{运价里程} & 798 \\
 & \times \\
\text{运价号 24} \longrightarrow & 0.15 + 0.000\,631
\end{array}\right\} 0.653\,5 \\
\qquad\qquad\qquad\qquad\qquad\qquad \times \\
\text{货重 46} \longrightarrow \text{计费重量 60/10}
\end{array}\right\} 3.92
$$

但其发到运费为 0. 15 ×60/10 =0. 9 元，低于起码运费，因此，该批货物的运费为

1. 6 +0. 000 631 ×798 ×60/10 =6. 06 元 =6. 1 元

2）分项计费，在货物运单内分项填记重量的零担货物，应分项计费。运价率相同时，重量应合并计算。

【例 3-5】某托运人从包头站发石家庄南站双轮及三轮摩托车各 2 辆，每辆重分别为 116 千克和 166 千克，按一批托运，分项填记重量，试计算其运费。

解：按一批托运，分项填记重量，应分项计费，但该批货物中两种货物的运价率相同，应先合并重量。摩托车为按规定计费重量计费的货物，该批货物的计费重量为

2 ×（116 +166）⟶2 ×（750 +1 500）=4 500 千克

运费为

运价里程　　　　　1 091
　　　　　　　　　　×　　　　0. 838 4
运价号 24 ⟶0. 15 +0. 000 631　　　　　　　　　377. 29
　　　　　　　　　　　　　　　　×
货重 564 ⟶计费重量 4 500/10

运价率不同的零担货物在一个包装内或按总重量托运时，按该批或该项货物中运价率高的计费。

【例 3-6】某托运人从西安西站发送锦州站暖水瓶 5 件，搪瓷杯 10 件，共重 364 千克，总体积为 1. 2 立方米，计算运费。

解：从西安西站发送锦州站 1 698 千米。查货物检查表，暖水瓶运价号为 22，搪瓷杯为 21，因而选择 22。再查运价率表，运价号为 22 号，发到基价为 0. 104 元/10 千克，运行基价为 0. 000 438 元/10 千克 · 千米。

体积：1. 20 立方米

折合重量：300 ×1. 20 =360 千克

计费重量：370 千克

运费为

运价里程　　　　　1 698
　　　　　　　　　　×　　　　0. 847
运价号 22 ⟶0. 104 +0. 000 438　　　　　　　　31. 37
　　　　　　　　　　　　　　　　×
货重 364 ⟶计费重量 370/10

该批货物的运费为 31. 4 元。

（3）集装箱货物的运费

运费 =（发到基价 +运行基价 ×运价里程）×箱数

2. 京九线加价程运费计算

因京九线黄村至龙川段、津霸线、横麻线需加收运费，因此运费由两部分组成：

1）按《价规》规定的运价率核收的运费；

2）加收的运费。

计算时,先将这两部分的运价率相加,再乘以货物的计费重量,即

运费=[发到基价+(运行基价+加收运价率)×运价里程]×计费重量

(五)铁路货运杂费

1.杂费的种类

1)使用冷藏车运输货物的杂费;

2)使用铁路专用货车运输货物,除核收运费外,还应该核收专用货车使用费;

3)使用长大货物车(D型车)运输货物的杂费;

4)准、米轨间整车货物直通运输的换装费;

5)运输里程在250千米以上的货物,核收货车中转作业费;

6)派有押运人押运的货物,核收押运人乘车费;

7)承运后发现托运人匿报、错报货物品名填写运单,致使货物运价减收或危险货物按普通货物运输,核收全程正当运费两倍的违约金,不另收运费差额。

2.其他费用

1)铁路建设基金;

2)铁路电气化附加费;

3)新路新价均摊运费;

4)京九分流费;

5)加价运费,印花税。

案例

德国铁老大的物流运输

收购伯灵顿,使一直隐于辛克、施廷内斯等知名物流企业身后的德国物流巨头德国铁路现于人前,这不仅是百年企业私有化改革的重要一步,而且是其日渐成形的全球网络的重要组成部分。

一、德国铁老大的物流

2005年10月,当业界传出伯灵顿环球(Bax Global)被出售的消息,紧接着又传出其收购者来自德国的时候,人们纷纷猜测,莫非刚刚收购了英运(EXEL)的德国邮政再次出手了?一个多月后,当整个收购已尘埃落定,人们惊讶地发现,这次事件的主角并非德国邮政,而是名不见经传的德国铁路。

二、改革受阻,物流出击

有着150多年历史的德国铁路公司是德国政府的国有企业。1994年,当东西德合并之后,德国铁路便从联邦政府中逐渐脱离出来,开始私有化改革。由于政府不断干涉,企业内部意见不一以及各种各样的历史原因,德国铁路的私有化道路走得并不顺畅,现在仍处于改革的最后阶段。

按照最早的构想，德国铁路的上市时间为2005年。同国的德国邮政在开始私有化改革十年后就实现了上市，但德国铁路由于连续几年的亏损和高额债务，上市计划一拖再拖，最终成为泡影。

对于德国铁路来说，其客运业务的发展严重阻碍了它的改革进程。德国客运市场已连续四年萎缩，而且随着越来越多廉价航空公司的出现，德国铁路在长途客运方面的市场份额也在不断减少，这也是德国铁路连续三年总亏损超过8亿欧元的关键原因（2001年亏损2.04亿、2002年4.54亿、2003年1.72亿）。另外，作为国有企业，德国铁路的改革过程也受到政府的干涉，要完全脱离政府存在很大的困难。

当客运业务不断受挫时，德国铁路把目光投向了物流市场。2003年10月，德国铁路收购了德国物流巨头施廷内斯（Stinnes），并把原来旗下的货运公司（DB Cargo）整合到施廷内斯中。施廷内斯使德国铁路的货运量增加，在2003年就贡献了2.88亿的营业收入，大大弥补了德国铁路的损失，及时扭转了德国铁路的亏损趋势。

在此次收购伯灵顿事件以前，很多人对德国铁路都知之甚少，因为其物流业务都是通过辛克物流（Schenker）（也被称为“全球货运”）进行的。

辛克物流是世界知名的国际货代企业和第三方物流公司，在全球第三方物流收益榜上高居第二，其业务范围涵盖货代、物流整合服务、供应链管理方案，甚至奥运、展会等特殊的物流服务。更因其多次承接奥运物流而扬名国际物流界。

德国铁路与辛克物流之间渊源颇深。有着130年历史的辛克物流起源于奥地利维也纳，1928年把总部搬到德国首都柏林，1931年被德国铁路收购，直到1991年。在这60年里，辛克物流依靠德国铁路的支持和帮助，从一个立足欧洲的运输公司，发展成全球领先的物流巨头。

1991年，由于业务的调整，德国铁路把辛克物流出售给了施廷内斯。12年后，德国铁路又把整个施廷内斯买回来了。德国铁路公司高管哈特默特·梅登称：“出售辛克以后，我们感到相当后悔，一直想把它买回来，现在我们终于实现了。”

在收购施廷内斯后，德国铁路把所有的物流业务都整合到施廷内斯之下，当然也包括辛克。现在，施廷内斯已成为欧洲第一的铁路运输和陆上交通公司，国际海运排名第三，国际空运排名第五，国际展会物流更是高居第一。

施廷内斯旗下的业务主要分为四大块：辛克、货运物流部（Freight Logistics）、联合运输部（Intermodal）和铁路运输部（Railion）。辛克的业务量占施廷内斯总营业额的50%以上。

辛克内部又划分为四大部门，主营普货定时运送和特殊货物流通的喷气货运（Schenker Jetcargo）部门，负责与航空产业对接的物流设计和服务的航空系统（Schenker Aeroports Systems）部门，为船主、船公司和造船商提供专门的服务的海运（Schenker Marine）部门，还有新开发的喷气快递（Schenker Jetexpress）业务部门，进行门到门的快递配送。辛克还是国际奥委会的指定货代商。据统计，雅典奥运会期间，辛克为奥运处理空运货物超过2 000吨、海运集装箱1 000个、欧洲各地往来的满载货车1 000辆。

至于货运物流部，主要经营大体积货品物流，如矿藏、化学肥料等，而联合运输部则以合并交通运输为主要业务。

另外值得一提的是铁路运输部（Railion），它的前身是德国铁路的货运部（DB Cargo），在荷兰和丹麦都有分部，是欧洲最大的铁路运输公司，在海空联运上的发展也相当不错。

三、全球战略直指亚太

近年来，德国乃至整个欧洲的经济发展并不乐观，客运市场萎缩，物流市场的价格战愈演愈烈，燃油成本持续高涨，多重因素导致了德国铁路的经营业绩不佳，也直接影响了其私有化改革的推进。

为此，德国铁路早已把眼光放在了全球市场，其焦点定位于经济、贸易、物流的发展都最为迅速的亚太地区。

作为德国铁路旗下最重要的子公司，辛克在亚太区的发展是与戴姆勒·克莱斯勒、大众等汽车生产商的扩张联系在一起的。1966 年，辛克在香港成立了其亚洲分部，目前已在亚洲 20 多个国家和地区建立了近 100 个办事处和营运点。

自 20 世纪 70 年代进入中国大陆市场，辛克就开始了对中国市场的布局，在沿海的大部分城市都设有分部。在北京取得 2008 年奥运会主办权后，辛克更是加紧在中国的战略部署，由起初的一个单纯的货代公司向全方位物流提供商发展。

在北京，辛克在北京首都机场附近建立的物流中心于 2005 年 9 月正式落成。这个物流中心由辛克和北京国际技术合作中心成立的合资公司投资兴建，辛克在其中占有 70% 的股权。该物流中心设有一个面积达 13 000 平方米的仓库，超过 10 000 个货盘空位和 13 个起卸区，是北京 2008 年奥运会的主要物流基地。

继首都机场的物流中心之后，辛克也将在上海外高桥保税区设立面积达 15 000 平方米的物流中心，该中心将沿袭辛克物流的传统优势，处理包括汽车、半导体、化学品和机械产品在内的大件货品。

今年年初，辛克和施廷内斯共同发表的一份报告表示，中国第三方物流市场每年总金额达 200 亿美元，并将以每年 30% 的增长速度递升。可见，辛克在中国的野心不只在于北京、上海两地。

在东南亚，辛克则以新加坡和泰国为据点辐射该地区。辛克在新加坡的物流中心于 2000 年启动，提供从采购、仓储到门到门运输的一站式供应链服务。另外，目前辛克在亚洲的网络也通过新加坡电讯铺设，可见新加坡市场在辛克眼里的重要性。

在泰国，辛克在曼谷、兰恰邦（Laem Chabang）和科列（Korat）建立了三大基地。其中规模最大的兰恰邦物流中心总占地面积为 31 200 平方米，能提供包括看板式仓储管理、自动补货系统在内的所有物流服务。

另外，自从 1996 年进入印度市场后，辛克用它著名的武器——SWORD（Schenker Worldwide Online Real Time Data Network，辛克全球在线实时数据网络，SWORD 意为“剑”）打造了优质的品牌，成为了印度国际货代的首选。

四、网络扩张

收购伯灵顿环球，是德国铁路全球战略下的重要计划。一直以来，虽然辛克在北美市场的发展良好，但与伯灵顿相比，辛克的品牌认知度仍有不足。

事实上，在收购伯灵顿之前，德国铁路和亚太地区的各大航空公司都保持着良好的关系。2005 年 10 月，德国铁路与中华航空正式签订了参股合作协议，而在此之前，德国铁路与美洲航空、全日空航空也早有同盟协定。

而伯灵顿在北美和亚太地区庞大的网络，正是德国铁路最需要的。收购伯灵顿环球之后，德国铁路的铁路和陆路运输实力欧洲排名第一，空运实力全球第二，海运实力全球第三。

此次兼并后，另一个引人关注的问题是：德国铁路现有辛克这一优势品牌，那么未来伯灵顿环球将何去何从呢？德国铁路的高级经理 Norbert Bensel 称："像辛克、施廷内斯这些已被大众所接受的品牌，我们会保证它们将持续地发展下去，伯灵顿环球也一样。"

2006 年，德国铁路将成立物流部（DB Logistics），将旗下的运输与物流业务以及伯灵顿和施廷内斯的所有业务，全部归于 DB Logistics 的旗帜之下。据业内人士分析，伯灵顿环球和辛克在短期内将仍然沿用其品牌，但从长远来看，DB Logistics 将逐步取代这些品牌，走同一品牌的全球扩张战略。

最近，德国铁路又宣布要把公司总部从柏林迁往汉堡，并收购汉堡港口和物流公司。长久以来，受制于柏林的内陆环境，德国铁路的物流立足点只能是陆上，这大大限制了它的发展。而汉堡的天然港口条件和辛克、伯灵顿的陆路体系相结合，将弥补德国铁路发展受制的遗憾，加速私有化改革进程。

德国铁路的扩张步伐还没有停止，在最近 TNT 宣布将出售旗下的物流业务之后，德国铁路会不会再给物流界一次惊喜呢？

思考题

1. 铁路整车货物运输的特点是什么？
2. 铁路零担货物运输的特点是什么？
3. 铁路货物运输的种类有哪些？限制条件分别是什么？
4. 货物运单的性质和传递过程是什么？货物运单和货票的作用分别有哪些？
5. 货物的托收和承运包括哪些内容？
6. 零担货物运输的特点是什么？整零车有哪几种？
7. 承运日期表的含义和特点是什么？
8. 按一批托运的货物应具备的条件是什么？各种货物按一批托运时有何规定？
9. 集装箱货物运输的基本条件是什么？
10. 货物的运到期限如何计算？
11. 铁路货物运费是如何计算的？
12. 铁路整车货物的计费重量如何确定？
13. 铁路运输中收货人提货的流程是什么？
14. 货物的途中作业和到达作业分别有哪些？
15. 铁路集装箱运输按一批办理的条件是什么？
16. 铁路集装箱货物货物运输有何规定？

情境四　水路货物运输

通过对情境四知识与技能的学习与应用，学生应掌握水路货物运输方式；船舶航次与航线；水路运输货物的种类；水路货物运输的组织方式和相应流程；水路运输的条件；水路运输船舶的经营方式；主要海运进出口单证的类型及流程；水路货物运输费用的构成及计算方法；组织水路货物运输的技能。

知识目标

1. 掌握水路运输的内涵与基本分类；
2. 掌握水路运输技术装备和设施的构成；
3. 掌握水路运输生产的主要经营特点；
4. 掌握水路运输服务的优缺点；
5. 掌握班轮货物运输的业务程序；
6. 掌握班轮运输中使用的各种单证；
7. 掌握班轮货物运输的单证流程；
8. 掌握区别租船运输业务不同种类的方法；
9. 掌握租船经纪人的角色和作用；
10. 掌握租船运输业务的流程。

能力目标

1. 能应用班轮运输和租船运输业务流程；
2. 能填制和处理班轮运输使用的各种单证；
3. 能对班轮运输货物交接方式进行应用；
4. 能组织和管理班轮运输及租船运输业务；
5. 能够完成水路运输运费计算；
6. 能组织水路货物运输。

任务一　水路货物运输知识构建

水路运输是利用船舶等水运工具，在江、河、湖、海及人工运河等水道运输旅客、货物的一种运输方式。

水路运输是交通运输系统中重要的组成部分，水路运输因运量大，成本低，通达面广而在整个交通运输系统中起着巨大的作用。

一、水路运输的特点

水路运输是历史悠久的国际贸易运输方式。目前国际贸易总运量中有约 90% 的货物是利用海上运输完成的，从而使海上运输成为国际贸易中最重要的运输方式。

海上运输与其他各种运输方式相比较具有其本身的特点。

（一）运输量大

随着造船技术的日益发展和精益求精，船舶都朝着大型化方向发展。巨型客轮已超过 8 万吨，巨型油轮超过 60 万吨，就是一般的杂货轮也多在 5、6 万吨以上。因此，海上运输具有运输量大的优势。

（二）通过能力强

海上运输是利用天然航道完成的。这些航道四通八达，将世界各地的港口联在一起，不像汽车、火车容易受道路或轨道的限制；再者如遇政治、经济贸易及自然等条件的变化，可随时改选最有利的航线。

（三）运费低廉

一方面，海上运输所通过的航道均系天然形成，港口设施一般为政府修建，不像公路或铁路运输那样需大量投资用于修筑公路或铁路；另一方面，船舶运载量大，使用时间长，运输里程长，与其他运输方式相比，海运的单位运输成本较低，约为铁路运费的 1/5，公路运费的 1/10，航空运费的 1/30。

（四）速度较低

货船体积大，水流阻力高，风力影响大，因此速度较低，一般多在每小时 10 ~ 20 海里之间，最新的集装箱海运可达每小时 35 海里。如要提高船行速度，燃料消耗会大大增加，增加成本。

（五）风险较大

船舶在海上进行货物运输，受自然条件和气候的影响较大，因此遇险的可能性也大。据统计，每年全世界遇险的船舶约 300 艘。

二、水路运输的基本条件

水路运输的基本条件是从船、港、货、线四个方面反映出来的。船舶是航运经营人从事运输服务的生产工具；港口是船货结合的集散地和衔接点；货物是运输服务的劳动对象；航线是船舶运行的活动场所。因此，船、港、货、线构成了水路运输的基本要素，缺一不可。船、港、货、线之间的相互协调，为水路运输活动提供了保障。同时，水路营运活动本身还必须具备一定的基本条件，主要是船舶营运的自然环境条件、船舶适航条件以及船舶营运性能等。

（一）水上航道

现代的水上航道已不仅指天然航道，而且包括人工航道、进出港航道以及保证航行安全的航行导标系统和现代通信导航系统在内的工程综合体。对航运管理人员来说，主要应熟悉和掌握海上航道、内河航道和人工航道的自然环境条件。

1. 海上航道

海上航道属自然水道,其通过能力几乎不受限制。但是,随着船舶吨位的增加,有些海峡或狭窄水道会对通航船舶产生一定的限制。因此,对于航运管理人员来说,必须要知道船舶通行的海上航道有无限制条件。例如,位于新加坡、马来西亚和印度尼西亚之间的马六甲海峡,为确保航行安全、防止海域污染,三国政府限定通过海峡的油船吨位不得超过 22 万吨,龙骨下水深必须保持在 3.35 米以内。

2. 内河航道

内河航道大部分是利用天然水道加上引航的导标设施形成的。航运管理人员应该了解有关航道的一些主要特征,例如:航道的宽度、深度、弯曲半径、水流速度、过船建筑物尺度以及航道的气象条件和地理环境等。必须掌握以下一些通航条件。

1)通航水深,其中包括潮汐变化;季节性水位变化;枯洪期水深等。

2)通行时间,其中包括是否全天通行;哪些区段不能夜行等。

3)通行方式,应了解航道是单向过船还是双向过船等。

4)通行限制,应了解有无固定障碍物,例如桥梁或水上建筑等;有无活动障碍物,例如施工船舶或浮动仓库等。

3. 人工航道

人工航道又称运河,是由人工开凿,主要用于船舶通航的河流。人工航道一般都开凿在几个水系或海洋的交界处,以便缩短船舶航行里程,降低运输费用,扩大船舶通航范围,进而形成一定规模的水运网络。对于国际航运管理人员来说,应熟悉的人工航道主要有苏伊士运河、巴拿马运河,并且应掌握和了解这些著名的国际通航运河的自然环境条件,其中包括:通航水深;通航船舶尺度限制;通行方式以及通过时间等。

1)苏伊士运河。通航水深为 16 米;通行的最大船舶为满载 15 万吨或空载 37 万吨的油船;通行方式为单向成批发船和定点会船;通过时间为 10~15 小时。

2)巴拿马运河。通航水深为 13.5~26.5 米;通行船舶为 6 万吨级以下或宽度不超过 32 米的船只;通过时间为 16 小时左右。

(二)港口

港口既为水路运输服务,又为内陆运输服务。客货运输无论是从船舶转入陆运工具,还是由陆运工具转入船舶,都离不开港口的服务工作。所以一个现代化的港口,实际上就是城市海陆空立体交通的总管,是"综合运输体系"的中心。

1. 商港的种类

(1)按地理位置分

1)海湾港(Bay Port)。指地濒海湾,又据海口,常能获得港内水深地势的港口。海湾港具有同一港湾容纳数港的特点。如大连、秦皇岛港等。

2)河口港(Estuary Port)。指位于河流入海口处的港口。如上海、伦敦、加尔各答港等。

3)内河港(Inland Port)。指位于内河沿岸的港口,居水陆交通的据点,一般与海港有航道相通。如南京、武汉港等。

(2)按用途目的分

1)存储港(Enter Port)。一般地处水陆联络的要道,交通十分方便,同时又是工商业中心，港口设施完备，便于货物的存储、转运，为内陆和港口货物集散的枢纽。

②转运港（Port of Transshipment）。位于水陆交通衔接处，一方面将陆运货物集中，转由海路运出；另一方面将海运货物疏运，转由陆路运入，而港口本身对货物需要不多，主要经办转运业务。

③经过港（Port of Call）。地处航道要冲，为往来船舶必经之地，途径船舶如有需要，可作短暂停泊，以便添加燃料、补充食物或淡水，继续航行。

2. 港口的通过能力

港口的通过能力是指在一定的时期和条件下，利用现有的工人、装卸机械与工艺所能装卸货物的最大数量。对于国际航运管理人员来说，应从以下几个方面了解和掌握有关港口的通过能力。

1）港口水域面积，主要是了解该港能同时接纳的船舶数。

2）港口水深，主要是了解该港所能接纳的船舶吨位。

3）港口的泊位数，主要是了解该港能同时接纳并进行装卸作业的船舶数。

4）港口作业效率，主要是了解船舶在该港的泊港时间。一般需综合以下各种情况才能做出较正确的估算：

①装卸机械的生产能力；

②同时作业的舱口数或作业线数；

③作业人员的工作效率；

④业务人员的管理水平等。

5）港口库场的堆存能力。由于海船、河船、火车、汽车的装载量差别很大，货物交接手续有快有慢，繁简不一，因此需要换装或联运的货物往往需在港口储存集疏。库场的堆存能力会影响到港口的通过能力，从而也影响到船舶的周转速度。

6）港口后方的集疏运能力。港口后方有无一定的交通网和一定的集疏运能力，不仅会影响到港口的通过能力，同时也影响到船舶的周转时间。

3. 世界及我国的主要港口

1）世界的主要港口。荷兰的鹿特丹港，美国的纽约港、新奥尔良港和休斯敦港，日本的神户港和横滨港，比利时的安特卫普港，新加坡的新加坡港，法国的马赛港，英国的伦敦港，等等。

2）我国的主要港口。上海港，大连港，秦皇岛港，天津港，青岛港，黄埔港，湛江港，连云港，烟台港，南通港，宁波港，温州港，福州港，北海港，海口港。

（三）水路运输的货物

水路运输的货物包括原料、材料、工农业产品、商品以及其他产品。它们的形态和性质各不相同，对运输、装卸、保管也各有不同的要求。从水路运输的要求出发，可以从货物的形态、性质、重量、运量等不同的角度进行分类。

1. 按货物的形态分类

1）包装货物。为保证有些货物在运输装卸中的安全和便利，必须使用一些材料对它们进行适当的包装，这类货物称为包装货物。常用的包装形式有箱装、桶装、袋装、捆装等。

2）裸装货物。不加包装而成件的货物称为裸装货物。裸装货物通常是不便于包装，且不包装也不影响其运输质量。常见的有钢材、木材、生铁、有色金属及设备等。有些裸装货物虽无须包装,但在运输过程中需采取防止水湿锈损的安全措施。

3)散装货物。在运输中,没用包装,一般无法清点数量的粉状、颗粒状或块状货物。这类货物通常是大批量的低价货物,采用散装方式,利于机械装卸作业进行大规模运输,以降低运输费用。散装货物包括干质散货和液体散货,有煤炭、矿石、磷酸盐、粮食、化肥、水泥、石油等。

2. 按货物的性质分类

1)普通货物,运输过程中没有特殊保管要求的货物。包括清洁货物、液体货物、污染性货物。

2)特殊货物,运输过程中有特殊保管要求的货物。包括危险货物、易腐货物、贵重货物和活动、植物。

3. 按货物的重量和体积分类

1)重量货物。以其重量作为计算运输费用依据的货物。

2)体积货物。将其体积折算成计费吨来计算运输费用的货物。

国际上统一的划分标准:凡 1 吨货物的体积不超过 40 立方英尺的货物为重量货物;凡 1 吨货物的体积超过 40 立方英尺的货物为体积货物,也称轻泡货。

我国海运规定:凡 1 吨货物的体积不超过 1 立方米的货物为重量货物;凡 1 吨货物的体积超过 1 米的货物为体积货物。

4. 按货物的运量分类

1)大宗货物。同票(批)货物的运量很大者为大宗货物。如矿石、煤炭、原油等。大宗货物占世界海运量的 75% ~80% 。

2)件杂货物。大宗货物以外的货物称为件杂货物。一般具有包装,可分件点数,约占世界海运量的 25% ,但其货价要占到 75% 。

3)长大笨重货物。凡单件重量超过限定重量的货物称为重件货物或超重货物;凡单件体积(尺码)超过限定数量的货物称为长大货物或超长货物。

(四)船舶

1. 按货轮的功能(或船型)不同划分

1)杂货船。以装运零星件杂货物为主,有 2 ~3 层全通甲板,4 ~8 个舱口,甲板上有带围壁的舱口,上有水密舱盖,一般能自动启闭,时速约在 13 节左右。

2)散装船。多用于装运煤炭、粮食、矿砂。这种船大都为单甲板,在舱内设有挡板以防货物移动,其航速在 15 节左右。

3)多用途船。这类货轮根据营运上的需要,可以改变运载功能。对油类、散货及矿砂都能装运。

4)冷藏船。船上有制冷设备,温度可调节,以适合不同货物的需要。这种船吨位不大,多在 2 000 ~6 000 吨之间,航速在 15 节左右。

5)油轮。又叫油槽船,其船体分隔成若干个油舱,均为一层,并有纵向舱壁,以防未满载时,液体随船倾倒造成翻船。主机设在船尾,有油管通向油舱,利用空气压缩设备装卸油,载重最大在 50 万吨以上,航速约 16 节。

6)木材船。船舱宽大,无中层甲板,舱口大,甲板上也可装载木材,有各种系木设备和起重设备,载重在 7 000 ~ 15 000 吨之间。

7)集装箱船。上甲板平直,无梁拱与舷弧,舱内设格栅结构,航速在 20 ~ 26 节,最快的可达 35 节。

8)滚装船。船的一侧或船的尾部可以打开并有伸缩跳板,装卸时,货物由拖车拖带(或自行开车)驶进驶出船舱,其装载速度较快。

9)载驳船(缩写为 LASH)。又称子母船,每条母船可载子船 70 ~ 100 条不等,每条子船载重 300 ~ 600 吨不等。母船载重多在 5 ~ 6 万吨,最小的为 2 万余吨,最大的为 20 余万吨。在港口设备不齐全,港口拥挤,港口至内地之间无合适的运输工具而又需要依靠江河运输的情况下,就可利用这种船,子船可以吊上吊下或驶进驶出。

2. 按货物的载重量不同划分

1)巴拿马型船。这类船的载重量在 6 ~ 8 万吨之间,船宽为 32. 2 米。因通过巴拿马运河船闸时,船宽要受此限制而得名。

2)超巴拿马型船。指船宽超过 32. 3 米的大型集装箱船,如第五代集装箱船的船宽为 39. 8 米,第六代的船宽为 42. 8 米。

3)灵便型船。这类船的载重量在 3 ~ 5 万吨之间,可做沿海、近洋和远洋运输谷物、煤炭、化肥及金属原料等散装货物的船。

三、船舶航线和航次

(一)航线

航线有广义和狭义的定义。广义的航线是船舶航行起讫点的线路。狭义的航线是船舶在海洋中航行的具体航迹线,也包括画在海图上的计划航线。

1. 按性质划分航线

推荐航线。航海者根据航区不同季节的风、流、雾等情况,经长期航行实践形成的习惯航线。由航海图书推荐给航海者。

协定航线。某些海运国家或海运单位为使船舶避开危险环境协商在不同季节共同采用的航线。

规定航线。国家或地区为了维护航行安全,在某些海区明确过往船舶必须遵循的航线。

2. 按所经过的航区划分航线

航线分为大洋航线、近海航线、沿岸航线等。

(二)航次

船舶为完成某一次运输任务,按照约定安排的航行计划运行,从出发港到目的港为一个航次。班轮运输中航次及其途中的挂靠港都编制在班轮公司的船期表上。

对船舶航次生产活动的认识,可以归纳为以下几个方面。

1)航次是船舶运输生产活动的基本单元,即航次是航运企业考核船舶运输生产活动的投入与产出的基础。

2)航次是船舶从事客货运输的一个完整过程,即航次作为一种生产过程,包括了装货准备、装货、海上航行、卸货等完成客货运输任务的各个环节。

3)船舶一旦投入营运,所完成的航次在时间上是连续的,即上一个航次的结束,意味着下一个航次的开始,除非船舶进坞维修。如果航次生产活动中遇有空放航程,则应从上航次船舶在卸货港卸货完毕时起算;如果遇有装卸交叉作业,则航次的划分仍应以卸货完毕时为界。

4)报告期内尚未完成的航次,应纳入下一报告期内计算,即年度末或报告期末履行的航次生产任务,如果需跨年度或跨报告期才能完成,则该航次从履行时起占用的时间和费用都需要转入下一年度或下一报告期内进行核算。

5)航次分为以下四个阶段。

①预备航次阶段,指船舶开往装货港的整个阶段。

②装货阶段,指船舶抵达并停靠装货港,等待泊位和装载货物的整个阶段。

③航行阶段,指船舶离开装货港开往卸货港的整个阶段。

④卸货阶段,指船舶抵达卸货港,等待泊位和停靠码头卸货的整个阶段。

(三)影响航次时间的主要因素

航次时间由航行时间、装卸时间及其他时间三部分组成。与航次时间关系密切的主要因素分别为:航次距离、装卸货量、船舶航速和装卸效率。对于航运管理人员来说,应通过对上述因素的分析研究,寻找缩短航次时间的途径,加速船舶周转,提高船期经济性。

1.航次距离

在既定的航次生产活动中,当装卸货量、船舶航速和装卸效率不变时,如果航次距离长,则航行所需的时间就长,进而导致整个航次的时间相对较长。缩短航次时间的通常途径是:

1)合理地选择安全、经济的驾驶航线;

2)合理地利用通航水域内的海流、季风等。

2.装卸货量

在既定的航次生产活动中,当航次距离、船舶航速和装卸效率不变时,如果装卸货量大,则船舶泊港作业所需的时间就长,进而导致整个航次的时间相对较长。对此,航运经营人缩短航次时间的通常做法是:

1)及时安排好船舶到港前的开工准备工作;

2)船舶在港的基本作业与辅助作业同时并举等。

3.船舶航速

在既定的航次生产活动中,当航次距离、装卸货量和装卸效率不变时,如果船舶航速高,则船舶的航行时间就短,进而整个航次所需的时间也短。但是,提高船舶航速,意味着将大幅度提高船舶的燃料费用,从船期的经济性考虑往往是不可取的。因此,航运经营人应另辟蹊径,从以下各方面着手来提高船舶的速度性能:

1)加强船舶动力装置的维护保养;

2)定期铲底,使船舶水下部分保持清洁流畅,减少船舶的运动阻力;

3)正确积载,防止船舶前倾;

4)合理选择燃料,使船舶的热功效率得到充分利用等。

4.装卸效率

在既定的航次生产活动中,当航次距离、装卸货量和船舶航速不变时,如果港口的装卸效率高，则船舶的泊港时间就短，进而整个航次所需的时间也短。对此，航运经营人缩短航次时间的通常做法是：

1）在船舶挂靠的基本港口尽量使用岸吊和高效率装卸机械；

2）尽量安排船舶挂靠专业化码头；

3）加强码头作业现场的调度疏港力量；

4）提前做好装卸准备工作，减少辅助作业的次数等。

任务二　水路货物运输的经营方式

国际上普遍采用的国际运输船舶的营运方式分为两大类，即班轮运输和租船运输。

一、班轮运输

班轮运输又称做定期船运输，是指按照规定的时间表在一定的航线上，以既定的挂港顺序、有规则地从事航线上各港间货物运送的船舶运输。

在班轮运输实践中，班轮运输可分为两种形式。一种是船舶严格按照预先公布的船期表运行，到发港口的时间基本上固定不变，通常称之为“五定班轮”，即定航线、定船舶、定挂靠港、定到发时间、定运价的班轮运输。另一种是船舶运行虽有船期表，但船舶到离港口的时间可有一定的伸缩性，并且航线上虽有固定的始发港和终点港，但中途挂港则视货源情况可以有所增减，通常称之为“弹性班轮”，即所谓的定线不严格定期的班轮运输。

（一）班轮运输的特点

1）船舶按照固定的船期表，沿着固定的航线和港口来往运输，并按相对固定的运费率收取运费。因此，具有“四固定”的基本特点。

2）运价内已包括装卸费用。货物由承运人负责配载装卸。船货双方也不计算滞期费和速遣费。

3）船货双方的权利、义务、责任、豁免，以船方签发的提单条款为依据。

4）班轮承运的货物品种、数量比较灵活，货运质量较有保证，且一般在码头仓库交接货物，故为货主提供了较便利的条件。

（二）经营班轮运输必须具备的条件

船公司在经营班轮运输时，除了航线上应具有足够的稳定货源外，还必须具备其他一些条件。

1. 配置的技术性能较高

船舶公司要在班轮航线上维持正常的经营，就需要配置一定数量的船舶，以保持一定的发船密度。同时，为了满足不同货载对运输的要求，例如冷藏货、贵重货、重大件和少量液体散装货物等运输要求，就要求配置的船舶技术性能高、设备比较齐全，例如需要有冷藏舱、贵重物品舱室、能装运液体散货的深舱和负荷量较大的装卸设备，为了便于不同港口各种货物的装载与分隔，保证货运质量，船舶的货舱应有多层甲板等。

2. 需租赁专用码头和设备、设立相应的营业机构

经营班轮运输时，为尽量减少船舶在港时间和节约港口费用支出，船公司通常需要在一些基本的挂靠港口租赁专用码头和装卸作业设备。同时,为了争取和保证获得尽可能多的货载,船公司一般需在一些基本的挂靠港口或有关地区设立相应的营业机构。

3. 需要给船舶配备技术和业务水平较高的船员

班轮船舶主要载运的是件杂货,品种繁多,货物的特性和包装形式差异很大,挂靠港口较多,装卸作业频繁,通常一艘船舶一个航次载运数百票甚至上千票货物,而且又分属许多不同的货主,对货物在舱内的积载和保管都有具体不同的要求,稍有疏忽,就可能造成货损货差事故。所以,为了航行安全和保证货运质量,班轮船舶应配备受过专业培训且货运技术和业务水平都比较高的船员,尤其需要配备有丰富经验的大副。

4. 需要有一套适用于小批量接收货物托运的货运程序

由于班轮船舶所承运的货物种类多、批量小,且分属许多不同的货主;班轮承运人也不可能与每一个托运人分别签订运输合同、洽商运输条件;更不能要求每一个托运人都将货物送至船边直接装船或由收货人在船边提取货物,因此,班轮运输要求其经营人建立起一套适用于小批量接收货物托运的货运程序,以保障稳定的货源和兜揽零星的货载。

(三)班轮运输承运人与托运人的责任划分

班轮运输承运人是指班轮运输合同中提供船舶并负责运输的当事人;托运人是在班轮运输合同中委托承运人运输货物的当事人。承运人同托运人责任和费用的划分界限一般在船上吊杆所能达到的吊钩底下,换言之,托运人将货物送达吊钩底下就算完成交货任务,然后由承运人负责装船。但风险的划分一般以船舷为界,即货物在装运港越过船舷以前发生的风险由托运人负责,越过船舷以后的风险由承运人负责。承运人最基本的义务是按合理的期限将货物完整无损地运到指定地点,并交给收货人。托运人的基本义务是按约定的时间、品质和数量准备好托运的货物,保证船舶能够连续作业,并及时支付有关费用。

(四)船期表

1. 班轮公司制定并公布班轮船期表的作用

1)招揽航线途经港口的货源,既满足货主的需要,又体现班轮公司服务的质量。

2)有利于船舶、港口、货物之间的及时衔接,缩短船舶在挂靠港的停留时间,加快货物的送达速度,提高港口作业的效率。

3)有利于提高船公司航线经营的计划质量。

2. 班轮船期表的主要内容

班轮船期表的主要内容包括:航线、船名、航次、始发港、中途港、终点港,到达与驶离各港的时间以及有关注意事项。

各班轮公司由于情况不同,编制公布的船期表也各有差异。实力雄厚的班轮公司的班轮密度大,航线多。

近洋班轮与集装箱班轮有较为精确的船期表,而远洋班轮由于航线长、挂港多、航区气象海况复杂,在编制船期表时对船舶运行的时间必然留有余地。

(五)班轮运输的费用

班轮公司运输货物所收取的运输费用,是按照班轮运价表的规定计收的。不同的班轮公司或班轮公会各有不同的班轮运价表。班轮运价表一般包括说明及有关规定、货物分级表、航线费率表、附加费表、冷藏货及活牲畜费率表等。目前,我国海洋班轮运输公司使用的“等级运价表”就是将承运的货物分成若干等级,每个等级的货物有一个基本费率,称为“等级费率表”。

班轮运费包括基本运费和附加费两部分,前者是指货物从装运港到卸货港所应收取的基本运费,它是构成全程运费的主要部分;后者是指对一些需要特殊处理的货物,或者因突然事件的发生或客观情况变化等原因而需另外加收的费用。

(六)班轮运输的货运程序

1. 揽货

揽货是指从事班轮运输经营的船公司为使自己经营的班轮运输船舶能在载重量和舱容上得到充分利用,力争做到“满舱满载”,以期获得最好的经营效益而从货主那里争取货源的行为。揽货的实际成绩如何,直接影响到班轮船公司的经营效益并关系着班轮经营的成败。为了揽货,班轮公司首先要为自己所经营的班轮航线,船舶挂靠的港口及其到、发时间制定船期表,并分送给已经建立起业务关系的原有客户,并在有关的航运期刊上刊载,使客户了解公司经营的班轮运输航线及船期情况,以便联系安排货运,争得货源。

2. 订舱

订舱是指托运人或其代理人向承运人,即班轮公司或它的营业所或代理机构等申请货物运输,承运人对这种申请给予承诺的行为。承运人与托运人之间不需要签订运输合同,而是以口头或订舱函电进行预约,只要船公司对这种预约给予承诺,并在舱位登记簿上登记,即表明承、托双方已建立有关货物运输的关系。

3. 装船

装船是指托运人将其托运的货物送至码头承运船舶的船边并进行交接,然后将货物装到船上。如果船舶是在锚地或浮筒作业,托运人还应负责使用自己的或租用的驳船将货物驳运至船边办理交接后将货物装到船上,亦称直接装船。对一些特殊的货物,如危险品、冷冻货、鲜活货、贵重货,多采用船舶直接装船。而在班轮运输中,为了提高装船效率,减少船舶在港停泊时间,不致延误船期,通常都采用集中装船的方式,集中装船是指由船公司在各装货港指定装船代理人,在各装货港的指定地点(通常为码头仓库)接收托运人送来的货物,办理交接手续后,将货物集中并按货物的卸货次序进行适当的分类后再进行装船。

4. 卸货

卸货是指将船舶所承运的货物在卸货港从船上卸下,并在船舶交给收货人或代其收货的人并办理货物的交接手续。船公司在卸货港的代理人根据船舶发来的到港电报,一方面编制有关单证联系安排泊位和准备办理船舶进口手续,约定装卸公司,等待船舶进港后卸货,另一方面还要把船舶预定到港的时间通知收货人,以便收货人及时作好接收货物的准备工作。在班轮运输中,为了使分属于众多收货人的各种不同的货物能在船舶有限的停泊时间内迅速卸完,通常都采用集中卸货的办法,即由船公司所指定的装卸公司作为卸货代理人总揽卸货以及向收货人交付货物的工作。

5. 误卸处理

卸货时,船方和装卸公司应根据载货清单和其他有关单证认真卸货,避免发生差错,然而由于众多原因难免发生将本应在其他港口卸下的货物卸在本港,或本应在本港卸下的货物遗漏未卸的情况，通常将前者称为溢卸，后者称为短卸。溢卸和短卸统称为误卸。关于因误卸而引起的货物延迟损失或货物的损坏转让问题，一般在提单条款中都有规定，通常规定因误卸发生的补送、退运的费用由船公司负担，但对因此而造成的延迟交付或货物的损坏，船公司不负赔偿责任。如果误卸是因标志不清、不全或错误以及因货主的过失造成的，则所有补送、退运、卸货和保管的费用都由货主负担，船公司不负任何责任。

6. 交付货物

实际业务中船公司凭提单将货物交付给收货人的行为称为交付货物。具体过程是收货人将提单交给船公司在卸货港的代理人，经代理人审核无误后，签发提货单交给收货人，然后收货人再凭提货单前往码头仓库提取货物并与卸货代理人办理交接手续。交付货物的方式有仓库交付货物、船边交付货物、货主选择卸货港交付货物、变更卸货港交付货物、凭保证书交付货物等。货主选择卸货港交付货物是指在货物装船时货主尚未确定具体的卸货港，待船舶开航后再由货主选定对自己最方便或最有利的卸货港，并在这个港口卸货和交付货物。变更卸货港交付货物是指在提单上所记载的卸货港以外的其他港口卸货和交付货物。凭保证书交付货物是指收货人无法交出提单来换取提货单以提取货物，按照一般的航运惯例，常由收货人开具保证书，以保证书交换提货单，然后持提货单提取货物。

7. 保函

保函即为保证书，为了方便，船公司及银行都印有一定格式的保证书。其作用包括凭保函交付货物、凭保函签发清洁提单、凭保函倒签预借提单等。在凭保函交付货物的情况下，收货人保证在收到提单后立即向船公司交回全套正本提单，承担应由收货人支付的运费及其他费用；对因未提交提单而提取货物所产生的一切损失均承担责任，并表明对于保证内容由银行与收货人一起负连带责任。凭保函签发提单则使得托运人能以清洁提单、已装船提单顺利地结汇。关于保函的法律效力，海牙规则和维斯比规则都没有做出规定，考虑到保函在海运业务中的实际意义和保护无辜的第三方的需要，汉堡规则第一次就保函的效力问题做出了明确的规定，保函是承运人与托运人之间的协议，不得对抗第三方，承运人与托运人之间的保函，只在无欺骗第三方意图时才有效；如发现有意欺骗第三方，则承运人在赔偿第三方时不得享受责任限制，且保函也无效。

二、租船运输

租船运输又称不定期船运输，是相对于定期船，即班轮运输而言的另一种国际航运经营方式。由于这种经营方式需在市场上寻求机会，没有固定的航线和挂靠港口，也没有预先制定的船期表和费率本，船舶经营人与需要船舶运力的租船人是通过洽谈运输条件、签订租船合同来安排运输的，故称之为“租船运输”。

目前，在国际上主要的租船方式有航次租船，定期租船，包运租船和光船租船四种。

(一)租船运输的基本特点

各种方式的租船运输具有以下一些基本特点。

1)租船运输的营运组织取决于各种租船合同。船舶经营人与船舶承租人双方首先需签订租船合同才能安排船舶营运，合同中除了需规定船舶就航的航线、载运的货物种类及停靠的港口外，还需具体订明双方的权利和义务。一般由船东与租方通过各自或共同的租船经纪人洽谈成交租船业务。

2)租船运输的运费或租金水平的高低,直接受租船合同签订时的航运市场行情波动的影响。世界的政治经济形势、船舶运力供求关系的变化以及通航区域的季节性气候条件等,都是影响运费或租金水平高低的主要因素。

3)租船运输中的有关船舶营运费用及开支,取决于不同的租船方式,由船舶所有人和船舶承租人分担,并在租船合同中订明。

4)不定航线,不定船期。船东对于船舶的航线、航行时间和货载种类等按照租船人的要求来确定。

5)租船运输主要服务于专门的货运市场,承运大宗类货物,如谷物、油类、矿石、煤炭、木材、砂糖、化肥、磷灰土等,并且一般都是整船装运的。

6)各种租船合同均有相应的标准合同格式。一般由船东与租方通过各自或共同的租船经纪人洽谈成交租船业务。

(二)租船方式的种类

1.航次租船

航次租船又名"程租船",是一种由船舶所有人向租船人提供特定的船舶,在特定的两港或数港之间从事一个特定的航次或几个航次承运特定货物的方式。简单地说,对这种方式可用四个"特定"来概括,即特定的船舶;特定的货物;特定的航次;特定的港口。

航次租船是租船市场上最活跃的一种方式,且对运费水平波动最为敏感。在国际现货交易市场上成交的绝大多数货物都是通过航次租船的方式来运输的。

(1)航次租船的主要特点

1)船舶的营运调度由船舶所有人负责,船舶的燃料费、物料费、修理费、港口费、淡水费等营运费用也由船舶所有人负担;

2)船舶所有人负责配备船员,负担船员的工资、伙食费;

3)航次租船的"租金"通常称为运费,运费按货物的数量及双方商定的费率计收;

4)在租船合同中需要订明货物的装卸费由船舶所有人还是承租人负担,装卸时间的计算方法,并规定延滞费和速遣费的标准及计算办法。

(2)航次租船的方式

1)单航次租船形式;

2)来回程航次租船形式;

3)连续航次租船形式。

(3)航次租船经营与班轮经营相比所具有的特征

1)受载货类方面。

航次租船所承运的货类虽不多,但数量很大,一般均需整船载运,且具有以下一些特征。货源分布广、批量大;货物的流量和流向易受世界政治经济和国家政策等因素的影响而不稳定;相当数量的货类具有运输季节性;货物的价值相对比较低;对运送速度的要求不高。

2)营运航线方面。

航次租船所行驶的航线范围很广,类似于漂泊流浪,追逐大宗货流的生成区域,且具有以下一些特征。根据航次租船合同确定船舶营运航线;在营运航线内基本上没有中途挂靠港口;航次间的营运航线具有连续性,但缺乏规律性;就国际航运整体而言,营运航线遍及全世界。

3)投入船舶方面。

航次租船所投入的船舶种类很多,船舶之间的技术状况差异很大,一般具有以下一些特征。投入的船舶大多是专用船舶;单船吨位相对较大,油轮及干散货船尤为显著;航速一般较低;除专用船舶有特殊要求外,一般的船舶结构和设施均比较简单。

4)计收运价方面。

航次租船的租金常被习惯地称为运费。但是,航次租船的运费不同于班轮运价,一般具有以下特征。航次租船营运的具体航线都不事先制定固定的运价;每一航次的运费率往往需要经过承租双方讨价还价后才能确定;费率水平通常取决于市场船货供求状况;计收运费的费率单位比较灵活,一般为元/吨或整船包干运费;油轮航次运输使用特殊的费率单位,即运价指数。

5)营运组织方面。

航次租船在营运组织方面不像班轮营运组织那样严谨和复杂,通常具有以下一些特征。船货结合在时间和地点上是不固定的和无规则的;经营条件比较简单,只要拥有一艘船舶即可开展航次租船经营活动;经营技术相对比较复杂,须使船舶能不间断地从事连续的航次生产活动;经营及营运调度依赖于在航次市场中获得的机会。

(4)航次期租船

航次期租船又称日租租船,它是航次租船的一种变形,也是以完成一个航次运输为目的,但租金按完成航次所使用的日数和约定的日租金率计算。在装货港和卸货港的条件较差,或者航线的航行条件较差,难以掌握一个航次所需时间的情况下,这种租船方式对船舶所有人比较有利。因为采用这种租船方式可以使船舶所有人避免因难以预测的情况而使航次时间延长所造成的船期损失。

2.定期租船

定期租船又称期租船,是指由船舶所有人按照租船合同的约定,将一艘特定的船舶在约定的期间交给承租人使用的租船方式。这种租船方式不以完成航次数为依据,而以约定使用的一段时间为限。在这个期限内,承租人可以利用船舶的运载能力来安排运输货物;也可以用以从事班轮运输,以补充暂时的运力不足;还可以以航次租船方式承揽第三者的货物,以取得运费收入;当然,承租人还可以在租期内将船舶转租,以谋取租金差额的收益。关于租期的长短,完全由船舶所有人和承租人根据实际需要洽商而定。

定期租船方式的主要特点如下。

1)船长由船舶所有人任命,船员也由船舶所有人配备,并负担他们的工资和给养,但船长应听从承租人的指挥,否则承租人有权要求船舶所有人予以撤换。

2)营运调度由承租人负责,并负担船舶的燃料费、港口费、货物装卸费、运河通行费等与营运有关的费用,而船舶所有人则负担船舶的折旧费、维修保养费、船用物料费、润滑油费、船舶保险费等船舶维持费。

3)订明船舶的载重吨、租期长短及商定的租金率计算。

4)合同中订有关于交船和还船以及停租的规定。

3. 包运租船

包运租船又称为运量合同，是指船舶所有人以一定的运力，在确定的港口之间，按事先约定的时间，航次周期，每航次以较均等的运量，完成全部货运量的租船方式。

包运租船方式的主要特点如下。

1）包运租船合同中不确定船舶的船名及国籍，仅规定船舶的船级、船龄和船舶的技术规范等，船舶所有人只需比照这些要求提供能够完成合同规定的每航次货运量的运力即可，这对船舶所有人在调度和安排船舶方面是十分灵活、方便的。

2）租期的长短取决于货物的总量及船舶航次周期所需的时间。

3）船舶所承运的货物主要是运量特别大的干散货或液体散装货物，承租人往往是业务量大和实力强的综合性工矿企业、贸易机构、生产加工集团或大型石油公司。

4）船舶航次中产生的时间延误的损失风险由船舶所有人承担，而对于船舶在港装、卸货物期间所产生的延误，则根据合同中订有的“延滞条款”来处理，通常是由承租人承担船舶在港的时间损失。

5）运费按船舶实际装运货物的数量及商定的费率计收，通常按航次结算。

从上述特点可见，包运租船在很大程度上具有“连续航次租船”的基本特点。

4. 光船租船

光船租船又称船壳租船。这种租船方式不具有承揽运输的性质，它只相当于一种财产租赁。光船租船是指在租期内船舶所有人只提供一艘空船给承租人使用，而配备船员、供应给养、船舶的营运管理以及一切固定或变动的营运费用都由承租人负担。也就是说，船舶所有人在租期内除了收取租金外，不再承担任何责任和费用。

因此，一些不愿经营船舶运输业务，或者缺乏经营管理船舶经验的船舶所有人可将自己的船舶以光船租船的方式出租。虽然这样的出租利润不高，但船舶所有人可以取得固定的租金收入，对回收投资是有保证的。

光船租船方式的主要特点如下。

1）船舶所有人只提供一艘空船。

2）全部船员由承租人配备并听从承租人的指挥。

3）承租人负责船舶的经营及营运调度工作，并承担在租期内的时间损失，即承租人不能“停租”。

4）除船舶的资本费用外，承租人承担船舶的全部固定的及变动的费用。

5）租金按船舶的装载能力、租期及商定的租金率计算。

虽然光船租船的租期一般都比较长，但是国际上以这种方式达成的租船业务并不多。

（三）租船业务流程

租船业务流程主要包括询盘、报盘、还盘、接受和签订租船合同等五个环节。

1. 询盘

询盘通常由承租人以期望的条件，通过租船经纪人寻求租用所需要的船舶，即货求船。一般采用电报和电传的形式，向船舶代理通告需要承租的船舶类型和装运货物的种类、数量、装运港、装运期限、租船方式以及租船租金等事项。询盘也可由出租人通过船舶经纪人向航运交易市场发出求货信息，即船求货。

2. 报盘

报盘也称报价或发盘,是出租人对承租人询盘的回应。若是船舶所有人先发出的询盘,则报盘人是承租人。报盘又分实盘与虚盘。实盘为报盘条件不可改变并附加时效的硬性报价;虚盘则是可磋商、修改的报价。报盘内容主要是关于租金的水平、选用的租船合同范本及范本条款的修改和补充等。

3. 还盘

还盘是询价双方通过平等谈判、协商,讨价还价的过程。

4. 接受

通过双方的谈判,最后达成一致意见即可成交。成交后交易双方当事人应签署一份"订租确认书",就商谈租船过程中双方承诺的主要条件予以确认,对于细节问题还可以进一步商讨。

5. 签订租船合同

签订确认书只是一种合同意向,正式租船合同要按租船合同范本予以规范,进行编制,明确租船双方的权利和义务,双方当事人签署后即可生效。合同签订之后,因更改或撤销等异议造成的损失由违约方承担责任。

定期租船合同的主要内容包括:出租人和承租人的名称,船名,船籍,船级,吨位容积,船速,燃料消耗,航区,用途,租船期限,交船与还船的时间、地点以及条件,租金及其支付等相关事宜。

航次租船合同的主要内容有:出租人和承租人的名称,船名,船籍,载货重量、容积,货名,装运港与目的港,受载期限,装卸期限,运费、滞期费、速遣费的支付及其他事项。

租船运输合同正式签订后,船舶所有人就可按合同的要求,安排船舶投入营运;货方备好货物准备装船。

租船业务中,租船经纪人代表各自的委托人洽谈租船业务并代为签约,可迅速而有效地促进租船业务的成交,减少船东或租船人大量的事务性工作,减少了租约中的责任风险,协调了租船市场的正常运营。租船业务成交后,由船东付运费的 1.25% ~2.5% 给经纪人作为佣金。

(四)标准租船合同范本

船公司在经营不定期租船业务时,每一笔交易均需和租方单独订立合同。为了各自的利益,在订立合同时,必然要对租船合同的条款逐项推敲。这样势必造成旷日持久的谈判,不利于迅速成交。为了简化签订租船合同的手续,加快签约的进程,节省为签订租船合同而发生的费用,也为了能通过在合同中列入一些对自己有利的条款,维护自己一方的利益,在国际航运市场上,一些航运垄断集团、大型船公司或货主垄断组织,先后编制了供租船双方选用、作为洽商合同条款基础的租船合同范本。

租船合同范本中罗列了事先拟就的主要条款。为了便于商定租船合同的双方通过函电对范本中所列条款进行删减、修改和补充,租船合同范本的名称和条款都规定了代码,并且每一行文字前(或后)也都编制了行次的顺号。这样在洽商租船合同的过程中,只需在函电中列明所选用的范本的代码、指明对第×款第×行的内容增、删、改的意见,就能较快地拟就双方所同意的条款。

虽然采用租船合同范本可以极大地方便租船合同条款的拟订，但是由于这些范本多数是由船舶所有人一方或代表船舶所有人一方利益的某些航运垄断集团单方面制定的，许多条款都不会对承租人一方有利，这是在选用租船合同范本时不能不考虑的问题。

三、水路运输方式的选择

对于托运人而言，选择水路运输方式要考虑以下几方面的因素。

（一）运输的定期性

若货物需要以固定的间隔时间运输出去，应选择挂靠固定港口、固定费率、严格按船期表航行的班轮。

（二）运输速度

若托运人为了满足某种货物在规定日期内运到的需求，会更加注重考虑运输速度的问题。只要能满足其要求，不会考虑费用的高低。

（三）运输费用

当运输的定期性和运输速度不是托运人考虑的主要因素时，运输费用就成为最重要的了。

（四）运输的可靠性

这是选择承运人时所考虑的又一项重要因素。在选择一家船公司之前，独立地考察一下它的实力和信誉是可取的做法，可以避免遭遇海事欺诈。

（五）经营状况和责任

应该调查一下船舶所有人或经营人的经营状况及所负担的责任。表面看来，某一船舶所有人对船舶享有所有权，而事实上，他将船舶抵押给银行并通过与银行的经营合同成为船舶经营人。船舶经营人可能是定期租船人，按照租约，船东对于未付的租金，可以留置经营人运输的货物。

（六）掌握船舶的如下特征

1）船舶登记。船舶登记的目的在于确定船舶国籍，以保障船舶所有人对登记船舶的所有权及其他合法权益，有利于加强对船舶的监督管理。每艘船舶都应该有国籍，应在某一个国家进行船舶登记，并有权悬挂该国国旗。

2）总登记吨（GRT）。总登记吨（总吨位）是按照《船舶吨位丈量规范》测量出来的船舶总的容积。

3）净登记吨（NRT）。净登记吨是从总登记吨中扣除机器所占空间和船员所居住的处所后测量出的容积。

4）散装容积。它是船舶所能装货的全部空间，包括舱口和为了装卸货物而在甲板上开的口所占的容积。

5）包装容积。它是指可用于包装件货物的全部舱内空间。

6）总载重吨（DWT）。它是以重量吨表示的船舶载重能力。

7）净载重吨（NT）。净载重吨是从总载重吨中扣除燃料、装备品、水和食品所占的重量后的载重量,即船舶的装货能力 。

8)载重线。载重线标志是表示不危及船舶安全所能装载货物的最大限度。从载重线到甲板的距离被称为干舷。

9)船级。船级对海上保险具有很重要的作用,因为船级高的船舶所缴纳的保费较低船级的船舶要少。

10)船舶检验证书。船舶检验的目的是使船舶及其有关设施具备正常的技术条件,以保障海上航行船舶、有关设施和人员生命的安全以及海洋环境免受污染。船舶检验证书按相应的船级颁发。

11)船舶签证。船舶签证的目的在于监督船舶保持适航状态,保障船舶航行安全,维持海上运输秩序。

因此,航行船舶在进出港口时,必须按有关法规规定履行船舶签证手续,主要是向船舶所在港口的海事局呈验各种证书文件。

12)船员配备。船员配备的目的在于保证船舶正常生产,安全航行,是船舶适航的重要条件之一,配备足够的持有证书的船员和备有船员名册,也是船舶签证时的一项重要内容。

任务三　水路货物运输组织

一、海运进口货物运输

海运进口业务是根据贸易合同中的有关运输条件,把向国外的订货加以组织,通过海运方式运进国内的一种业务。这种业务必须取决于价格条件。如果是 CIF 或 CFR 条件,则由国外卖方办理租船订舱工作;如果是 FOB 条件,则由买方办理租船订舱工作,派船前往国外港口接运。经营外贸业务的公司或有外贸经营权的企业一般本身不掌握运输工具,运输作业主要依靠国内、外的有关运输部门来完成。这是一项复杂的运输组织工作,外贸部门或其运输代理要根据贸易合同规定,妥善组织安排运输,使船货相互适应,密切配合,按时、按质、按量完成进口运输任务。

海运进口货物运输工作,一般包括以下环节。

(一)租船订舱

根据贸易合同的规定,负责货物运输的一方要根据货物的性质和数量决定租船或订舱。凡需整船装运的大宗货物需洽租适当的船舶承运;小批量的或零星杂货大多洽订班轮舱位。不论租船或订舱,均需办理租船或订舱手续。一般均委托代理公司代为办理。在办理委托时,委托人需填写《进口租船订舱联系单》,提出具体的要求。

《进口租船订舱联系单》的内容包括:货名、重量、尺码、合同号、包装种类、装卸港口、交货期、买货条款、发货人名称和地址、发货人电挂或电传号等。填写《进口租船订舱联系单》的注意事项如下。

1)货名、包装、件数、重量、尺码要填写中、英文名称;重量需填毛重;长大件要列明长、宽、高的尺寸;重件要列明最大件重量和重件件数。

2)买货条款一栏要与贸易合同相一致;对装运条件另有规定者,要在联系单上写明,以便划分责任、风险和费用。

3)危险货物要注明危险品的性质和《国际海运危险货物规则》的页码及联合国编号。《国际海运危险货物规则》把危险品分为爆炸品、气体、易燃液体、易燃固体、氧化剂和有机氧化物、有毒和有感染性的物质、放射性物品、腐蚀性物品和其他危险物品等九大类。填写时要填明货物类别、品名(不能使用商品俗名,一定要用学名)。易燃液体还需注明闪点。

4)贵重物品要列明售价。

5)《租船订舱联系单》的内容必须与贸易合同完全一致。如租整船,还需附贸易合同副本。

(二)签订《海运进口货物国内代运委托协议书》

委托人向代办人(对外贸易运输公司)提出代办海运进口货物国内港口交接和国内代运业务,双方签订《海运进口货物国内代运委托协议书》作为交接、代运工作中双方责任划分的依据。

(三)寄送货物装船通知及提单

委托人收到国外发货人发出的货物装船通知后,立即转告代办人。同时,国外发货人按贸易合同确定的交货地向货运目的港所在地的对外贸易运输公司发送货物装船通知及提单。

(四)掌握船舶动态

掌握进口货物船舶动态,对装卸港的工作安排,尤其对卸货港的卸船工作安排极为重要。船舶动态主要包括船名、船籍、船舶性质、装卸港顺序、预抵港日期、船舶吃水和该船所载货物的名称、数量等方面的信息。

船舶动态信息可获自各船公司提供的船期表、国外发货人寄来的装船通知、单证资料、发货电报以及有关单位编制的进口船舶动态资料等。

(五)收集并送交有关单证

委托人通过结汇银行对外付汇、赎单后,在货物到港之前,按代办人的要求,将代运协议中提及的一切有关单证送交目的港的对外贸易运输公司。委托人凭正本提单向承运人或承运人的代理换取提货单(Delivery Order)。

进口货物运输单证一般包括商务单证和船务单证两类。商务单证有贸易合同正本或副本、发票、提单、装箱单、品质证明书和保险单等。船务单证主要有装船通知、载货清单、货物积载图、租船合同或提单副本。

如果是程租船,还应有装卸准备就绪通知书(Notice of Readiness)、装货事实记录(Loading Statement of Facts)、装卸货物时间表(Time Sheet),以便计算滞期费、速遣费。

单证多由装货港口的代理和港口轮船代理公司、银行、国外发货人提供。近洋航线的单证也可由进口船舶携带而来。进口货物的各项单证,是港口进行卸货、报关、报验、交接和疏运不可缺少的资料,因此收到单证后,须与进口合同核对。份数不够时要及时复制并分发有关单位,使船舶到港后各单位能够做好各自的工作。

(六)报关

代办人收到委托人提交的单据、证件,于货物抵港后,按海关、商检、动植物检疫等有关部门的规定办理进口报关、报验手续。

进口货物向海关报关,填制《进口货物报关单》。报关单的内容主要有船名、贸易国别、货名、标记、件数、重量、金额、经营单位、运杂费和保险费等项,货主或代办人凭报关单、发票、品质证明书等单证向海关申报进口。办理报关的进口货物,经海关查验放行,交纳进口关税后,方可提运。

根据《中华人民共和国海关法》第 18 条规定,进口货物应当自运输工具申报进境之日起 14 日内向海关申报。超过上述规定期限未向海关申报的,由海关征收滞纳金。

凡不在港口查验放行的贸易货物的货主,需填制《国外货物转运准单》,向港口海关申报,经海关同意并监管运至目的地,由目的地海关查验放行。

(七)报检工作

进口货物按我国《商检法》的规定,必须向商检局申请办理检验、鉴定手续,查验进口商品是否符合我国规定或订货合同的有关规定,以保护买方利益。

报验进口货物需填写《进口商品检验申请单》,同时需提供订货合同、发票、提单、装箱单、理货清单、磅码单、质保书、说明书、验收单、到货通知单等资料。

凡列入《商检机构实施检验的商品种类表》(以下简称《种类表》)的进口商品,需接受法定检验。但表内所列商品如属援助物资、礼品、样品及其他非贸易物品,一般可免予检验。

为了提高进出口通关效率,降低进出口检验费用,我国国务院将原国家进出口商品检验局、原卫生部卫生检疫局和原农业部动植物检疫局合并组建成新的“国家出入境检验检疫局”。“三检合一”,把过去的三次申报、三次抽样检验变为一次报验、一次取样、一次检验检疫、一次卫生除害处理、一次发证放行,形成高效率的通关制度。

对列入《种类表》的进口商品,商检机构接受报验后,在《进口货物报关单》上加盖印章,海关据以验放。对未列入《种类表》内的进口商品,收货或用货部门应向所在地区商检机构申报后自行检验,在索赔有效期内将检验结果报告商检机构。如检验不合格需要提出索赔,应及时申请商检机构复检出证。在法定检验商品之外,对外贸易关系人还可申请商检机构对进口货物进行各项检验、鉴定工作,此为公证鉴定。公证鉴定的货物范围广、项目多。但它不是强制性的,对外贸易关系人可根据需要自行申请。进口货物的质量检验、重量和数量的鉴定、货载吨位衡量、残损鉴定等最为常见。

如进口的是危险品,应在船舶到港前向港口、航运、铁路等部门提供《进口危险货物技术说明书》,其中与危规号必须正确无误。对尚未列入我国危险品货物品名表的进口货物,订货单位或用货部门应提供详细的中文资料,说明货物的化学性质、消防和急救方法以及装卸搬运过程中应注意的事项,以便安排接、卸、运工作。

(八)发出到货通知

在进口货物船舶抵达国内港口联检后 3 日内,代办人港口机构填制《海运进口货物到货通知书》,寄送给委托人或由委托人指明的收、用货单位。委托人或收、用货单位收到到货通知书后,对该通知书逐项核对,如发现内容有误,用电报通知代办人港口机构纠正。如同一张提单内的货物需要分运至几个地点,则需告知代办人港口机构,由代办人港口机构根据港口条件酌情受理。

(九)监卸和交接工作

1)一般由船方申请理货,负责把进口货物按提单、标记点清件数,验看包装情况,分清后拨交收货人。

监卸人一般是收货人的代办人。监卸人员与理货人员密切配合,把好货物数量和质量关,要求港方卸货人员按票卸货,严禁不正常操作和混卸。

2)已卸存库场的货物,应按提单、标记分别码垛、堆放。

3)对船边现提货和危险品货物,根据卸货进度及时与车、船方面人员联系,做好衔接工作,防止卸货与拨运工作脱节而产生等车卸货或车到等货的现象。

4)对于超限重大件货物应事先提供正确的尺码和数量,以便准备接运车驳,加速疏运进度。

5)卸货后,检查有无漏卸情况,在卸货中如发现短损,应及时向船方或港方办理有效签证,并共同做好验残工作。

6)验卸时要注意查清:

①货物内包装的残损和异状;

②货物损失的具体数量、重量和程度以及受损货物或短少货物的型号和规格;

③判断致残、短、少的原因。

(十)接货

代办人港口机构收到委托人或收、用货部门对到货通知的反馈后,根据委托人的授权代办加保手续和选择运输方式。在货物由港口发运后,另以承运部门的提货通知(运单)或《发货通知书》,通知委托人或收、用货单位据以收货。代运货物到达最终目的地时,收、用货单位与承运部门办理交接,查验铅封是否完好,外观有无异状,件数是否相符,是否发生残、短。如发现残、短,收、用货单位须及时向承运部门取得商务记录,于货到 10 日内,交代办人向承运部门、保险公司或责任方办理索赔。如发现国外错装或代办人错发、错运、溢发,收、用货单位须立即采取措施,妥善保管货物,并及时通知代办人。

(十一)保险

如以 FOB、CFR 条件成交的进口货物,在收到发货人的装船通知后应立即办理投保手续。目前为简化手续和防止发生漏保现象,也可采用预约保险的办法,由负责进口的单位与中国人民保险公司签订进口货物预约保险。

二、海运出口货物运输

海运出口货物运输业务是根据贸易合同的有关运输条件,把售予国外客户的出口货物加以组织和安排,通过海运方式运到国外目的港的一种业务。

凡以 CIF、CFR 条件成交的出口货物,要由卖方安排运输,其主要环节和程序如下。

(一)审证

审证即审核信用证中的装运条款。为使出运工作顺利进行,在收到信用证后,必须审核证中有关的装运条款,如装运期,结汇期,装运港,目的港,是否能转运或分批装运以及是否指定船公司,船名,船籍和船级等,有的来证要求提供各种证明,如航线证明书,船籍证等,对这些条款和规定，应根据我国政策、国际惯例、要求是否合理和是否能办到等来考虑接受或提出修改要求。

（二）备货报验

备货就是根据出口成交合同及信用证中有关货物的品种、规格、数量、包装等的规定，按时、按质、按量地准备好应交的出口货物，并做好申请报验和领证工作。冷藏货要做好降温工作，以保证装船时符合规定温度要求。在我国，凡列入商检机构规定的《种类表》中的商品以及根据信用证、贸易合同规定由商检机构出具证书的商品，均需在出口报关前，填写《出口检验申请书》申请商检。有的出口商品需鉴定重量，有的需进行动植物检疫或卫生、安全检验，都要事先办妥，取得合格的检验证书。做好出运前的准备工作，货证都已齐全，即可办理托运工作。

（三）托运订舱

编制出口托运单，即可向货运代理办理委托订舱手续。货运代理根据货主的具体要求按航线分类整理后，及时向船公司或其代理订舱。货主也可直接向船公司或其代理订舱。当船公司或其代理签出装货单，订舱工作即告完成，意味着托运人和承运人之间的运输合同已经缔结。

（四）保险

货物订妥舱位后，属卖方保险的，即可办理货物运输险的投保手续。保险金额通常是以发票的 CIF 价加成投保（加成数由买卖双方约定，如未约定，则一般加 10% 投保）。

（五）出口货物集中港区

当船舶到港装货计划确定后，按照港区进货通知并在规定的期限内，由托运人办妥集运手续，将出口货物及时运至港区集中，等待装船，做到批次清，件数清，标志清。向港区集中时，应按照卸货港的先后和货物积载顺序发货，以便按先后次序装船。对出口大宗货物，可联系港区提前发货。有船边现装条件的货物，也可按照装船时间将货物直送港区船边现装，以节省进仓出仓手续和费用。对危险品、重大件、冷冻货或鲜活商品、散油等需特殊运输工具、起重设备和舱位的，应事先联系安排好调运、接卸、装船作业。发货前要按票核对货物品名、数量、标记、配载船名、装货单号等项，做到单、货相符和船、货相符。要注意发货质量，发现有包装破损或残损时，应由发货单位负责修理或调换。

（六）报关和交接工作

货物集中港区后，发货单位必须向海关办理申报出口手续，这叫做出口报关。通关手续极为烦琐又极其重要，如不能顺利通关则无法完成交易。

1）属法定检验的出口商品须办出口商品检验证书，目前我国进出口商品检验工作主要有四个环节。

①接受报验。报验是指对外贸易关系人向商检机构报请检验。

②抽样。商检机构接受报验之后，及时派员赴货物堆存地点进行现场检验、鉴定。

③检验。商检机构接受报验之后，认真研究申报的检验项目，确定检验内容。并仔细审核合同（信用证）对品质、规格、包装的规定，弄清检验的依据，确定检验标准、方法（检验方法

有抽样检验;仪器分析检验; 物理检验;感官检验;微生物检验等)。

④签发证书。在出口方面,凡列入《种类表》内的出口商品,经商检机构检验合格后,签发放行单(或在"出口货物报关单"上加盖放行章,以代替放行单)。

2)须由持有专业报关证的人员,持出口货物报关单、装箱单、发票、报关委托书、出口结汇核销单、出口货物合同副本、出口商品检验证书及有关单证,在装货的 24 小时之前向运输工具所在地或出境地海关办理通关手续。目前使用的出口报关单有四种:普通报关单为白色;"来料加工、补偿贸易专用"报关单为浅绿色;"来料加工专用"报关单为粉红色;"出口退税专用"报关单为黄色。

①装箱单是由出口商提供的出口产品装箱明细。

②发票是由出口商提供的出口产品证明。

③报关委托书是没有报关能力的单位或个人委托报关代理行来报关的证明书。

④出口结汇核销单由出口单位到外汇局申领,是有出口能力的单位取得出口退税的一种单据。

⑤商检证书是经过出入境检验检疫部门或其指定的检验机构检验合格后得到的各种进出口商品检验证书、鉴定证书和其他证明书的统称。

经海关官员检查单证和货物,确认单、货相符和手续齐备后,即在装货单上加盖放行章。经海关查验放行的出口货物,方能装船。

发货单位现场工作人员要严格按照港口规章,及时与港方仓库、货场办妥交换手续,做好现场记录,划清船、港、货三方的责任。

(七)装船工作

海关放行后,发货单位凭海关加盖放行章的装货单与港务部门和理货人员联系,查看现场货物并做好装船准备,理货人员负责点清货物,逐票装船。港口装卸作业区负责装货,并按照安全积载的要求,做好货物在舱内的堆码、隔垫和加固等工作。在装船过程中,要派人进行监装,随时掌握装船情况和处理工作中所发生的问题。

监装人员对一级危险品、重大件、贵重品、特种商品和驳船来货的船边接卸直装工作,要随时掌握情况,防止接卸和装船脱节。

装船完毕,应将大副签发的收货单交原发货单位,凭此调换已装船提单。

(八)装船通知

对合同规定需在装船时发出装船通知的,应及时发出,特别是由买方自办保险的,如因卖方延迟或没有发出装船通知,致使买方不能及时或没有投保而造成损失的,卖方应承担责任。

(九)支付运费

船公司为正确核收运费,在出口货物集中港区仓库或库场后申请商检机构对其衡量。凡需预付运费的出口货物,船公司或其代理人必须在收取运费后发给托运人运费预付的提单。如属到付运费货物,则在提单上注明运费到付,由船公司卸港代理在收货人提货前向收货人收取。

三、江河货物运输

（一）江河货物运输分类

1. 按合同的承租期限分类

按水路货物运输合同的承租期限分为航次租船运输、定期租船运输、包运租船运输。航次租船运输是指出租人向承租人提供船舶的全部或部分舱位，装运约定的货物，从一港运到另一港的运输形式。定期租船运输是指出租人把特定的船舶租给承租人使用一个特定期限的货物运输。包运租船运输是指出租人在规定的时间内以完成承租人规定的货运总量和货运计划为目的的货物运输。

2. 按运输货物的性质和特点分类

按运输货物的性质和特点分为普通大宗货物运输（如煤、砂、矿石等）和特种货物运输（如活植物、活动物、危险品货物、笨重长大货物、易腐货物等）。

3. 按货物的包装状况分类

按货物的包装状况分为散装货物（无包装）、集装箱、单元滚装运输等。

4. 按货物运输的组织形式分类

按货物运输的组织形式分为直达运输、多式联运等。

（二）江河货物运输管理

按照我国的相关法律、法规和规章，江河货物运输必须依据《中华人民共和国合同法》、《危险品、化学品安全管理条例》、《国内水路货物运输规则》的规定进行业务活动。

1. 水路货物运输合同管理

水路货物运输合同是指承运人收取运输费用，负责将托运人托运的货物经水路由一港（站、点）运至另一港（站、点）的书面合同。运输合同的订立应本着公平的原则，应当依照有关法律、法规规定的权利和义务保护当事人的合法权益。

水路货物运输合同中以航次租船运输的运输合同为例的合同条款有：出租人和承租人名称、货物名称、件数、重量、体积（长、宽、高）、运输费用及其结算方式、船名、载货重量、载货容积及其他资料、起运港和到达港、货物交接的地点和时间、受载期限、运到期限、装货与卸货期限及其计算方法、滞期费率和速遣费率、包装方式、识别标志、违约责任、解决争议方法等。

江河水路运输合同一般无固定格式，根据需要承、托双方可以签订长期合同或航次运输合同。实际操作中，承、托双方可就运输合同中的主要条款达成一致意见，未尽事宜由双方协商解决。

2. 货物的托运管理

托运货物时，托运人主要做的是提出货物运单、提交托运的货物、支付费用三件事。

（1）提出货物运单

1）填写要求。一份运单填写一个托运人、收货人、起运港、到达港；货物名称填写具体品名，名称过繁的可以填写概括名称；规定按重量或体积择大计费的货物应当填写货物的重量或体积（长、宽、高）；填写的各项内容应当准确、完整、清晰；危险货物应填制专门的危险货物运单（红色运单）。国家禁止利用内河以及其他封闭水域等航运渠道运输剧毒化学品以及交通部门禁止运输的其他危险化学品。除上述以外的危险化学品，只能委托有危险化学品运输资质的运输企业承运。因此，托运人在托运危险货物时，必须确认水运企业的资质。

2）货物的名称、件数、重量、体积、包装方式、识别标志等应当与运输合同的约定相符。

3）对整船散装的货物，如果托运人在确定重量时有困难，则可要求承运人提供船舶水尺计量数作为其确定重量的依据。

4）对单件货物重量或者长度（沿海为5吨、12米，长江、珠江、黑龙江干线为3吨、10米）超过标准的，应当按照笨重、长大货物运输办理，在运单内载明总件数、重量和体积。

5）托运人应当及时办理港口、检验、检疫、公安和其他货物运输所需的各项手续的单证送交承运人。

6）已装船的货物，可由船长代表承运人签发运单。

7）水路货物运单一般为六联。第一联为起运港存查联；第二联为解缴联，起运港航运公司留存；第三联为货运收据联，起运港交托运人留存；第四联为船舶存查联，承运船舶留存；第五联为收货人存查联；第六联为货物运单联，是提货凭证，收货人交款、提货、签收后交到达港留存。

（2）提交托运的货物

1）按双方约定的时间、地点将托运货物运抵指定港口暂存或直接装船。

2）需包装的货物应根据货物的性质、运输距离及中转等条件做好货物的包装。

3）在货物外包装上粘贴或拴挂货运标志、指示标志和危险货物标志。

4）散装货物按重量或船舶水尺计量数交接，其他货物按件数交接。

5）散装液体货物由托运人在装船前验舱认可，装船完毕由托运人会同承运人对每处油舱和管道阀进行施封。

6）运输活动物，应用绳索拴好，备好途中饲料，派人随船押运照料。

7）使用冷藏船运输易腐、保鲜货物，应在运单内载明冷藏温度。

8）运输木（竹）排货物应按约定编排，将木（竹）排的实际规格，托运的船舶或者其他水上浮物的吨位、吃水及长、宽、高以及抗风能力等技术资料在运单内载明。

9）托运危险货物，托运人应当按照有关危险货物运输的规定办理，并将其正式名称、危险性质以及必要时应当采取的预防措施书面通知承运人。

（3）支付费用

托运人按照约定向承运人支付运费。如果约定在装运港船上交货，运费由收货人支付，则应当在运输本证中载明，并在货物交付时向收货人收取。如果收货人约定在指定目的地交货，托运人应交纳货物运输保险费、装运港口作业费等项费用。

3. 货物领取的管理

收货人接到到货通知后，应办理提货手续单证、检查验收货物、支付费用。

（1）办理提货手续单证

1）收货人接到到货通知后，应当及时提货。接到到货通知满60天，收货人不提取、托运人也未来处理货物，承运人可将该批货物作为无法交付货物处理。

2）收货人应向承运人提交证明、收货人单位或者经办人身份有关证件及由托运人转寄的运单提货联或有效提货凭证，供承运人审核。

3)如果货先到,而提货单未到或单证丢失的,收货人还需提供银行的保函。

(2)检查验收货物

收货人提取货物时,应当按照运输单证核对货物是否相符,检查包装是否受损、货物有无灭失等情况。

1)发现货物损坏、灭失时,交接双方应当编制货运记录,确认不是承运人责任的,应编制普通记录。

2)收货人在提取货物时没有提出货物的数量和质量异议,视为承运人已经按照运单的记载交付货物。

(3)支付费用

按照约定在提货时支付运费,并需付清滞期费、包装整修费、加固费用以及其他中途垫款等。

因货物损坏、灭失或者迟延交付所造成的损失,收货人有权向承运人索赔,承运人可依据有关法规、规定进行抗辩。托运人或者收货人不支付运费、保管费以及其他费用时,承运人对相应的运输货物享有留置权,但另有约定的除外。查验货物无误并交清所有费用后,收货人在运单提货联上签收,取走货物。

任务四　水路货物运输费用计算

一、班轮运费的计算

(一)杂货班轮运费的计算

1. 构成

班轮公司运输货物所收取的运输费用,是按照班轮运价表的规定计收的。不同的班轮公司或班轮工会各有不同的班轮运价表。班轮运价表一般包括说明及有关规定、货物分级表、航线费率表、附加费表、冷藏货及活牲畜费率表等。目前,我国海洋班轮运输公司使用的"等级运价表"就是将承运的货物分成若干等级,每个等级的货物有一个基本费率,称为"等级费率表"。

班轮运费包括基本运费和附加费两部分,前者是指货物从装运港到卸货港所应收取的基本运费,它是构成全程运费的主要部分;后者是指对一些需要特殊处理的货物,或者因突然事件的发生或客观情况变化等原因而需另外加收的费用。

2. 基本港与非基本港

基本港是指港口设备较好,货运量大,班轮公司按期挂靠的港口。运往基本港的货物,均按基本费率收取运费。非基本港指班轮公司不常挂靠的港口,去该港的货物要加收附加费。

3. 运费计算标准

基本运费按班轮运价表规定的计收标准计收在班轮运价表中,根据商品的不同,班轮运费的计算标准通常有下列几种。

1)按货物毛重(重量吨)计收,运价表中用"W"表示。按此计算的基本运费等于计重货物的运费吨乘以运费率。

2)按货物体积(尺码吨)计收,运价表中用“M”表示。按此计算的基本运费等于容积货物的运费吨乘以运费率。

上述计费的重量吨和尺码吨统称为运费吨,又称计费吨,按照国际惯例,容积货物是指每公吨体积大于1.132 8立方米(40立方英尺)的货物;而我国的远洋运输运价表中则将每公吨体积大于1立方米的货物定为容积货物。

3)按货物毛重或体积计收,由船公司选择其中收费较高的作为计费吨,运价表中以“W/M”表示。

4)按货物价格计收,又称为从价运费,运价表中用“A·V”表示。从价运费一般按货物的FOB价格的一定百分比收取。按此计算的基本运费等于货物的离岸价格(FOB)乘以从价费率,一般为1%~5%。

5)在货物重量、尺码或价格三者中选择最高的一种计收,运价表中用“W/M or adval”表示。

6)按货物重量或尺码的较高者,再加上从价运费计收,运价表中用“W/M plus adval”表示。

7)将每件货物作为一个计费单位收费,如活牲畜按“每头”(Per Head),车辆按“每辆”(Per Unit)收费。

8)临时议定价格,即由货主和船公司临时协商议定。此类货物通常是低价的货物或特大型的机器等。在运价表中以“Open”表示。

4.附加费

附加费的计算一般有两种规定。一是以基本运费率的百分比表示;二是用绝对数字表示,取每运费吨增收若干元。

在班轮运输中,常见的附加费有下列几种。

1)超重附加费(Heavy Lift Additional)。单件货物重量超过一定限度而加收的费用。

2)超长附加费(Long Lenth Additional)。单件货物长度超过规定长度而加收的费用。

各班轮对超重或超长货物的规定不一。我国中远公司规定每件货物达到5吨或9米以上时,加收超重或超长附加费。超重货一般以吨计收,超长货按运费吨计收。无论是超重、超长或超大件,托运时都须注明。如船舶需转船,每转船一次,加收一次附加费。

3)选卸附加费(Optional Surcharge)。装货时尚不能确定卸货港,要求在预先提出的两个或两个以上港口中选择一港卸货,船方因此而加收的附加费称选卸附加费。所选港口限定为该航次规定的挂靠港,并按所选港中收费最高者计算各种附加费。货主必须在船舶抵达第一选卸港前(一般规定为24小时或48小时)向船方宣布最后确定的卸货港。

4)转船附加费(Transshipment Surcharge)。凡运往非基本港的货物,需转船运往目的港,船方因此所收取的附加费称转船附加费,其中包括转船费(包括换装费、仓储费)和二程运费。但有的船公司不收此项附加费,而是分别另收转船费和二程运费,这样收取一、二程运费再加转船费,即通常所谓的“三道价”。

5)直航附加费(Direct Additional)。运往非基本港的货物达到一定的数量,船公司可安排直航该港而不转船时所加收的附加费。一般直航附加费比转船附加费低。

6)港口附加费(Port Additional or Port Surcharge)。指船舶需要进入港口条件较差、装卸效率较低或港口船舶费用较高的港口及因其他原因而向货方增收的附加费。

7)港口拥挤附加费(Port Congrestion Surcharge)。有些港口由于拥挤,致使船舶停泊时间增加而加收的附加费。该项附加费随港口条件改善或恶化而变化。

8)燃油附加费(Bunker Surcharge or Bunker Adjustment Factor,B. A. F.)。指因燃油价格上涨而加收一绝对数或按基本运价的一定百分数加收的附加费。

9)货币贬值附加费(Devaluation Surcharge or Carrency Adjustment Factor,C. A. F.)。在货币贬值时,船方为保持其实际收入不致减少,按基本运价的一定百分数加收的附加费。

10)绕航附加费(Deviation Surcharge)。指因战争、运河关闭、航道阻塞等原因造成正常航道受阻,必须临时绕航才能将货物送达目的港而加收的附加费。

除以上各种附加费外,还有一些附加费需船货双方议定。如洗舱费、熏舱费、破冰费、加温费等,各种附加费是对基本运价的调节和补充,可灵活地对各种外界不测因素的变化做出反应,是班轮运价的重要组成部分。

根据一般费率表规定,不同的商品如混装在一个包装内(集装箱除外),则全部货物按其中收费高的商品计收运费。同一种货物因包装不同而计费标准不同,但托运时如未申明具体包装形式,全部货物均要按运价高的包装计收运费。同一提单内有两种以上不同计价标准的货物,托运时如未分列货名和数量,计价标准和运价全部要按高者计算。这是在包装和托运时应该注意的。

5. 班轮运费的计算方法和公式

(1)班轮运费的计算方法

先根据货物的名称,从货物分级表中查出有关货物的计算等级及其计算标准;然后再从航线费率表中查出有关货物的基本费率;最后加上各项需支付的附加费率,所得的总和就是有关货物的单位运费(每重量吨或每尺码吨的运费),再乘以计费重量吨或尺码吨,即得该批货物的运费总额。如果是从价运费,则按规定的百分率乘以 FOB 货值即可。

(2)班轮运费的计算公式

$$F = F_b + S$$

其中,F——运费总额;

F_b——基本运费;

S——某一项附加费。

基本运费是所运货物的数量(重量或体积)与规定的基本费率的乘积。即:

$$F_b = f \times Q$$

其中,f——基本费率;

Q——货运量(运费吨)。

附加费是各项附加费的总和。在多数情况下,附加费按基本运费的一定百分比计算,其公式为:

$$S = (S_1 + S_2 + \cdots + S_n) \times F_b = (S_1 + S_2 + \cdots + S_n) \times f \times Q$$

其中,S_1、S_2、…、S_n为各项附加费,用 F_b的百分数表示。

【例 4-1】上海运往肯尼亚蒙巴萨港口的“门锁”(小五金)一批计 100 箱。每箱体积为 20 厘米×30 厘米×40 厘米。每箱重量为 25 千克。当时燃油附加费为 40%。蒙巴萨港口拥挤附加费为 10%，中国—东非航线等级费率表（港币：元），基本港口：路易港（毛里求斯）、达累斯萨拉姆（坦桑尼亚）、蒙巴萨（肯尼亚）。

解： 1）查阅货物分级表。门锁属于小五金类，其计收标准为 W/M，等级为 10 级。

2）计算货物的体积和重量。

100 箱的体积为 $(20 \times 30 \times 40) \times 100 \times 10 = 2.4$（立方米）。

100 箱的重量为 $25 \times 100 = 2.5$（公吨）。

由于 2.4 立方米的计费吨小于 2.5 公吨，因此计收标准为重量。

3）查阅"中国—东非航线等级费率表"，10 级费率为 443 港元，则基本运费为

$443 \times 2.5 = 1\,107.50$（港元）

4）附加运费为

$1\,107.50 \times (40\% + 10\%) = 553.75$（港元）

5）上海运往肯尼亚蒙巴萨港 100 箱门锁，其应付运费为

$1\,107.50 + 553.75 = 1\,661.25$（港元）

（二）集装箱班轮运费的计算

目前，集装箱货物海上运价体系较内陆运价体系成熟。基本上分为两个大类，一类是袭用件杂货运费计算方法，即以每运费吨为计费单位（俗称散货价），另一类是以每个集装箱为计费单位（俗称包箱价）。

1. 件杂货基本费率加附加费

1）基本费率，参照传统件杂货运价，以运费吨为计费单位，多数航线上采用等级费率。

2）附加费，除传统件杂货所收的常规附加费外，还要加收一些与集装箱货物运输有关的附加费。

2. 包箱费率（Box Rate）

这种费率以每个集装箱为计费单位，常用于集装箱交货的情况，即 CFS-CY 或 CY-CY 条款，常见的包箱费率有以下三种表现形式。

1）FAK 包箱费率（Freight for All Kinds），即对每一集装箱不细分箱内货类，不计货量（在重量限额之内），统一收取的运价。

2）FCS 包箱费率（Freight for Class），按不同货物等级制定的包箱费率，集装箱普通货物的等级划分与件杂货运输分法一样，仍是 1～20 级，但是集装箱货物的费率级差大大小于件杂货的费率级差，一般低级的集装箱收费高于传统运输，高价货集装箱低于传统运输；同一等级的货物，重货集装箱运价高于体积货运价。可见，船公司鼓励客户把高价货和体积货装箱运输。在这种费率下，拼箱货运费计算与传统运输一样，根据货物名称查得等级，计算标准，然后套入相应的费率，乘以运费吨，即得运费。

3）FCB 包箱费率（Freight for Class or Basis），是按不同货物等级或货类以及计算标准制定的费率。

二、不定期船运费或租金的计算方法

1. 不定期船运费的计算方法

凡供需双方签订运输合同的不定期船，不论是包舱运输的航次租船、整船运输的程租船

或期租船，通常是按照船舶的全部或一部分舱位及运费率收取一笔包租运费，也称为整笔运费。即航次租船运费等于船舶(或某舱)的承载能力乘以合同所定的运费率。船舶承载能力是指航次最大载货量，应结合航次条件及所运货载确定。

当货物的积载因数(每吨货物所占的体积)小于舱容系数(每一净载重吨所占的舱容)时，即货物属轻泡货物，最大载货量等于货舱总容积除以货物平均积载因数(此时满舱不满载)。按船舶装载能力计算运费的方法，即使实际装船的数量少于承载能力，即所谓出现亏舱时，托运人仍须支付全部运费，不会退还因短装所造成的“亏舱费”。但是，有些情况下“亏舱费”也可以协商或规定托运人负担其中的一部分。

另外，还有一种不指明特定船舶的不定期船运输，则按合同所定的货吨乘以合同所定的运费率计算运费。

2. 不定期船租金的计算方法

凡供需双方签订租船合同的期租船，不论租期长短，租金等于每载重吨每日租金率乘以船舶夏季总载重量再乘以合同租期。由于租船是由承租人自己经营的，所以期租船的租金与船舶的实际载货量的多少无关。

在不定期船运费构成中，除了上述的基本运费或租金以外，在合同中还应明确地写明有关费用(如装卸费)由谁承担的条款和有关佣金计算及支付办法的条款。

3. 程租船运输费用

程租船运输费用主要包括程租船运费和装卸费，另外还有速遣费、滞期费等。

(1)程租船运费

程租船运费是指货物从装运港至目的港的海上基本运费。

(2)装卸费

规定装卸费由租船人还是船东承担的方法有以下几种：

1)船方负担装卸费用(Gross/Liner/Berth Terms)；

2)船方管装不管卸(F. O.)；

3)船方管卸不管装(F. I.)；

4)船方不管装和卸(F. I. O.)；

5)船方不管装、卸和平舱费(F. I. O. S. T.)。

(3)装卸时间、滞期费和速遣费

1)装卸时间(装卸期限)，指租船人承诺在一定期限内完成装卸作业，它是程租船合同的一项重要内容。

计算方法：按日或连续日或时；按工作日(通常订明节假日除外)；按晴天工作日，连续24小时晴天工作日。

2)滞期费(Demurrage)，在规定的装卸期限内，如果租船人未能完成装卸作业，为了弥补船方的损失，对超过的时间租船人应向船方支付一定的罚款。

3)速遣费(Despatch Money)，如果租船人在规定的装卸期限内提前完成装卸作业，则所节省的时间船方要向租船人支付一定的奖金(相同的时间下，速遣费一般为滞期费的一半)。

装卸时间、滞期费和速遣费一定是在程租船的运输方式下才采用的。在班轮运输方式下，不需要这三方面的规定；负责运输的进出口商与船方订立租船合同时，必须注意租船合同与进出口合同有关装运时间的一致性。

案例

海洋货物运输保险案例

A 进出口公司曾就一批进口大米在 B 保险公司投保货物运输一切险。保险单背面印备的海洋运输货物保险条款规定的“一切险”保险责任范围为:“除包括上列平安险和水渍险的各项责任外,本保险还负责被保险货物在运输途中由于外来原因所致的全部或者部分损失”。货到后发现部分大米变质,经了解,航行途中没有遇到恶劣天气,货轮舱底及舱壁也没有发现异常情况,鉴定认为上述货物变质是在货物装船后的运输过程中发生的。三天后,A 公司向 B 公司提出保险理赔申请,B 公司认为 A 公司应举证证明保险事故发生的具体性质、原因符合中国人民银行《关于〈海洋货物运输保险“一切险”条款解释的请示〉的复函》中所列明的风险,才能赔付,双方因此发生争议。

如果 B 公司出具的保险单中除了上述表述外,并未对“一切险”进行解释、限定,根据我国《合同法》第 41 条的规定,应当按照通常理解来界定“一切险”的性质。通常说来,“一切险”应被理解成无须列举的所有外来原因导致的风险。尽管中国人民银行于 1997 年 5 月 21 日在答复中国人民保险公司《关于〈海洋货物运输保险“一切险”条款的请示〉的复函》中,将“外来原因”解释为“仅指偷窃、提货不着、淡水雨淋、短量、混杂、沾污、渗漏、碰损、破损、串味、受潮受热、钩损、包装破裂、锈损。”但是,由于我国保险行业之外的其他人对保险知识的缺乏,对上述解释缺少了解,对保险的认识往往只能依靠保险单条款和一般概念常识加以理解。由此导致双方对保险条款中的“一切险”条款的理解发生争议时,根据我国《保险法》第 31 条的规定,应当按照有利于被保险人的通常理解予以解释。中国人民银行作为保险行业的主管机关,无权对保险人与被保险人发生争议案件的具体条款进行解释。中国人民银行的上述解释,只对保险公司从事保险业务起指导作用,而不能成为法院审理案件的法律依据。B 公司主张 A 公司应首先举证证明被保险货物遭受了中国人民银行《关于〈海洋货物运输保险“一切险”条款解释的请示〉的复函》中所列明的风险的理由不能成立。在这种情况下发生诉讼争议,B 公司很难胜诉。

但是,如果 B 公司的保险单中除了上述内容外,明显提示投保人该“一切险”属于列明风险,或者将中国人民银行对该条款的解释附于保险单,或者在承保时对该条款进行了明确的说明和解释,则情况将大大不同,根据《保险法》第 18 条的规定,B 公司对于“一切险”的限定将产生法律效力。在这种情况下,B 公司很容易胜诉。

思考题

1. 什么是水路运输？水路运输的基本条件有哪些？
2. 何谓港口通过能力？港口通过能力涉及哪些因素？
3. 船舶航次生产的概念是什么？影响航次时间的主要因素是什么？

4. 租船运输业务有哪几种类型？
5. 经营班轮运输需具备哪些条件？简述班轮货运程序。
6. 航次租船和定期租船方式的特点各是什么？
7. 选择水路运输方式主要考虑哪些方面的因素？
8. 江河货物运输的类型有哪些？
9. 海运进口货物运输包括哪些主要环节？
10. 海运出口货物运输包括哪些主要环节？
11. 海运的主要货运单证有哪些？

情境五　航空货物运输

通过对情境五知识与技能的学习与应用,学生应掌握航空运输的主要运输方式;航空运输的内涵及业务类型;航空运输的主要技术装备与设施;航空进出口货物运输流程及进出口业务主要单证。能进行货物委托书及航空运单的填制;计算航空货物运费。具备航空运输各种操作流程的能力,组织航空货物运输。

知识目标

1. 掌握航空运输的内涵及业务类型;
2. 掌握航空运输服务的特点及主要功能;
3. 掌握航空运输的主要技术装备与设施;
4. 掌握航空运输的成本结构与市场竞争;
5. 阐述国际航空货物运输当事人;
6. 掌握航空出口货物运输流程及出口业务主要单证;
7. 掌握航空进口货物运输流程及进口业务主要单证;
8. 掌握航空运单的填写方法;
9. 掌握各种情况下的航空货物运输费用的计算方法。

能力目标

1. 能解释航空运输的内涵及种类;
2. 能应用出口及进口货物运输流程完成国际航空货物运输业务;
3. 能应用国内货物运输流程完成国内航空货物运输业务;
4. 能处理出口及进口业务主要单证;
5. 能填写航空主运单及航空分运单;
6. 能解释公布的航空货物运输运价;
7. 能计算各种情况下的航空货物运输费用;
8. 具备航空运输各种操作流程的能力,能组织航空货物运输。

任务一　航空货物运输知识构建

航空货物运输是采用商业飞机运输货物的商业活动,是目前国际上安全迅速的一种运输方式。

一、航空运输的发展与挑战

（一）国际航空运输的发展

世界航空运输的发展起步较晚，是从20世纪初开始的。世界上第一架飞机是在1903年由美国莱特兄弟发明创造的。1909年，法国最先创办了商业航空运输，随后德、英、美等国也相继开办。然而，航空运输作为一种货物运输方式，是在第二次世界大战以后才出现的，虽然起步晚，但航空运输发展十分迅速，在整个运输体系中占据的地位日益显著，航空货物运输量也在逐步增大。目前，全球约有100余家航空公司，30 000余个民用机场，货运量日渐增多，航线四通八达，遍及全球各地。航空运输从发明到成熟，仅用了短短的几十年时间，除了经济发展的需要外，航空技术的发展、管理水平的发展和政府对航空运输的管制水平对它的影响也很大。在初创阶段和发展阶段航空运输的技术水平发展很快，正是因为技术的支持，才有了成熟期航空运力、运量的显著增长。但是持续发展的势头一度被航空运输管制政策所遏制。直到1978年美国的《航空公司放松管制法》(The Airline Deregulation Act of 1978)减少了政府对航空运输的限制，才使航空运输又进入了蓬勃发展的时期。目前阶段航空运输业的竞争激烈，进入了世界航空大联盟的阶段，竞争的手段更高科技。因此航空运输的发展趋势之一是信息化。计算机技术广泛应用：航空公司的订座、收益管理、航材管理、航班管理、机场管理、常客管理等都离不开计算机技术。发展趋势之二是国际大联盟。通过联盟扩大规模经济效益，提高服务品质，是航空运输不可避免的发展趋势。

（二）我国航空运输的发展

我国民用航空运输业经历了曲折而艰苦的创业历程。1949年新中国成立后在中国共产党的领导下，我国民航才开始发展起来。而我国民航运输真正发展的历史，只有从1977年至今短短30多年的时间，而且在世界民航高速发展的时期，正值我国战乱和战乱恢复时期，错过了与世界航空运输同步发展的大好时机。20世纪90年代，随着我国经济的高速发展，航空运输也飞速发展起来，此时又遇上世界航空运输的变革，我国航空运输缺乏变革的基础和经验，不可能照搬国外先进的技术和经验，使我国航空运输陷入了十分尴尬的局面。

目前我国民航运输增长速度过低，货物运输量已低于国民经济增长速度，这种状况限制了民航为国家经济建设和改革开放服务的能力。

（三）国际航空运输的发展趋势

1. 管理自由化

航空管理自由化主要是指改革国际航空运输的管理体制和方法。在ICAO第五次运输大会上提到了自由化在管理方面的七个关键问题，即航空承运人的所有权和控制权、市场准入、公平竞争、消费者利益、产品分销、争端解决和透明度等。需要进一步说明的是，在一国范围内，在经济全球化和国际航空运输自由化的大环境里，应该树立“行业一体化”的观念，一荣俱荣，一损俱损。

2. 产权多元化

20世纪80年代，除北美洲以外，世界上绝大部分航空公司的所有权都是属于本国政府的。私有化是指航空公司的所有权从政府持有转让给公众所有。有的全部出让，有的政府仍保留一部分股份。但若航空公司所有权全部私有化，则不利于树立“行业一体化”的观念。而产权多元化则有利于寻找战略投资伙伴，可促进航空公司的自身发展，有利于航空公司之间更密切的合作。中国东方、南方等航空公司相继上市，标志着中国的航空承运人在产权多元化的道路上迈出了一大步。

3. 产品顾客化

产品顾客化是现代市场营销观念的体现，它要求航空公司各个部门都以市场为导向，为产品顾客化各尽其责。

4. 市场全球化

经济全球化必然导致航空运输市场全球化。任何一家航空公司的航线覆盖率都是有限的，但是市场是可以扩张的，通过扩张市场航空公司实现全球化战略。

5. 航线网络化

航线网络化是航线结构发展的第三个阶段。20 世纪 40—70 年代，是管制市场下的点到点航线；80 年代是放松管制下的枢纽辐射式航线；90 年代航空市场呈现全球化趋势，同时又出现了国际航空联盟，航线结构进入网络化时代。

6. 企业联盟化

航空公司双边联盟是双赢之路，为了扩大市场规模，提高竞争能力，许多航空公司结成联盟集团，简化管理程序，突出联合销售、新产品开发和服务一体化，使联盟集团的优势得到进一步发挥。

7. 经营数字化

20 世纪，航空公司之间的较量是以资本为主的较量，21 世纪则是信息技术的较量。目前处在由传统经济向新经济转变的时期，新经济的特点之一就是数字化。航空运输本身是高科技行业，航空运输经济必须以信息技术为基础，实现数字化经营，包括营销系统、运行系统、财务和行政管理系统的数字化等。电子网络营销是航空运输业的第二次革命，彻底改变了传统的销售模式。

8. 公司虚拟化

由于互联网的应用，未来将出现虚拟的航空公司。这种公司没有自己的飞机，没有机组人员，没有维修和商务人员，但它们可以通过商业化的方式解决上述问题，经营定期和不定期航班。

二、航空运输的相关组织

(一)国际民用航空组织(International Civil Aviation Organization，ICAO)

1. 组成及宗旨

国际民用航空组织成立于 1944 年 4 月 4 日。它是联合国所属专门机构之一，也是政府间的国际航空机构。其总部设在加拿大的蒙特利尔，现有成员国 150 多个。其大会是最高权力机构，常设机构是理事会，由大会选出的成员国组成。我国是该组织的成员国，也是理事国之一。该组织的宗旨是发展国际航空的原则和技术，促进国际航空运输的规划和发展，以保证全世界国际民用航空的安全和有秩序的增长。

2. 具体工作内容

1)鼓励为和平用途的航空器的设计和操作技术;

2)鼓励发展国际民航应用的航路、航站和航行设备;

3)满足世界人民对安全、正常、有效和经济的航空运输的需要;

4)防止因不合理的竞争而造成的经济上的浪费;

5)保证缔约国的权利充分受到尊重,每一个缔约国具有开辟国际航线的均等机会;

6)避免各缔约国之间的差别待遇;

7)促进国际航行的安全;

8)普遍促进国际民用航空在各方面的发展。

(二)国际航空运输协会(International Air Transport Association,IATA)

1. 组成

国际航空运输协会是各国航空运输企业之间的联合组织,其会员必须是国际民用航空组织成员国的空运企业。该协会于 1945 年 4 月 16 日于哈瓦那成立。其最高权力机构是一年一度的全体大会,大会选举执行委员会主持日常工作,下设财会、法律、技术和运输等委员会。

2. 协会的主要任务

国际航空运输协会是一个自愿参加、不排他的、非政府的民间国际组织。它的主要任务如下。

(1)促进安全、定期和经济的航空运输,以利世界人民,扶助发展航空运输业以及研究与此有关的问题。

(2)提供各种方式,以促进直接或间接从事国际空运业务的空运企业之间的合作。

(3)促进与国际民用航空组织和其他国际组织的合作。

(三)国际货物发运人协会(International Federation of Freight Forwarders Association, FIATA)

国际货物发运人协会是国营发货人协会和世界上私人发运公司的组织。其会员不仅限于货运代理企业,还包括海关、船务代理和空运代理、仓库、卡车、集中托运等部门,因为这些部门都是国际运输的一部分。FIATA(菲亚塔)于 1926 年 5 月 31 日成立于维也纳,其目的是解决日益发展的国际货运代理业务所产生的问题。

(四)航空货物运输当事人

在航空货物运输业务中,涉及的有关当事人主要有发货人、承运人、代理人、地面运输公司和收货人等。

1. 航空公司

航空公司自身拥有飞机,从事航空运输活动。对于货运业务,航空公司一般只负责空中运输,即从一个机场运至另一机场的运输。多数航空公司经营定期航班,如开航我国的法航、日航、德航、瑞航、美联合航等。

有些航空公司无定期航班,只提供包机运输,如卢森堡货地运航空公司、马丁航空公司等,它们拥有货机,运输大批量货物、超限货物及活种牲畜等十分方便。我国目前有中国航空运输集团公司(国航,代号 CA)、中国东方航空集团公司(东航,代号 MU)和中国南方航空集团公司(南航,代号 CZ)三大公司。

2. 航空货运公司

航空货运公司又称空运代理。它是随航空运输的发展及航空公司运输业务的集中化而发展起来后种服务性行业。

(1)航空货运公司的主要业务

出口货物在始发站机场交给航空公司之前的揽货、接货、订舱、制单、报关和交运等;进口货物在目的站机场从航空公司接货接单、制单、报关、送货或转运等。

(2)空运代理人的身份

1)承运人身份。

当货运代理人以自己的名义从不同的客户手中接受零散货物,并将这些零散货物集中起来以自己的名义与航空公司签订运输合同时,相对于其客户而言,他是空运缔约承运人。

空运缔约承运人。指本身拥有或不拥有航空运输工具,以自己的名义,同旅客、托运人或者托运人的代理人签订航空运输合同的人。缔约承运人的职责是保证按照合同约定的时间、地点履行运输任务,他可以亲自履行航空运输任务,也可以将全部或部分运输任务授权他人代为履行。

空运实际承运人指本身拥有航空运输工具,根据缔约承运人的授权,履行全部或部分航空运输合同任务的人,实际承运人在授权范围内的行为,由本人承担责任。

2)托运人身份。

当货运代理人以自己的名义与航空公司签订运输合同时,相对于运输合同对方当事人而言,他是托运人,航空公司是承运人。

3)收货人身份。

在目的地点,货运代理人可以自己的名义接受货物,同样可以成为收货人。

4)托运人的代理人。

当货运代理人从不同的托运人手中接受货物,以托运人的名义与航空公司签订运输合同时,货运代理人是托运人的代理人,航空公司是承运人。

5)承运人的代理人。

当货运代理人以承运人的名义与托运人签订运输合同,并向托运人签发航空货运单时,货运代理人是承运人的代理人。

(3)航空货运代理公司的作用

1)航空货运代理公司大都对运输环节和有关规章十分熟悉,并与民航、海关、商检和交通运输部门有着广泛而密切的联系。同时,航空货运代理公司在世界各地都设有分支机构和代理人,随时掌握货物运输的动态。因此,委托航空货运代理公司办理进出口运输较为便利。

2)航空货运代理公司的主要业务是办理集中托运,即把若干单独发运的货物组成一整批货物,用同一份主运单发运到同一个目的站,再由其在当地的代理人负责接货,清关后分拨交给实际收货人。这种托运方式可以从航空公司争取到较低的运价,代理公司和货主可以从这种服务中得到好处。

3)就航空公司而言,虽然航空公司要向代理公司支付一定的酬金,但代理公司将众多客户的货物集中起来交运,为其节省了大量的人力、物力和时间,从而有助于进一步开拓空运市场。

(4)航空货运代理公司的类型

1)一类代理公司,经营国际及香港、澳门、台湾航线的代理业务;

2)二类代理公司,经营除香港、澳门、台湾航线外的国内航线的代理业务。

在业务实践中,非一类航空运输代理公司承揽业务后通常再将货物转托给一类的航空运输代理公司签发航空分运单出运,从中赚取一定的佣金。因此,非一类航空运输代理公司与发货人之间是委托合同法律关系,而不是运输合同关系。在业务操作中,因非一类航空运输代理公司无法从航空公司拿到航空主运单,所以通常将其承揽的空运业务转托给一类的航空运输代理公司,这种转委托一般不经过发货人的同意而自行安排。

三、航空运载工具

(一)货运飞机的类型

1. 按机身尺寸分

1)窄体飞机,机身宽度约为3米,舱内只有一条通道,一般只能在下舱内装载包装尺寸较小的件杂货。如B737、B757、MD-80、MD-90、A320、A321等。

2)宽体飞机,机身宽度不小于4.72米,舱内有两条通道,下舱可装机载集装箱。如B767、B747、MD-11、A340、A310。

2. 按机舱载货方式分

(1)全货机

全货机是指机舱全都用于装载货物的飞机。全货机一般为宽体飞机,主舱可装载大型集装箱。目前世界上最大的全货机是俄罗斯制造的“安东诺夫AN二二五开动”货机,最大装载量达250吨。通常的大型全货机载重量在100吨左右。

(2)客货两用机

客货两用机即普通客机,上舱(主舱)用于载客,下舱(腹舱)用于载货。客货两用机有两种机型:

1)“COMBINE”(康比)机型,即上舱半截货机型,主要有B747;

2)“QC”机型,根据市场需要可临时拆装座椅的机型。

(二)航空集装器(Unit Load Devices,ULD)

1. 集装设备的分类

(1)集装板(Pallet)

集装板是一块具有平整底面的铝板。货件放置在板上,由绳网固定,装机后固定在飞机的地板上,以达到快速装卸的目的。

(2)集装棚

非结构式集装棚,无底、前端敞开,套到集装板及网套上;结构式集装棚,与集装板固定成一体,不需要网套。

(3)航空集装箱

航空集装箱是指在飞机的底舱与主舱中使用的一种专用集装箱,与飞机的固定系统直接结合,不需要任何附属设备。

2. 航空集装器编号

每个集装器都有 IATA(国际航空运输协会)编号,编号由九位字母与数字组成,例如 AKE1204WH。

四、航空货物

借助航空运输的货物,主要是高附加值、深加工、技术密集型、适时生产的产品和鲜活食品,例如:宝石、贵重金属、电子仪器、仪表、高科技产品、紧急备件、交付日期紧的产品、药品、文件、服装、鲜花、蔬菜和时鲜水果等。使用航空运输能够做到安全、快捷和及时,不致使贵重物品失窃,精密仪器破损,流行时装错过季节和鲜活食品失鲜,不同的航空货物对运价有不同的承受能力。

1. 对运价不具敏感性,能承受较高的价格

1)高附加值产品。如精密仪器、电子元器件、电脑设备及其他进口设备等。服务好是吸纳这部分货物的关键。

2)时效性物品。主要是高品位水产品,如经济价值较高的鱼类,很多是地方特产,流向具有很强的单一性,能否选择空运,关键因素是时效而不是价格。

2. 对运价具有敏感性

1)能承受一定的运价,其他运输方式存在竞争的货物。如服装、书籍、药品,运输方式可以是汽车,也可以是火车,还可以是航空运输,其选择面较大,造成各运输方式间互相争抢货源。

2)对运价极具敏感性,航空运输与其他方式相比无优势。如一些低档次未加工的蔬菜水果类产品。现今中国航空货物运输主要服务于五个行业:鲜活产品(如水果、鲜花)、精密机械产品(如医疗器械)、电子产品(如计算机)、商务文件、通信产品(如手机)。随着服务开放的不断深入,书籍、药品、软件、玩具等逐渐会成为航空物流的服务行业。航空货运的发展,能够促进、带动这些相关产业的发展。反过来,这些相关产业的发展和产品输出,又为航空货运营造了一个广阔的市场。

任务二 航空货物运输组织

一、航空货运营运方式

(一)班机运输(Scheduled Airline)

班机是指定期开航、定航线、定始发站、定目的港、定途经站的飞机。按业务对象不同班机运输分为客运航班和货运航班。客运航班一般使用客货混合型飞机(Combination Carrier),一方面搭载旅客,一方面又运送少量货物。货运航班只承揽货物运输,使用全货机(All Cargo Carrier),由一些规模较大的航空运输公司在货源充足的航线上开辟。班机运输的特点如下。

1. 迅速准确

班机由于固定航线,固定停靠港和定期开航,因此国际航空货物大多使用班机运输方式,

能安全迅速地到达世界上各通航地点。

2. 方便货主

收、发货人可确切掌握货物起运和到达的时间,这对市场上急需的商品、鲜活易腐货物以及贵重商品的运送是非常有利的。

3. 舱位有限

班机运输一般是客货混载,因此,舱位有限,不能使大批量的货物及时出运,往往需要分期分批运输。这是班机运输的不足之处。

(二)包机运输(Chartered Carrier)

当班机运输无法满足需要或发货人有特殊需要时,可选择包机运输。包机人为一定的目的包用航空公司的飞机运载货物的形式称为包机运输。包机运输按租用舱位的大小分为整机包机和部分包机两类。

1. 整机包机

整机包机即包租整架飞机,指航空公司按照与租机人事先约定的条件及费用,将整架飞机租给包机人,从一个或几个航空港装运货物至目的地。

包机人一般要在货物装运前一个月与航空公司联系,以便航空公司安排运载和向起降机场及有关政府部门申请、办理过境或入境的有关手续。

包机的费用是一次一议,随国际市场供求情况变化。原则上包机运费是按每一飞行千米固定费率核收费用,并按每一飞行千米费用的80%收取空放费。因此,大批量货物使用包机时,均要争取来回程都有货载,这样费用比较低。只使用单程,运费比较高。

2. 部分包机

由几家航空货运公司或发货人联合包租一架飞机或者由航空公司把一架飞机的舱位分别卖给几家航空货运公司装载货物。部分包机适用于托运不足一架整飞机舱容,但重量又较重的货物。

3. 部分包机与班机

(1)部分包机与班机的比较

1)时间比班机长,尽管部分包机有固定时间表,往往因其他原因不能按时起飞;

2)各国政府为了保护本国航空公司利益常对从事包机业务的外国航空公司实行各种限制。如包机的活动范围比较狭窄,降落地点受到限制。需降落在非指定地点外的其他地点时,一定要向当地政府有关部门申请(如申请入境、通过领空和降落地点),同意后才能降落。

(2)包机的优点

1)解决班机舱位不足的矛盾;

2)货物全部由包机运出,节省时间和多次发货的手续;

3)弥补没有直达航班的不足,且不用中转;

4)减少货损、货差或丢失的现象;

5)在空运旺季缓解航班紧张状况;

6)解决海鲜、活动物的运输问题。

二、航空货运组织方法

(一)集中托运

集中托运(Consolidation)是指航空货运代理人(也称集中托运人)将若干批单独发往同一方向的货物组成一整批,填写一份主运单,发到同一目的站,并由集中托运人在目的站的指定代理人(也称分拨代理人)收货、报关,再根据集中托运人签发的航空分运单将货物分拨给各实际收货人的航空货运组织方法。

1. 集中托运的具体做法

1)对每一票货物分别制定航空运输分运单,即出具货运代理的运单 HAWB(House Airway Bill)。

2)将所有货物区分方向,按照目的地相同的同一国家、同一城市来集中,向航空公司托运,与航空公司签订总运单 MAWB(Master Airway Bill)。总运单的发货人和收货人均为航空货运代理公司。

3)打出该总运单项下的货运清单(Manifest),即此总运单的分运单,包括各分运单号码,实际托运人与收货人,件数,重量等。

4)把该总运单和货运清单作为一整票货物交给航空公司。一个总运单可视货物具体情况随附分运单(可以是一个分运单,也可以是多个分运单)。如:一个 MAWB 内有 10 个 HAWB,说明此总运单内有 10 票货,发给 10 个不同的收货人。

5)货物到达目的地站机场后,当地的货运代理公司作为总运单的收货人负责接货、分拨,按不同的分运单制定各自的报关单据并代为报关、为实际收货人办理有关接货等事宜。

6)实际收货人在分运单上签收以后,目的站货运代理公司以此向发货的货运代理公司反馈到货信息。

2. 集中托运的限制

1)集中托运只适合办理普通货物,采用等级运价的货物,如贵重物品、危险品、活动物以及文物等不能办理集中托运。

2)目的地相同或临近的可以办理,如某一国家或地区,否则不宜办理。如不能把去日本的货发到欧洲。

3. 集中托运的特点

1)节省运费。航空货运公司的集中托运运价一般都低于航空协会的运价。发货人可得到低于航空公司运价,从而节省费用。

2)提供方便。将货物集中托运,可使货物到达航空公司到达地点以外的地方,延伸了航空公司的服务,方便了货主。

3)提早结汇。发货人将货物交与航空货运代理后,即可取得货物分运单,可持分运单到银行尽早办理结汇。

集中托运方式已在世界范围内普遍开展,形成了较完善、有效的服务系统,为促进国际贸易发展和国际科技文化交流起了良好的作用。集中托运成为我国进出口货物的主要运输方式之一。

（二）航空快递

航空快递（Air Express）又称快件、快运或速递，是指具有独立法人资格的企业将进出境的货物从发货人所在地通过自身的网络运达收货人的一种快速运输方式，是目前国际航空货运中最快捷的运输方式。

1. 航空快递的特点

（1）航空快递业务以商务文件、资料、小件样品和小件货物为主；

（2）中间环节少，速度快于普通的航空货运；

（3）航空快递中使用一种比普通空运分运单应用更为广泛的交付凭证——POD；

（4）办理快递业务的大都是国际性的跨国公司，如 DHL、UPS、EMS 等。

2. 航空快递业务的主要形式

（1）门/桌到门/桌

门/桌到门/桌的服务形式是航空快递公司最常用的一种服务形式。首先由发件人在需要时电话通知快递公司，快递公司接到通知后派人上门取件，然后将所有收到的快件集中到一起，根据其目的地分拣、整理、制单、报关、发往世界各地，到达目的地后，再由当地的分公司办理清关、提货手续，并送至收件人手中。在这期间，客户还可依靠快递公司的电脑网络随时对快件（主要指包裹）的位置进行查询，快件送达之后，也可以及时通过电脑网络将消息反馈给发件人。

（2）门/桌到机场

与前一种服务方式相比，门/桌到机场的服务是指快件到达目的地机场后，不是由快递公司去办理清关、提货手续并送达收件人的手中，而是由快递公司通知收件人自己去办理相关手续。采用这种方式的大多是海关有特殊规定的货物或物品。

（3）专人派送

所谓专人派送是指由快递公司指派专人携带快件在最短时间内将快件直接送到收件人手中。这是一种特殊服务，一般很少采用。

以上三种服务形式相比，门/桌到机场形式对客户来讲比较麻烦，专人派送最可靠，最安全，同时费用也最高，而门/桌到门/桌的服务介于上述两者之间，适合绝大多数快件的运送。

3. 航空快递的特点

航空快递在很多方面与传统的航空货运业务、邮政运送业务有相似之处，但作为一项专门的业务，它又有独到之处。

（1）收件的范围不同

航空快递的收件范围主要有文件和包裹两大类。其中文件主要是指商业文件和各种印刷品，对于包裹一般要求毛重不超过 32 千克含（32 千克）或外包装单边不超过 102 厘米，三边相加不超过 175 厘米。近年来，随着航空运输行业竞争更加激烈，快递公司为吸引更多的客户，对包裹大小的要求趋于放松。而传统的航空货运业务以贸易货物为主，规定每件货物尺寸不得小于 5 厘米 × 10 厘米 × 20 厘米。邮政运送业务则以私人信函为主要业务对象，对包裹要求每件重量不超过 20 千克，长度不超过 1 米。

（2）经营者不同

经营国际航空快递的大多为跨国公司，这些公司以独资或合资的形式将业务深入世界各地，建立起全球网络。航空快件的传送基本都是在跨国公司内部完成，而国际邮政业务则通过万国邮政联盟的形式在世界上大多数国家的邮政机构之间取得合作，邮件通过两个以上国家邮政当局的合作完成传送。国际航空货物运输则主要采用集中托运的形式，或直接由发货人委托航空货运代理人进行，货物到达目的地后，再通过发货地航空货运代理的关系人代为转交到收货人的手中。业务中除涉及航空公司外，还要依赖航空货运代理人的协助。

(3)经营者内部的组织形式不同

邮政运输的传统操作理论是接力式传送。航空快递公司则大多采用中心分拨理论或称转盘分拨理论组织起全球的网络。也就是快递公司根据自己业务的实际情况，在中心地区设立分拨中心，将各地收集起来的快件按所到地区分拨完毕，装上飞机。当晚各地的飞机飞到分拨中心，各自交换快件后飞回。第二天清晨，快件再由各地分公司用汽车送到收件人办公桌上。这种方式可以减少中间环节，快件的流向简单清楚，减少了错误，提高了操作效率，缩短了运送时间。

(4)使用的单据不同

航空货运使用的是航空运单，邮政使用的是包裹单，航空快递业也有自己独特的运输单据——交付凭证。交付凭证一式四份：第一联留在始发地并用于出口报关；第二联贴附在货物表面，随货同行，收件人可以在此联签字表示收到货物(交付凭证由此得名)，但通常快件的收件人在快递公司提供的送货记录上签字，而将此联保留；第三联作为快递公司内部结算的依据；第四联作为发件凭证留存发件人处，同时该联印有背面条款，一旦产生争议时可作为判定当事各方权益、解决争议的依据。

(5)航空快递的服务质量更高

速度更快。一般洲际快件运送在 1 ~5 天内完成；地区内部只要 1 ~3 天。这样的传送速度无论是传统的航空货运业还是邮政运输都是很难达到的。

更加安全、可靠。在航空快递形式下，快件运送自始至终是在同一公司内部完成，各分公司操作规程相同，服务标准也基本相同，而且同一公司内部信息交流更加方便，对客户的高价值、易破损货物的保护也会更加妥善，所以运输的安全性、可靠性也更好。与此相反，邮政运输和航空货物运输因为都牵扯不止一位经营者，各方服务水平参差不齐，所以较容易出现货损、货差的现象。

更方便。航空快递不止涉及航空运输一种运输形式，它更像是陆空联运，通过将服务由机场延伸到客户的仓库、办公桌，航空快递真正实现了门到门服务，方便了客户。此外，航空快递公司对一般包裹代为清关，针对不断发展的电子网络技术，又率先采用了 EDI 报关系统，为客户提供了更为便捷的网上服务，快递公司特有的全球性电脑跟踪查询系统也为有特殊需求的客户带来了极大的便利。

航空快递同样有自己的局限性，如快递服务所覆盖的范围不如邮政运输广泛。国际邮政运输综合了各国的力量，可以这样说，有人烟的地方就有邮政运输的足迹，但航空快递毕竟是靠某些大公司的一己之力，因此，各快递公司的运送网络只能包括那些商业发达、对外交流的地区。

(三)联运方式

航空货物的联运方式主要是陆空联运，有火车、飞机和卡车的联合运输方式，简称 TAT

(Train-Air-Truck),或火车、飞机的联合运输方式,简称 TA(Train-Air)。

1. 国内出口货物的联运方式

我国空运出口货物通常采用陆空联运方式。我国幅员辽阔,而国际航空港口岸只有北京、上海、广州等。虽然省会城市和一些主要城市每天都有班机飞往上海、北京、广州,但班机所带货量有限,费用比较高。如果采用国内包机,费用更贵。因此在货量较大的情况下,往往采用陆运将货物动至航空口岸,再与国际航班衔接。由于汽车具有机动灵活的特点,在运送时间上更可掌握主动,因此一般都采用"TAT"方式组织出运。

2. 外运分公司的具体做法

我国长江以南的外运分公司目前办理陆空联运的具体做法是用火车、卡车或船将货物运至香港,然后利用香港航班多,到欧洲、美国运价较低的条件(普遍货物),把货物从香港运到目的地,或运到中转地,再通过当地代理,用卡车送到目的地。整个运输时间较短,一般至欧洲用 15 天左右,且费用为正常班机运费的一半或 2/3。长江以北的公司多采用火车或卡车将货物送至北京、上海航空口岸出运。

经香港中转的陆空联运货物,发运前要事前与香港的空运有限公司联系,满足它们对单证的要求,便于提前订舱。各地发货时,可使用外运公司的航空分运单,也可使用"承运货物收据"。有关单据上要注明是转口货,要加盖"陆空联运"字样的标记,以加速周转和避免香港当局征税。

三、航空运输包装标志

航空运输包装标志的具体内容如下。

1)货物的包装应当保证货物在运输过程中不致损坏、散失、渗漏,不致损坏和污染飞机设备或其他物品;

2)货物包装内不准夹带禁止运输或者限制运输的物品、危险品、贵重物品、保密文件和资料等;

3)精密、易碎、怕震、怕压、不可倒置的货物,必须有相应防止货物损坏的包装措施和指示标志;

4)托运人应当在每件货物外包装上标明出发站、到达站和托运人、收货人的单位、姓名及详细地址。托运人使用旧包装时,必须除掉旧包装的残旧标志和标贴;

5)活动物、鲜活易腐物品、贵重物品等特种货物的包装应符合航空运输对该种货物的特定要求。

四、航空特殊物品的运输

(一)航空货运违禁品

1)各种武器、仿真武器、弹药和爆炸物品;

2)伪造的货币及伪造的有价证券;

3)对中国政治、经济、文化、道德有害的印刷品、胶卷、照片、唱片、影片、录音带、录像带、激光视盘、计算机存储介质及其他物品;

4)各种烈性毒药;

5)鸦片、吗啡、海洛因、大麻以及其他能使人成瘾的麻醉品、精神药物;

6)带有危险性病菌、害虫及其他有害生物的动物、植物及其产品;

7)有碍人畜健康的,来自疫区的以及其他能传播疾病的食品、药品或其他物品。

(二)特殊物品的运输

1)活体动植物(或动植物制品)——需动植物检疫站颁发的动植物检疫证书。注:南航急件仓不收活体动植物,应交至货台,由南航开单;

2)麻醉药品——需卫生部药政管理局发的麻醉品运输凭证;

3)音像制品——需省社会文化管理委员会办公室发的音像制品运输传递证明;

4)罐装液体、粉状物品——需出产厂家的物品性质证明;

5)海鲜——不同地方需要不同的海鲜包装箱。南航和白云机场分别要用其指定的专用箱,单用泡沫箱不能装机,需外加纸箱并打包带;

6)玻璃必须订封闭木箱,打三脚架;

7)违禁品——爆炸品(如炸药)、压缩气体和液压气体(如煤气)、易燃易爆液体或固体、氧化剂和有机过氧化物、毒品和感染性物品(如白粉)、放射性物品、腐蚀品(如硫酸)、磁性物品、麻醉物品、电池等。

任务三　国际航空货物运输业务流程

中国民航各空运企业承运国际货物,中国民航各空运企业的代理人在办理国际货物运输业务时须按照 1929 年 10 月 12 日在华沙签订的“统一国际航空运输某些规则的公约”(华沙公约)和 1955 年 9 月 28 日在海牙签订的“修改 1929 年 10 月 12 日在华沙签订的‘统一国际航空运输某些规则的公约’议定书”(海牙议定书)以及中国民航各空运企业与外国空运企业间签订的运输规定办理。

中国民航各空运企业承运国际货物,必须严格遵守中国和有关国家政府的法令、规定和要求。

一、航空货运的收运条件

(一)一般规定

1)根据中国民航各有关航空公司的规定,托运人所交运的货物必须符合有关始发、中转和到达国家的法令和规定以及中国民航各有关航空公司的一切运输规章。

2)凡中国及有关国际政府和空运企业规定禁运和不承运的货物,不得接收。

3)托运人必须自行办妥始发海关、检疫等出境手续。中国民航各空运企业暂不办理“货款到付”(COD)业务。

4)货物的包装、重量和体积必须符合空运条件。

(二)价值限制

每批货物(即每份货运单)的声明价值不得超过 10 万美元或其等值货币(未声明价值的,按毛重每千克 20 美元计算)。超过时,应分批交运(即分两份或多份货运单);如货物不宜分开，必须经有关航空公司批准后方可收运。

（三）付款要求

1. 货物的运费可以预付，也可以到付

1）货物的运费和声明价值费，必须全部预付或全部到付；

2）在运输始发站发生的其他费用，必须全部预付或全部到付；

3）在运输途中发生的费用应到付，但某些费用，如政府所规定的固定费用和机场当局的一些税收，如始发站知道，也可以预付；

4）在目的地发生的其他费用只能全部到付。

2. 托运人可用下列付款方式向承运人或其代理人支付运费

1）人民币现金；

2）中国人民银行国内支票。

代理人不得接受托运人使用旅费证（MCO）或预付票款通知单（PTA）作为付款方式。

二、航空货运的出口程序

航空货运的出口程序是指航空货运公司从发货人手中接货到将货物交给航空公司承运这一过程的手续以及必备的单证。

（一）托运受理

托运人即发货人。发货人在货物出口地寻找合适的航空货运公司，为其代理空运订舱、报关、托运业务；航空货运公司根据自己的业务范围，服务项目等接受托运人委托，并要求其填制航空货物托运书，以此作为委托与接受委托的依据，托运人应对托运书上所填内容及所提供的与运输有关的运输文件的正确性和完备性负责。航空货物托运书是托运人用于委托承运人或其代理人填开航空货运单的一种表单，表单上列有填制货运单所需各项内容，并应印有授权于承运人或其代理人代其在货运单上签字的文字说明。

（二）订舱

航空货运公司根据发货人的要求及货物本身的特点（一般来说，非紧急的一般货物可以不预先订舱），填写民航部门要求的订舱单，注明货物的名称、体积、质量、件数、目的港、时间等，要求航空公司根据实际情况安排航班和舱位，也就是航空货运公司向航空公司申请运输并预订舱位。

（三）货主备货

航空公司根据航空货运公司填写的订舱单安排航班和舱位，并由航空货运公司及时通知发货人备单、备货。

（四）接单提货

代理人在收运国际货物时，应认真完成下列程序。

1. 重点检查

（1）货物内容

了解托运人所交运的货物是否属于特定条件下运输的货物，特别应注意交运的货物是否属于危险品，或货物中是否含有危险品。如属于或含有危险品，应按承运人与代理人的有关协议及国际航协危险物品规定中的有关规定办理。

(2)货物的目的地

代理人应了解托运人所交货物的目的地是否系通航地点，如目的地无航站，可建议托运人将货物到达站改为离目的地最近的一个通航地点，但收货人栏内仍须填货物的目的地。

(3)货物的包装和体积

代理人在收运货物时，应检查货物的包装情况和货物的尺寸。对于包装不牢，过于简陋以及带有旧标志的包装，应要求托运人重新包装。另外应检查货物的体积是否符合所装载机型的要求，对于联程货物，应考虑其中转航站所使用的机型。

(4)海关手续

检查货物的报关手续是否齐备。如要求代理人代理报关，要求发货人提供相关单证，主要为报关单证，例如报关单、合同副本、商检证明、出口许可证、出口收汇核销单、配额许可证、登记手册、正本的装箱单、发票等。

2. 托运书上有关各栏的检查

上述四点均符合要求时，请托运人填写托运书，代理人应着重检查托运书上有关各栏的填写。

(1)货物品名栏(包括体积及尺寸)

检查货物品名栏内的品名是否填写得过于笼统，如"鱼罐头"不应笼统地填写为"食品"。另外应检查托运人所填写的货物尺寸是否注明计量单位，对于危险物品，则应要求注明其专用名称和包装级别。

(2)收货人姓名和地址栏

代理人应了解收货人所在城市是否属于不同国家中的重名城市，遇有此种情况时，必须要求加上国名，运往美国的货物还应加上州名。本栏不得出现"To Order"字样，因为航空货运单不能转让。

(3)托运人签字栏

检查托运人签字栏内是否有托运人的签字。

3. 对货物进行称重和量尺寸

代理人对货物应进行称重和量尺寸，以便计算出计费重量。如托运人自己将货物重量填入栏内时，代理人必须进行复核。

4. 计算运费

在计算运费前，必须准确地确定费率，计算完运费后，必须进行复核。对于通过空运或铁路等其他运输方式从内地运往境外的出口货物，航空货运公司可按发货人提供的运单号、航班号及接货地点、接货日期代其提取货物。

(五)缮制单证

航空货运公司审核托运人提供的单证，绘制报关单，报海关初审。缮制航空货运单，要注明收货人和发货人名称、地址、联络方法，始发及目的港，货物的名称、件数、质量、体积、包装方式等，并将收货人提供的货物随行单据订在运单的后面；如果是集中托运的货物，要制作集中托运清单、航空分运单，一并装入一个信袋，订在运单后面。将制作好的运单标签粘贴或拴挂在每一件货物上。

（六）报关

持缮制完的航空运单、报关单、装箱单、发票等相关单证到海关报关放行。海关将在报关单、运单正本、出口收汇核销单上盖放行章，并在出口产品退税的单据上盖验讫章。

（七）货交航空公司

将盖有海关放行章的航空运单与货物一起交给航空公司，由其安排航空运输，随附航空运单正本、发票、装箱单、产地证明、品质鉴定书等，航空公司验收单、货无误，在交接单上签字。

（八）信息传递

货物发出后，航空货运公司及时通知国外代理收货。通知内容包括航班号、运单号、品名、数量、质量、收货人的有关资料等。

（九）费用结算

费用结算主要涉及航空货运公司、承运人和国外代理三个方面与发货人的结算，即向发货人收取航空运费、地面运费及各种手续费、服务费，向承运人支付航空运费并向其收取佣金，可按协议与国外代理结算到付运费及利润分成。

三、航空货运的进口程序

航空货运的进口程序是指航空货物从入境到提取或转运整个过程中所需经过的环节、所需办理的手续以及必备的单证。航空货物入境后，要经过各个环节才能提出海关监管场所，而每经过一道环节都要办理一定的手续，同时出具相关的单证。

（一）到货

航空货物入境后，即处于海关监管之下，货物存在海关监管仓内。同时，航空公司根据运单上的收货人发出到货通知。若运单上的第一收货人是航空货运公司，则航空公司会把有关货物运输单据交给航空货运公司。

（二）分类整理

航空货运公司在取得航空运单后，根据自己的习惯进行分类整理，对集中托运货物和单票货物、运费预付和运费到付货物应区分开来。集中托运货物需对总运单项下的货物进行分拨，对每一分运单的货物分别处理。分类整理后，航空货运公司编上公司内部的编号，以便于用户查询和内部统计。

（三）到货通知

航空货运公司根据收货人资料寄发到货通知，告其货物已到港，催促其速办报关、提货手续。

（四）缮制单证

根据运单、发票及证明货物合法进口的有关批文缮制报关单，并在报关单的右下角加盖报关单位的报关专用章。

(五)报关

将制作好的报关单连同正本的货物装箱单、发票、运单等递交海关,向海关提出办理进口货物报关手续。海关经过初审、审单、征税等环节后,放行货物。只有经过海关放行的货物才能提出海关监管场所。

(六)提货

凭借盖有海关放行章的正本运单到海关监管场所提取货物并送货给收货人,收货人也可自行提货。

(七)费用结算

货主或委托人在收货时,应结清各种费用。

四、国际货物航空运单

(一)航空运单的性质和作用

1. 含义

航空运单是一种运输合同,是由承运人或其代理人签发的一份重要的货物单据。

2. 性质和作用

(1)承运合同

航空运单是发货人与承运人之间的运输合同,一旦签发,便成为签署承运合同的书面证据,该承运合同必须由发货人或其代理与承运人或其代理签署后才能生效。

(2)货物收据

当发货人将其货物发运后,承运人或其代理将一份航空运单正本交给发货人,作为已接受其货物的证明,也就是一份货物收据。

(3)区别海运提单

航空运单并非代表货物所有权的物权凭证,是不可议付的单据。

(4)运费账单

航空运单上分别记载着属于收货人应负担的费用和属于代理应负担的费用,因此可以作为运费账单和发票,承运人可将一份运单正本作为记账凭证。

(5)报关单据

当航空货物运达目的地后,应向当地海关报关,在报关所需的各种单证中,航空运单通常是海关放行查验时的基本单据。

(6)保险证书

若承运人承办保险或者发货人要求承运人代办保险,则航空运单即可作为保险证书。载有保险条款的航空运单又称为红色航空运单。

(7)承运人内部业务的依据

航空运单是承运人办理该运单项下货物的发货、转运、交付的依据,承运人根据运单上所记载的有关内容办理有关事项。

(二)航空运单的种类

航空运单有航空主运单和航空分运单之分。

1. 航空主运单(MAWB,Master Air Waybill)

凡由航空公司签发的航空运单称为主(或总)运单。每一批由航空运输公司发运的货物都须具备主运单,它是承运人办理该运单项下货物的发运和交付的依据,是承运人与托运人之间订立的运输契约。

2. 航空分运单(HAWB,House Air Waybill)

航空分运单是航空运输代理公司在办理集中托运业务时签发给各个发货人的运单。航空分运单的运输合同的当事人双方,一方是航空货运代理公司,另一方是发货人 A、B、C;而航空主运单的运输合同的当事人双方,一方是航空公司(实际承运人),另一方是航空货运代理公司(作为托运人)。货物到达目的站后,由航空货运代理公司在该地的分公司或其代理凭主运单向当地航空公司提取货物,然后按分运单分别拨交各收货人。发货人和收货人与航空公司不发生直接关系。

航空运单通常每套 12 联,其中正本 3 联,副本 9 联,每联上都注明该联的用途。

第一联正本注明"Original-for the Shipper",应交发货人,是承运人或其代理人收到货物后出具的收据;

第二联正本注明"Original-for the Issuing Carrier",载有收、发货人应负担的费用和代理费用,由承运人留存作为运费账单和记账凭证。

第三联正本注明"Original-for the Consignee",该份航空运单随货同行,运达目的地后由航空公司交给收货人作为接收货物的依据。

其余副本则分别注明"For Airport of Destination","Delivery Receipt","For Second Carrier","Extra Copy"等,由航空公司按规定和需要进行分发。

在发货人或其代理和承运人或其代理履行签署手续并注明日期后,运单即开始生效。只要运单上没有注明日期和签字盖章,承运人就可不承担对货物的任何责任,货物也不受承运合同的约束。当货物一旦交给运单上所记载的收货人后,运单作为承运合同即宣布终止,亦即承运人完成了货物的全程运输责任。

(三)航空运单的内容

航空运单与海运提单类似,也有正面、背面条款之分,不同的航空公司也会有自己独特的航空运单格式。货运单的修改要注意以下内容。

1)当货运单内容填写出现错误需要修改时,应将错误处划去,在旁边空白处填写正确的内容,并在货运单各联的修改处加盖修改人的戳印。

2)每份货运单只限修改一次,不得超过三处。如果发生多处填写错误无法修改清楚,应另填制新的货运单,原货运单作废。

3)已经作废的货运单,应在全部各联上加盖"作废"的戳印,随同货物销售日报送财务部门注销。

修改货运单时,还应严格遵守财务部门的其他各项规定。

任务四　航空货物运输的运价和费用

一、航空货物运价及规则手册

国际航空运输协会 IATA 制定并出版了一本通用的运输手册——TACT(The Air Cargo Tariff)。TACT 主要分为三部分,包括国际航空货物运价的所有规定运价计算规则及程序,是世界上大多数航空公司、货运代理和货主在航空运输中所遵循的依据。

1)TACT Rules。描述 IATA 在国际运输中的所有规则,TACT 规则每半年出版一次,分别为 4 月和 10 月。

2)TACT Rules—North America。北美运价手册,包含从北美出发或到北美的运价。

3)ACT Rules—Worldwide。世界(除北美)运价手册,包含了除北美的全世界运价。

二、运价的基本概念

(一)运价率(Rates)

承运人为运输货物规定的单位重量(或体积)收取的费用称为运价率。运价指机场与机场间的(Airport to Airport)空中费用,不包括承运人、代理人或机场收取的其他费用。

(二)运费(Transportation Charges)

根据使用的运价率计算所得的发货人或收货人应当支付的每批货物的运输费用称为运费。

(三)运价的分类

1)根据运价制定的途径不同分为 IATA 运价和协议运价。

2)根据运价公布的形式不同分为公布直达运价和非公布直达运价。

公布直达运价是承运人在运价手册上对外公布的运价。包括:普通货物运价、指定商品运价、等级货物运价、集装箱货物运价。

非公布直达运价是承运人未在运价手册上对外公布的运价。包括:比例运价、分段相加运价。

①使用的运价应为填开运单之日的有效运价,不考虑实际运输的日期(运价的有效期);

②使用运价时要注意运输路线的方向性而不得使用反方向运价(运价的方向性);

③运价是机场到机场的价格,不包含附加费,取件、送件、清关的费用;

④原则上讲,运价的使用不考虑路径,但承运人对路径的指定可能对运价有影响;

⑤运价是以始发站所在国家的货币公布的,或以美金为单位,运单的货币单位应与运价表的货币单位一致;

⑥为用户提供最便宜的运价;

⑦货物运费计费以“元”为单位,元以下四舍五入。

三、计费重量

在实际计算一笔航空货物运输费用时,要考虑货物的计费重量,有关的运价和费用以及货物声明价值。

其中,计费重量是按实际重量和体积重量两者之中较高的一个计算。也就是在货物体积小,重量大时,以实际重量作为计费重量;在货物体积大,重量小的情况下,以货物的体积重量作为计费重量。

(一)实际重量

实际重量是指一批货物包括包装在内的实际总重量。凡重量大而体积相对小的货物用实际重量作为计费重量。具体计算时,重量不足半千克的按半千克计;半千克以上不足 1 千克的按 1 千克计;不足 1 磅的按 1 磅计算。

(二)体积重量

体积大而重量相对小的货物称为轻泡货物。体积重量的计算方法如下。

1)分别量出货物的最长、最宽和最高的部分,三者相乘算出体积,尾数四舍五入。

2)将体积折算成千克(或磅)。

国际航空货物运输组织规定在计算体积重量时,以7 000 立方厘米折合为 1 千克,我国民航则规定以 6 000 立方厘米折合为 1 千克为计算标准。

如一批国际航空货物体积为 21 000 立方厘米,实际重量为 2 千克,则其体积重量为 21 000 ÷ 7 000 = 3 千克。

计费重量是按货物的实际毛重和体积重量两者中较高的一个计算。如上例中以 3 千克计费。若一批货物由几件不同货物所组成,如集中托运的货物,则中有重货也有轻泡货,其计费重量采用整批货物的总毛重和总的体积重量两者之中较高的一个计算。

例如:一批货物的总毛重为 500 千克,总体积为 3 817 800 立方厘米,航空公司便要按 636.5 千克计收运费。尾数不足 0.5 千克的按 0.5 千克计,超过 0.5 千克的按 1 千克计。

(三)重货与轻货计费

1. 重货

1)重货是指那些每6 000 立方厘米或每366 立方英寸重量超过1 千克或者每166 立方英寸重量超过1 磅的货物。重货的计费重量就是它的毛重。

2)如果货物的毛重以千克表示,计费重量的最小单位是0.5 千克。当重量不足0.5 千克时,按0.5 千克计算;超过0.5 千克不足 1 千克时按 1 千克计算。如果货物的毛重以磅表示,当货物不足1 磅时,按1 磅计算。

2. 轻货

1)轻货或轻泡货物是指那些每6 000 立方厘米或每366 立方英寸重量不足1 千克或者每166 立方英寸重量不足1 磅的货物。

2)轻泡货物以它的体积重量作为计费重量。

3)不考虑货物的几何形状,分别量出货物的最长、最宽、最高的部分,单位为厘米或英寸,测量数值的尾数四舍五入。

4)将货物的长、宽、高相乘得出货物的体积。

5)将体积折合成千克或磅,即根据所使用的不同度量单位分别用体积值除以6 000 立方厘米或366 立方英寸或 166 立方英寸。体积重量尾数的处理方法与毛重尾数的处理方法相同。

6）多件货物，在集中托运的情况下，同一运单项下会有多件货物，其中有重货也有轻货，此时货物的计费重量就按照该批货物的总毛重或总体积重量中较高的一个计算。也就是首先计算这一整批货物总的实际毛重；其次，计算该批货物的总体积，并求出体积重量；最后，比较两个数值。

7）另外货物重量一定要准确，如果重量不准确安检会拒收，造成不必要的经济损失，废单费 50 元，换签费每千克 2 角，收货人姓名一定要与身份证相符，要求字字准确，如果收货人名错误，要发更改电报每票 60 元。

四、主要的航空货物运价率

（一）公布的航空货物运价率

1. 普通货物运价率（General Cargo Rate，GCR）

普通货物运价率，又称一般货物运价率，它是为一般货物制定的，仅适用于计收一般普通货物的运价。

一般普通货物运价率以 45 千克作为重量划分点，45 千克（或 100 磅）以下的普通货物运价，运价类别代号为“N”。国内航空货物运输建立 45 千克以上、100 千克以上、300 千克以上 3 级重量分界点及运价，重量分界点运价类别代号为“Q”。45 千克以上的普通货物运价低于 45 千克以下的普通货物运价，以此类推。

当一个较高的起码重量能提供较低的运费时，则可使用较高的起码重量作为计费重量。这个原则也适用于那些以一般货物运价加或减一个百分比的等级运价。

例如：普通货物一件 285 千克，从重庆运至布鲁塞尔，计算运费比较：

用 45 千克以上运价算：$32 \times 285 = 9\ 120$ 元

用 300 千克以上运价算：$29 \times 300 = 8\ 700$ 元

该件货物的运费为 8 700 元。

普通货物运价计算的注意事项如下。

1）运单填写包括如下内容。

运价类别代号栏：Q、N、M；

重量栏：K、L；

轻泡货填体积尺寸；

货品品名多于两个，填写总重量。

2）当一个较高的起码重量能提供较低的运费时，则可使用较高的起码重量作为计费重量。

2. 等级货物运价率（Class Cargo Rate，CCR）

等级货物运价是指适用于规定地区或地区间指定等级的货物的运价。等级货物运价是在普通货物运价的基础上增加或减少一定百分比而构成的。

1）等级运价加价，运价代号“S”。商品包括：活动物、急件、生物制品、珍贵植物和植物制品、活体动物、骨灰、灵柩、鲜活易腐物品、贵重物品、枪械、弹药、押运货物等。上述物品的运价是按 45 千克以下的普通货物运价的 150% ~200% 计收。

2)等级运价减价,运价代号“R”。商品包括:报纸、杂志、书籍及出版物、作为货物托运的行李。上述物品的运价是按 45 千克以下的普通货物运价的 50% 计收。

等级货物运价计算的注意事项如下。

①运单填写包括如下内容。

运价类别代号栏:R、S;

重量栏:K、L;

轻泡货填体积尺寸;

货品品名多于两个,填写总重量。

②等级运价减价一般取 45 千克以下的普通货物运价的 50%;当运量较大时,若此重量分界点的普通货物运价低于 45 千克以下的普通货物运价的 50%,采用普通货物运价,运价类别代号栏应填写 N。

③无人押运行李的最低计费重量不得小于 10 kg。

3. 特种货物运价率(Specific Cargo Rate, SCR)

特种货物运价,又称指定商品运价,运价类别代号为“C”,是根据始发地至指定的目的地而公布的适用于特定商品的低于普通货物运价的某些指定商品的运价。

特种货物运价是由参加国际航空协会的航空公司根据在一定航线上有经常性特种商品运输的发货人的要求,或者为促进某地区的某种货物的运输,向国际航空协会提出申请,经同意后制定的。对于一些批量大、季节性强、单位价值低的货物,航空公司可申请建立指定商品运价。

国际航空运输协会公布特种货物运价时将货物划分为以下类型:

0001 ~0999 食用动物和植物产品;

1000 ~1999 活动物和非食用动物及植物产品;

2000 ~2999 纺织品、纤维及其制品;

3000 ~3999 金属及其制品,但不包括机械、车辆和电器设备;

4000 ~4999 机械、车辆和电器设备;

5000 ~5999 非金属矿物质及其制品;

6000 ~6999 化工品及相关产品;

7000 ~7999 纸张、芦苇、橡胶和木材制品;

8000 ~8999 科学、精密仪器、器械及配件;

9000 ~9999 其他货物。

其中每一组又细分为 10 个小组,每个小组再细分,这样几乎所有的商品都有一个对应的组号,公布特种货物运价时只要指出本运价适用于哪一组货物就可以了。

特种货物运价计算的注意事项如下。

1)运单填写包括如下内容。

运价类别代号栏:C;

重量栏:K、L;

轻泡货填体积尺寸;

货品品名多于两个,填写总重量。

2）特种货物一般有最低计费重量的限制；当运量较小时，若采用普通货物运价计算的运费小于按特种货物运价计算的运费，采用普通货物运价，运价类别代号栏应填写N。

4. 起码运费

起码运费也称最低运费，是航空公司承运一批货物所能接受的最低运费，不论货物的重量或体积大小，在两点之间运输一批货物应收的最低金额。起码运费的类别代号为"M"。它是航空公司根据办理一批货物，即使是一笔很小的货物，所必须产生的固定费用而制定的，当货物运价少于起码运费时，就要收起码运费。

不同的国家和地区有不同的起码运费。中国民航的起码运费以货物从始发港到目的港之间的普通货物运价5千克运费为基础，或根据民航和其他国家航空公司洽谈同意的起码运费率征收的。

（二）非公布的直达航空运价

如果甲地至乙地没有可使用的公布的直达运价，则要选择比例运价或利用分段相加运价。

1. 比例运价（Construction Rate）

在运价手册上除公布的直达运价外还有一种不能单独使用的附加数。当货物的始发地至目的地无公布的直达运价时，可采用比例运价与已知的公布的直达运价相加，构成非公布的直达运价。

2. 分段相加运价（Combination of Rate）

所谓分段相加运价是指在两地间既没有直达运价也无法利用比例运价时，可以在始发地与目的地之间选择合适的计算点，分别找到始发地至该点、该点至目的地的运价，两段运价相加组成全程的最低运价。

无论是比例运价还是分段相加运价，承运人允许发货人在正确使用的前提下，以不同计算结果中的最低值作为该货使用的航空运价。

（三）择优使用航空运价

优先使用双边协议运价；直达货物运价优先于分段相加组成的运价；指定商品运价（特种货物运价）优先于等级货物运价和普通货物运价；等级货物运价优先于普通货物运价；无直达货物运价时，比例运价优先于分段相加运价；最低运费，按重量计得的运费与最低运费相比取其高者。

当使用等级运价或普通货物运价计算出的运费低于按特种货物运价计算出的运费时，则可使用等级运价或普通货物运价。但下列情况除外。

1）如果在同一起码重量下特种货物运价高于等级运价或普通货物运价，就应该使用特种货物运价。

2）如果等级运价高于普通货物运价，就应该使用等级运价。

五、其他费用

与海运或铁路运输的承运人相似，航空承运人也要求将自己对货方的责任限制在一定的范围内，以限制经营风险。

《华沙公约》中对由于承运人自身的疏忽或故意造成的货物的灭失、损坏或延迟规定了最高赔偿责任限额,这一金额一般被理解为每千克20美元。如果货物的价值超过了上述值,即增加了承运人的责任,承运人要收取声明价值费。否则即使出现更多的损失,承运人对超出的部分也不承担赔偿责任。

货物的声明价值是针对整件货物而言的,不允许对货物的某部分声明价值。声明价值费的收取依据货物的实际毛重,计算公式为:

声明价值费 =(货物价值 - 货物毛重 ×20 美元/千克)×声明价值费费率

声明价值费费率通常为0.5%。大多数的航空公司在规定声明价值费费率的同时还要规定声明价值费的最低收费标准。如果根据上述公式计算出来的声明价值费低于航空公司的最低标准,则托运人要按照航空公司的最低标准缴纳声明价值费。

六、其他附加费

其他附加费包括制单费、货到付款劳务费、提货费等,一般只有在承运人或航空货运代理人或集中托运人提供服务时才收取。

货到付款劳务费是由承运人接受发货人的委托,在货物到达目的地后交给收货人的同时,代为收回运单上规定的金额,承运人则按货到付款金额收取规定的劳务费用。

案例

中外运为摩托罗拉提供的物流运输服务

中外运空运公司是中国外运集团所属的全资子公司,华北空运天津公司是华北地区具有较高声誉的大型国际、国内航空货运代理企业之一,下面是中外运空运公司为摩托罗拉公司提供第三方物流服务的情况介绍。

一、摩托罗拉对物流服务的要求和考核标准

1.摩托罗拉公司的服务要求

1)提供24小时的全天候准时服务。主要包括:保证摩托罗拉公司中外业务人员,天津机场、北京机场两个办事处及双方有关负责人通讯联络24小时畅通;保证运输车辆24小时运转;保证天津机场与北京机场办事处24小时提货、交货。

2)服务速度快。摩托罗拉公司对提货、操作、航班、派送都有明确的规定,时间以小时计算。

3)服务的安全系数高。要求对运输的全过程负全责,要保证航空公司及派送代理处理货物的各个环节都不出问题,一旦某个环节出了问题,将由服务商承担责任,赔偿损失,而且当过失达到一定程度时,服务商将被取消做业务的资格。

4)信息反馈快。要求公司的电脑与摩托罗拉公司联网,做到对货物的随时跟踪、查询,掌握货物运输的全过程。

5)服务项目多。根据摩托罗拉公司货物流转的需要,通过发挥中外运系统的网络综合服

务优势,提供包括出口运输、进口运输、国内空运、国内陆运、国际快递、国际海运和国内提货的派送等全方位的物流服务。

2. 摩托罗拉公司选择中国运输代理企业的基本做法

首先,通过多种方式对备选的运输代理企业的资信、网络、业务能力等进行周密的调查,并给初选的企业少量业务试运行,以实际考查这些企业服务的能力与质量,对不合格者,取消代理资格。

摩托罗拉公司对获得运输代理资格的企业进行严格的月度作业考评。主要考核内容包括运输周期、信息反馈、单证资料、财务结算、货物安全、客户投诉。

二、中外运空运公司的主要做法

1)制定科学规范的操作流程。摩托罗拉公司的货物具有科技含量高、货值高、产品更新换代快、运输风险大、货物周转以及仓储要求零库存的特点。为满足摩托罗拉公司的服务要求,中外运空运公司从 1996 年开始设计并不断完善业务操作规范,并将其纳入了公司的程序化管理。对所有业务操作都按照服务标准设定工作和管理程序,先后制定了出口、进口、国内空运、陆运、仓储、运输、信息查询、反馈等工作程序,每位员工、每个工作环节都按照设定的工作程序进行,使整个操作过程井然有序,提高了服务质量,减少了差错。

2)提供 24 小时的全天服务,针对客户 24 小时服务的需求,实行全年 365 天的全天候工作制度,周六、周日(包括节假日)均视为正常工作日,厂家随时出货,中外运随时有专人、专车提货和操作。在通信方面,相关人员从总经理到业务员实行 24 小时的通信畅通,保证了对各种突发性情况的迅速处理。

3)提供"门到门"的延伸服务。普通货物运输的标准一般是从机场到机场,由货主自己提货,而快件服务的标准是从"门到门",从"桌到桌",而且货物运输的全程在监理的监控之中,因此收费也较高,中外运对摩托罗拉公司的普通货物虽然是按普货标准收费的,但提供的却是"门到门","库到库"的快件的服务,这样既便于摩托罗拉的货物运输及时,又保证了安全。

4)提供创新服务。从货主的角度出发,推出新的更周到的服务项目,最大限度地减少货损,维护货主的信誉。为保证摩托罗拉公司的货物在运输中减少被盗,中外运在运输中间增加了打包、加固的环节,为防止货物被雨淋,增加了一项塑料袋包装,为保证急货按时送到货主手中,中外运还增加了手提货的运输方式,解决了客户的急、难问题,让客户感到在最需要的时候,中外运公司都能及时快速地帮助解决。

5)充分发挥中外运的网络优势。经过 50 年的建设,中外运在全国拥有了比较齐全的海、陆、空运输与仓储、码头设施,形成了遍布国内外的货运营销网络,这是中外运发展物流服务的最大优势。通过中外运网络,在国内为摩托罗拉公司提供服务的网点已达 98 个城市,实现了提货、发运、对方派送全过程的定点定人,信息跟踪反馈,满足了客户的要求。

6)对客户实行全程负责制。作为摩托罗拉公司的主要货运代理之一,中外运对运输的每一个环节负全责,即从货物由工厂提货到海、陆、空运输及国内外的异地配送等各个环节负全责。对于出现的问题,积极主动协助客户解决,并承担责任和赔偿损失,确保了货主的利益。

思考题

1. 航空运输有哪些优缺点？
2. 航空货物运输的主要功能是什么？
3. 航空运输出口货物运输流程包括哪些环节？
4. 出口业务的主要单证有哪些？
5. 航空运输进口货物运输流程包括哪些环节？
6. 进口业务的主要单证有哪些？
7. 国际航空主运单的填写应注意哪些事项？
8. 国际航空分运单的填写应注意哪些事项？
9. 航空公司公布的直达运价有哪几类？
10. 使用各种运价时应注意哪些事项？
11. 怎样组织各种航空货物运输？

情境六　集装箱货物运输

通过对情境六知识与技能的学习与应用,学生应掌握集装箱以及集装箱运输的内涵;集装箱的种类;集装箱货物的分类;集装箱整箱货与拼箱货的区别;集装箱货物的交接地点;集装箱货物的交接方式。能够组织集装箱货物运输;办理集装箱货物运输进出口业务;应用集装箱海上运输组织的程序。

知识目标

1. 掌握集装箱以及集装箱运输的内涵;
2. 掌握集装箱的种类;
3. 掌握集装箱货物的分类;
4. 掌握集装箱整箱货与拼箱货的区别;
5. 掌握集装箱运输方式的选择;
6. 掌握集装箱货物的交接地点;
7. 掌握集装箱货物的交接方式;
8. 掌握集装箱运输机构;
9. 掌握计算集装箱货物运输的基本运费的基本方法;
10. 掌握集装箱海上运输的分类;
11. 掌握集装箱海上运输组织的一般程序。

能力目标

1. 能区分各种国际标准的集装箱;
2. 能区分各种我国国家标准的集装箱;
3. 能对集装箱货物进行分类;
4. 能按货物的种类选择集装箱;
5. 能进行集装箱整箱货与拼箱货的装箱;
6. 能对集装箱货物的交接地点进行选择;
7. 能根据实际需要选择集装箱运输的交接方式;
8. 能计算集装箱货物运输的基本运费;
9. 能办理集装箱货物运输进出口业务;
10. 能应用集装箱海上运输组织的业务程序。

任务一 集装箱货物运输知识构建

一、集装箱的含义与分类

(一)集装箱的含义

集装箱又称“货柜”、“货箱”,是指具有一定强度、刚度和规格的专供周转使用的大型装货容器,如图 6-1 所示。由于它的外形像一只箱子,又可以集装货物,因而我国多称其为“集装箱”。根据国际标准化组织集装箱技术委员会及我国《集装箱名词术语》(GB/T 1992—1985)的规定,满足以下条件的物流运输设备被称为集装箱:

1)具有足够的强度,可长期反复使用;

2)适于用一种或多种运输方式运送,途中转运时,箱内货物不需换装;

3)具有快速装卸和搬运的装置,特别便于从一种运输方式转移到另一种运输方式;

4)便于货物装满和卸空;

5)具有 1 立方米及以上的容积。

集装箱这一术语不包括车辆和一般包装。

图 6-1 集装箱实物

(二)国际标准集装箱的规格

1961 年 6 月国际标准化组织集装箱技术委员会成立后,开始着手制定国际集装箱标准。第一个国际集装箱标准系列表在 1964 年第三次大会上提出,分 2 个系列、9 种箱型;1967 年第五次大会上,又增加了第 3 系列 3 种箱型;1969 年 10 月第六次大会上,在第 1 系列中增加了 1AA 箱型;1974 年第八次大会上又增加了 1BB 和 1CC2 种箱型,同时将第 2 系列降格为技术报告;在 1976 年第九次大会上,第 3 系列也降格为技术报告;1991 年 5 月第十六次大会上,又增加了 1AAA 和 1BBB2 种箱型。到目前为止,国际标准集装箱共有 13 种规格,其宽度均一样(2 438 毫米)、长度有四种(12 192 毫米、9 125 毫米、6 058 毫米、2 991 毫米)、高度有四种(2 896 毫米、2 591 毫米、2 438 毫米、小于 2 438 毫米)。如表 6-1 所示。

表 6-1　国际标准集装箱的规格

规格	箱型	长度 *L*	宽度 *W*	高度 *H*	最大总重量/kg
3 m(10 ft)箱	1D	2.99 m(9 ft 9.75 in)	2.44 m(8 ft 0 in)	2.44 m(8 ft 0 in)	10 160
	1DX			<2.44 m(8 ft 0 in)	
6.1 m(20 ft)箱	1CC	6.05 m(19 ft 10.25 in)	2.44 m(8 ft 0 in)	2.59 m(8 ft 6 in)	24 000
	1C			2.44 m(8 ft 0 in)	
	1CX			<2.44 m(8 ft 0 in)	
9.1 m(30 ft)箱	1BBB	9.12 m(29 ft 11.25 in)	2.44 m(8 ft 0 in)	2.9 m(9 ft 6 in)	28 400
	1BB			2.59 m(8 ft 6 in)	
	1B			2.44 m(8 ft 0 in)	
	1BX			<2.44 m(8 ft 0 in)	
12.2 m(40 ft)箱	1AAA	12.2 m(40 ft 0 in)	2.44 m(8 ft 0 in)	2.9 m(9 ft 6 in)	30 480
	1AA			2.59 m(8 ft 6 in)	
	1A			2.44 m(8 ft 0 in)	
	1AX			<2.44 m(8 ft 0 in)	

(三)非国际标准集装箱

非标准长度集装箱有美国海陆公司的 10.67 m(35 ft)集装箱;非标准宽度集装箱有2.5 m(8.2 ft)和 2.59 m(8.5 ft)两种;非标准高度集装箱主要有 2.74 m(9 ft)和 2.9 m(9.5 ft)两种。

(四)国家标准集装箱的规格

国家标准集装箱的规格有四个类别,八种型号。国家标准集装箱的规格如表 6-2 所示。

表 6-2　国家标准集装箱的规格

型号	高度(mm)		宽度(mm)		长度(mm)		额定重量(最大重量 kg)
	尺寸	极限偏差	尺寸	极限偏差	尺寸	极限偏差	
1AA	2 591	0, -5	2 438	0, -5	12 192	0, -10	30 480
1A	2 438	0, -5	2 438	0, -5	12 192	0, -10	30 480
1AX	2 438	0, -5	2 438	0, -5	12 192	0, -10	30 480
1CC	2 591	0, -5	2 438	0, -5	6 058	0, -6	20 320
1C	2 438	0, -5	2 438	0, -5	6 058	0, -6	20 320
1CX	2 438	0, -5	2 438	0, -5	6 058	0, -6	20 320
10D	2 438	0, -5	2 438	0, -5	4 012	0, -5	10 000
5D	2 438	0, -5	2 438	0, -5	1 968	0, -5	5 000

(五)集装箱计算单位(Twenty-foot Equivalent Units,TEU)

TEU 又称 20 英尺换算单位,是计算集装箱箱数的换算单位。目前各国大部分集装箱运输都采用20英尺和40英尺这两种集装箱。为使集装箱箱数计算统一化,把20英尺集装箱作为一个计算单位,40英尺集装箱作为两个计算单位,以便统一计算集装箱的营运量。

为了便于计算集装箱数量,可以以20英尺的集装箱作为换算标准箱(Twenty-foot Equivalent Units,TEU),即:

40英尺集装箱=2 TEU

30英尺集装箱=1.5 TEU

20英尺集装箱=1 TEU

10英尺集装箱=0.5 TEU

(六)集装箱的种类

随着集装箱运输的快速发展,为适应不同种类货物的装载需要,出现了不同种类的集装箱,这些集装箱的结构、强度、尺寸甚至外观都不相同。根据用途不同集装箱可以分为以下几种。

1. 杂货集装箱

杂货集装箱又称通用集装箱,适用于装载各种干杂货,包括日用百货、食品、机械、医药、仪器及机器零件、纺织品等,是目前使用最多的标准集装箱。国际标准化组织建议使用的13种规格的集装箱均为此类集装箱。

2. 开顶集装箱

开顶集装箱又称敞顶集装箱,这是一种没有刚性箱顶的集装箱,但有可折式顶梁支撑的帆布或涂塑布遮盖货物。这种集装箱适于装载玻璃板、钢制品、机械等重货,一般通过起重机从顶部进行装卸。为了使重物在运输中不发生移动,一般在箱内底板两侧各埋入几个索环,用以穿过绳索捆绑箱内货物。

3. 台架式及平台式集装箱

台架式及平台式集装箱也称柜架集装箱,这种集装箱一般没有箱顶和箱壁,有的甚至连端壁也去掉,而只有底板和四个角柱来承受货载,便于机械装卸货物,主要用以装载长大件、重件、轻泡货、重型机械、钢管、裸装机床和设备等货物。

4. 散货集装箱

散货集装箱除了有箱门外,还在箱顶部设有2~3个装货口,适于装载粮食、化工原料等各种散装颗粒状货物。使用这种集装箱的优点是可以节约包装费用、提高装卸效率,但在使用时要注意保持箱内清洁干净,两侧光滑,便于从箱门卸货。

5. 动物集装箱

动物集装箱是专门供装运牲畜的集装箱。为了实现良好的通风,箱壁用金属丝制造,侧壁下方设有清扫口和排水口,并设有喂食装置。

6. 通风集装箱

通风集装箱一般在侧壁或端壁上设有通风孔,适于装载不需要冷冻而需要通风、防止潮湿的货物,如蔬菜等。如将通风孔关闭,可作为杂货集装箱使用。

7. 冷藏集装箱

冷藏集装箱是专门为运输要求保持一定温度的冷冻货或低温货设计的集装箱。它分为带冷冻机的内藏式机械冷藏集装箱和没有冷冻机的外置式机械冷藏集装箱,适于装载肉类、水果等物。冷藏集装箱造价较高，营运费用较高，使用中应注意冷冻装置的技术状态及箱内货物所需的温度。

8. 罐装集装箱

罐装集装箱适用于酒类、油类、化学品等液体货物，是具有特殊结构的集装箱。它一般由罐体和箱体框架两部分组成，装货时货物由罐顶部装货孔进入，卸货时，则由排货孔流出或从顶部装货孔吸出。

（七）集装箱主体材料

1. 钢制集装箱

其框架和箱壁板皆用钢材制成。最大优点是强度高、结构牢、焊接性和水密性好、价格低、易修理、不易损坏，主要缺点是自重大、抗腐蚀性差。

2. 铝制集装箱

铝制集装箱有两种，一种为钢架铝板；另一种仅框架两端用钢材，其余用铝材。主要优点是自重小、不生锈、外表美观、弹性好、不易变形，主要缺点是造价高，受碰撞时易损坏。

3. 不锈钢制集装箱

一般多用不锈钢制作罐式集装箱。不锈钢制集装箱主要优点是强度高、不生锈、耐腐性好，缺点是造价高。

4. 玻璃钢制集装箱

玻璃钢制集装箱是在钢制框架上装上玻璃钢复合板构成的。主要优点是隔热性、防腐性和耐腐性均较好，强度大，性能好，能承受较大的应力，易清扫，修理简便，集装箱内容积较大等；主要缺点是自重较大，造价较高。

（八）集装箱堆码

1. 箱位数（Number of Slots）

箱位数是全集装箱船所能积载的集装箱箱数。每一艘全集装箱专用船均以20英尺换算单位来表示它的载箱量。

2. 箱位（Slots）

箱位是在集装箱堆场上，按照集装箱相应的尺度画成的有规则的用以指示堆放集装箱的格状位置。在箱位上编有号码，以利装船。

3. 排号（Bay Number）

排号是集装箱在专用船上的横排积载位置。编号方法是从船首至船尾依次标明：01，02，03……

4. 行号（Row Number）

行号又称列号，是集装箱在专用船上的纵列积载位置。有两种编号方法：一种是自左舷端向右依次标明：01，02……另一种是从中间向左右分标，左舷为单号，由中线向左编为单号：01，03，05……，中线向右舷编为双号：02，04，06……

5. 层号（Tier Number）

层号是集装箱在专用船上的立体积载位置。编号方法分甲板和仓内两种。甲板上的编号自上而下依次编号，并在数字前加“D”字。舱内的编号自上而下依次编号，并在数字前加

"H"字。

6. 箱位号(Slot Number)

箱位号是集装箱在船上的积载位置。由六个字符组成,前两个数字是排号,中间两个数字是行号,后两个字符是层号。例如箱位0402D1表示这个集装箱积载在第四排右舷第二行甲板第一层。

7. 集装箱配载图(Pre-stowage Plan)

集装箱配载图是集装箱船装箱的计划图,装卸区据此装箱。配载图由外轮代理公司根据订舱清单、装箱以及堆场积载计划编制,并在船舶抵港征得船方同意后,即行装船。如系中途靠港,船上已装有集装箱船方应将有关资料电告,等回电后据以编制。配载图由集装箱船各排各列和分层的横断面构成。进行配载时,必须达到如下要求:

(1)保证船舶纵断面的强度和船舶的稳定性;

(2)保持理想的吃水差,使船舶获得最好的航行性能,即具有良好的操纵性和快速性;

(3)最合理地利用船舶的载重量和舱容;

(4)保证集装箱在舱内完整无损及在甲板上的安全;

(5)要考虑便于装卸作业;

(6)多港装卸时,必须注意靠港装卸不能造成翻舱。

8. 集装箱前方堆场(Marshalling Yard)

集装箱前方堆场是指在集装箱码头前方,为加速船舶装卸作业,暂时堆放集装箱的场地。其作用是:在集装箱船到港前,有计划有次序地按积载要求将出口集装箱整齐地集中堆放,卸船时将进口集装箱暂时堆放在码头前方。

9. 集装箱后方堆场(Container Yard)

集装箱后方堆场指集装箱重箱或空箱进行交接、保管和堆存的场所。有些国家对集装箱堆场并不分前方堆场或后方堆场,统称为堆场。集装箱后方堆场是集装箱装卸区的组成部分,是集装箱运输"场到场"交接方式的整箱货办理交接的场所(实际上是在集装箱装卸区卸区"大门口"进行交接的)。

10. 空箱堆场(Van Pool)

空箱堆场是专门办理空箱收集、保管、堆存或交接的场地。它是专为集装箱装卸区或转运站堆场不足而设立的。这种堆场不办理重箱或货物交接。它可以单独经营,也可以由集装箱装卸区在区外另设。在有些国家,经营这种空箱堆场,须向航运公会声明。

二、集装箱运输的发展历程

集装箱运输被称为21世纪的一场运输革命,集装箱运输是交通运输现代化的基本形式,它是现代化大生产和自动化机械装置运用到运输领域的产物,有其自身产生发展的历史。集装箱运输的形成和发展过程可以分为萌芽、成长、成熟三个阶段,而且,随着科学技术的发展,集装箱运输将有更广阔的发展空间。

(一)集装箱运输的萌芽阶段

集装箱运输的产生追根溯源可以早到19世纪初,根据集成化运输的思想,在1801年有人提出容器成组运输的设想。但真正的集装箱运输最早出现在英国,20世纪30年代,英国的铁路运输中采用了集装箱这种大型设备装运杂货和煤炭，从火车改装到马车上可以减少改装时间、加快装卸速度，并在 20 世纪 30 到 40 年代之间的欧洲、美国、日本等地的陆上运输中（铁路、公路运输）得到迅速发展。

20 世纪 50 年代，美国人马克·麦克林最早提出“现代化集装箱运输”的设想，他建议集装箱运输应由陆上运输推向海上运输，并主张在一个公司控制下实现海—陆联运。1956 年 4 月他通过自己拥有的大西洋轮船公司（后更名为海陆联运公司）首先在纽约—休斯敦航线上开展了海陆集装箱联运试验，使这条航线上每吨货物的装卸成本降为原来的 1/37。随后几年内海陆联运公司不断开辟新航线，到 1965 年该公司宣布了大型集装箱周游世界的计划，并获得巨额利润。海陆联运公司的成功引起了世界航运界的重视，一些大的航运公司竞相效仿，从此集装箱运输开始发展成为国际贸易中通用的运输方式。麦克林的集装箱运输试验也被业内专家们认为是现代集装箱运输产生的标志。

（二）集装箱运输的成长阶段

一般把 20 世纪 60 年代中期到 80 年代间这一时期称为集装箱运输的成长阶段，集装箱运输技术得到了迅速发展，世界交通运输进入集装化时代的关键时期。国际集装箱多式联运被称为运输业的“第三次革命”，是世界科技、经贸高度发展的产物。它将海上、公路、铁路和航空等运输方式有机地衔接在一起，以其便捷、安全、经济等优势获得了迅速发展。

在这一阶段，整个传统的件杂货运输管理体系中的管理方法、技术工艺、信息管理等子系统得到全面改革，与集装箱运输相适应的管理体系逐步形成，在世界范围内完成了集装箱箱型的标准化，世界集装箱保有量达到 440 万 TEU（国际集装箱）。进入 20 世纪 70 年代，虽然由于石油危机的影响，集装箱运输发展速度有所减慢，但许多经济发达的国家均已实现了集装箱化。

（三）集装箱运输的成熟阶段

20 世纪 80 年代中期后，世界经济摆脱了石油危机带来的影响，集装箱运输发展也进入成熟阶段。该阶段的主要特征体现在以下方面：集装箱保有量、专用泊位和作业线、集装箱货物吞吐量及大型化、专业化工具等迅速增加；集装箱运输的硬件（运输工具、线路、设施等）、软件（管理方法、手段、法规、惯例等）及成套技术趋于完美；集装箱运输在全球得到普及，“门对门”的多式联运得到进一步发展。集装箱运输的发展趋向成熟，具体表现为：单船载箱量大型化，成长阶段的第二代装箱船经过了第三代、第四代、第五代发展到目前的第六代、第七代以及超大型集装箱船；在运输组织上，国际集装箱多式联运得到迅速发展，尤其以欧亚、北美大陆桥、小陆桥运输最为典型；在运输管理方面，广泛采用了 EDI（电子信息交换系统），实现了集装箱动态跟踪管理，加速了集装箱的周转，降低了用箱成本。但各国集装箱运输的发展很不平衡，虽然一些发达国家集装箱运输的发展已进入成熟阶段，但大多数发展中国家的集装箱运输仍处于成长期。

（四）集装箱运输的发展趋势

目前，集装箱运输方兴未艾，在 21 世纪初仍稳步持续发展。从世界范围看，集装箱运输的发展趋势是：降低成本、缩短运输周期和提高服务质量。这种趋势将体现在以下几个方面。

1. 集装箱运输系统将进一步完善

具体表现在，干线运输船舶将进一步大型化（单船载箱量将达到 10 000TEU 以上）；枢纽港的中转作用将进一步加强，围绕枢纽港建立的集疏运系统（特别是在发展中国家和地区）将进一步完善；集装箱运输市场的竞争越来越激烈，干支线分工将进一步明确；集装箱运输中的信息采集、处理、存储和通信传递将全面实现现代化。

2. 国际集装箱货物多式联运将进一步发展完善

便于多式联运是集装箱运输的优点之一，随着运输干支线和各枢纽港集疏运系统的完善，全球性的综合运输系统也日趋完善，与集装箱运输有关的国际公约和各国国内法规不断得到加强和完善，为多式联运的发展创造了良好的硬、软件条件。集装箱货物运输将实现多式联运化，集装箱货物多式联运将成为交通运输业的发展方向。

3. 各集装箱运输企业将采用全面灵活的经营战略

集装箱运输企业将采用全面灵活的经营战略，将综合物流服务和多种经营合成为大型运输企业发展的方向。

三、集装箱运输的特点

集装箱运输具有装卸快、效率高、费用省、运输质量好、车船周转快、便于多式联运等优点。但开展集装箱运输还需具备一些基本条件，其中最主要的两个基本条件如下。

要有稳定而大量的集装箱适箱货源。由于国际集装箱运输大部分采用定期班轮运输，开航日期、开航时间、停靠港口是固定的，如果货源不足，将可能造成运营亏损。

要有良好的基础设施。开展国际集装箱运输的基础设施除了集装箱船舶、集装箱外，还有快速装卸集装箱的大型现代化集装箱港或码头以及发达的内陆运输系统，以保证进出口集装箱及时集、散。这就要求一国及各国间的公路、铁路、内河运输能满足集装箱运输的要求。具备了基本条件的集装箱运输使货物流通过程中的各个环节发生重大改变，使各行业的运输生产走向机械化、自动化。现阶段，集装箱运输具有以下特点。

（一）集装箱运输是一种高效率的运输方式

由于货物的标准化和装卸机械、运输工具的专业化和大型化，集装箱运输已成为一种高效率的运输方式，具体表现如下。

1. 运输工具的高利用率

由于货物的标准化与装卸机械的专业化，货物的装卸效率大大提高，也使各种运输工具在港站停留的时间大大缩短。因此，运输工具每个航次（班次）中运行时间与航次（班次）总时间的比值明显增大，运输工具的利用率得到大大提高。

2. 流动资金的高周转率

由于货物的装卸效率提高，货物在港站停留的时间减少，加上集装箱货物在运输过程中（特别是长距离运输）采用大批量高速的运输组织方式（如铁路的直达专列、海运的干线运输等）和行政手续的简化，使货物的运达时间比传统的零担运输明显缩短。这样可以缩短买方货物占用资金的周期。对于卖方来说，由于集装箱货物交接已从港口、车站交接转变为内陆地区直接“门对门”交接，卖方在交货后即可取得运输单据，使结汇时间提前。因此对于买卖双方来讲，集装箱运输使因货物运输而占用的流动资金的周转率有较明显的提高。

3. 库场的高使用率

由于集装箱的强度远远大于货物运输包装的强度，集装箱货物在库场中堆码时，最多可达四层，因而可以大大减少货物堆码占用的面积，提高库场利用率。

（二）集装箱运输是一种较经济的运输方式

集装箱运输是一种较经济的运输方式，能节省货物的运输包装费用和运杂费用。由于集装箱本身是一种具有较高强度的容器，在运输途中可以起到保护货物的作用，货物使用集装箱运输时，可以简化运输包装，节省包装费用。在集装箱运输过程中各港口、车站对装卸费、中转费大都提供优惠价格，加之可以减少运输途中由于换装而引起的理货和办理海关手续的次数，因而采用集装箱运输可以减少运杂费用。

（三）集装箱运输是一种高质量的运输方式

1. 运输过程中货物损坏、丢失的可能性小

集装箱运输是以箱为运输单元的，其装卸、换装、运输暂存过程都是以箱为单位整体进行的。集装箱有较高的强度和较好的封闭性，并且货物装载有较高要求，因此使用集装箱运输货物，可以减少全程运输过程中由于各种原因引起的货损、货差、被盗、丢失的可能性。

2. 保证集装箱运输的高效率

集装箱运输全程所涉及的各环节（托运、装卸、通关等）都简化了手续，大大方便和简化了货主办理单据和各种财务及行政手续。

（四）集装箱运输是一种高资金投入、高人员素质要求的运输方式

在集装箱运输中，涉及的各类运输工具以及各种港站设施、机械设备及整个集疏运系统都需要投入大量的资金。随着运输工具的现代化、大型化，装卸机械的大型化、专业化和管理的现代化，集装箱运输需要的人力资源将会进一步减少，但将对人员素质提出更高的要求。

（五）集装箱运输是一种专业化、标准化的运输方式

集装箱运输的标准化主要体现在以下几个方面：

由于箱型的标准化及货物装在箱内运输带来的货物重量和外形尺度的标准化；各种运输方式中运输工具的专业化和标准化；各类港、站设施的专业化和结构、布局及设计要求的标准化；各类装卸、搬运机械设备的标准化；运输管理组织、运输装卸技术工艺的标准化；运输法规、运输单据的统一化、标准化等。

（六）集装箱运输是一种可以实现“门到门”运输的方式

集装箱运输是一种可以实现“门到门”运输的方式。多式联运以集装箱运输为载体。

四、集装化运输

（一）概念

凡使用集装用具或自货包装、捆扎等方法，将散装小件包装或不易使用装卸机械作业的货物按规定集装成特定的单元后运往到站的，皆为集装化运输。

凡具备采用集装化运输条件的货物，都必须采用集装化运输。

（二）集装用具的种类

1. 集装盘

集装盘是具有载货平面，设有叉孔，便于叉车作业的一种用于装卸、搬运和堆放货物的集

装用具。使用时,将货物定形码放在托盘上,用塑料套、纸带或其他材料将货物与托盘加固成一个整体运输。集装盘适用于外形符合规格的货物。

2. 集装笼

集装笼是钢制的笼式容器,适宜装载砖瓦、小型水泥预制件、瓷器、水果及其他杂货。其规格形状可根据货物和车辆的要求进行制作。

3. 集装桶

集装桶是用钢材制造的桶状容器,适宜装运粉末或颗粒状货物。这种容器经久耐用,可以长期使用,特别是能与工厂的生产流水线相衔接,全部可以使用机械作业。

4. 集装袋

集装袋是用坚韧材料制作的大口袋(如用布涂橡胶、丙纶纺织布、维纶帆布等),可用于敞车运输,适宜装运粉末或颗粒状货物。

5. 集装网

集装网是用维纶绳、丙纶或钢丝绳编成的网,适宜用来集装带有包装的粮食、化肥、食盐、滑石粉等袋装货物和不带包装的片石、石灰石、铁矿石等块状货物。

6. 集装捆

集装捆是指用某一材料将货物通过捆扎的方法,集装成一定规格的集装货件。这是最简易的集装方法,用料少,效果好。主要用料是打包铁皮、编织打包带、绳索等。

7. 集装架

集装架是一种比集装笼更为简单的集装用具,具有与集装盘功能相类似的底座,并有向空间延伸的框架结构。其结构有 L 字形、A 字形和方形等多种形式。主要用于集装平板玻璃、耐火砖等,构造简单,实用价值高。

(三)集装化货物运输的基本条件

集装化货物运输的基本条件如下。

1)集装化运输的货物,以集装后组成的集装单元(盘、架、笼、袋、网、捆等)为一件,每件集装货件的体积应不小于 0.5 立方米,或重量不小于 500 千克。

2)棚车装运的集装化货物,每件重量不得超过 1 吨,长度不得超过 1.5 米,体积不得超过 2 立方米,到站限制为叉车配属站。

3)敞车装运的集装化货物,每件重量不得超过到站最大起重能力。

4)集装化货件应捆绑牢固,表面平整,适合多层码放,码放要整齐、严密,并按规定有包装储运的标志。

5)集装化货物与非集装化货物不能同一批运输,一批运输的多件集装化货物按零担运输时,应采用同一集装方式。

(四)集装化运输组织

1. 托运

1)托运人要求铁路运输整车集装化货物时,应在月度要车计划表、旬要车计划表中注明“集装化”字样。

2)托运人托运集装化货物,应在货物运单“托运人记载事项”栏内注明“集装化”,运单“件数”一栏填写集装后的件数,“包装”栏填写集装方式名称。

3)发站受理集装化货物时,应在运单右上角加盖"××站集装化运输"戳记。

4)车站不得将批准的集装化运输计划以非集装化方式运输。

2.承运和交付

车站对集装化货物,按集装化后的件数承运。承运时只检查集装化的件数和货件外部状态。到站交付时,也按集装化后的件数和货件外部状态交付。如收货人提出内部货物发生损坏、丢失,除能证明属于铁路责任外,均由托运人负责。

3.集装化用具的回送

集装化货物运抵到站后,对企业自备的集装化用具,应一并交给收货人。需要回送的集装化用具,到站根据运单记载的集装化运输戳记和有关规定签发特价运输证明书。收货人凭特价运输证明书办理回送。车站对回送的集装化用具要优先运输。

任务二　集装箱运输货物的分类及交接方式

一、集装箱运输货物的分类

集装化以后,由于集装箱类型的多样性带来了适箱货物的多样性,集装箱货物的分类方法也具有集装箱运输的性质,一般而言,集装箱货物的分类方式包括以下几种。

(一)按货物性质分类

1.普通货物(General Cargo)

普通货物一般统称为百杂货,是指在货物性质上不需要特殊方法进行装卸和保管,可以按件计算的货物。其特点是货物批量不大,但货价较高,具有较强的运费负担能力。普通杂货按其包装形式和货物的性质可分为两小类。

1)清洁货(Clean Cargo)。又称细货(Fine Cargo)或精良货,是指清洁而干燥,在积载和保管时,货物本身无特殊要求,如与其他货物混载不会损坏或污染其他货物的货物。

2)污货(Dirty Cargo)。又称粗货(Rough Cargo,Troublesome Cargo),是指按货物本身的性质和状态,容易发潮、发热、风化、溶解、发臭,或者可能渗出液汁、飞扬货粉、产生害虫而使其他货物遭受严重损失的货物。

2.特殊货物(Special Cargo)

特殊货物是指在性质上、质量上、价值上或货物形态上具有特殊性,运输时需要用特殊集装箱装载的货物。如冷藏货、牲畜与植物、重货、高价货、危险货、液体货、易腐货和散货等。

1)冷藏货(Refrigerated Cargo)。冷藏货是指需用冷藏集装箱或保温集装箱运输的货物,如水果、蔬菜、鱼类、肉类、鸡蛋、奶油、干酪等。

2)牲畜与植物(Livestock and Plants)。牲畜与植物指活的家禽、家畜及其他动物以及树苗和其他苗木等植物。

3)重货(Heavy Cargo)。重货指单件重量特别大的货物,如重型机械等。

4)高价货(Valuable Cargo)。高价货是指价格比较昂贵的货物,如生丝、绸缎、丝织品、照相机、电视机以及其他家用电器。

5)危险货(Dangerous Cargo)。危险货是指货物本身易燃、易爆、有毒、有腐蚀性、有放射性等有危险性的货物。

6)液体货(Liquid Cargo)。液体货是指装在罐、桶、瓶、箱等容器内进行运输的液体或半液体货物。

7)易腐货(Perishable Cargo)。易腐货是指在运输途中因通风不良,或遇高温、高湿等原因容易腐败变质的货物。

8)散货(Bulk Cargo)。散货是指食物、盐、煤、矿石等无特殊包装的散装运输的货物。

3. 典型货物

典型货物是按货物性质和形态本身已包装的、需采用与该包装相适应的装载方法的货物。

1)箱装货物。包括玻璃制品、电气制品、瓷器制品等。

2)波纹纸板箱货物。包括水果类、酒类、办公用品、工艺品等。

3)捆装货物。包括纤维制品、羊毛、棉布、纺织品、纸张等。

4)鼓桶类货物。包括油类、液体和粉末化学制品、酒精、糖浆等。

5)袋装货物。包括水泥、砂糖、肥料、化学药品、奶粉、粮食等。

6)滚筒货物和卷盘货物。包括塑料薄膜、钢瓶、电缆、卷纸、钢丝绳等。

7)长件货物。原木、管子、横梁以及特别长的木箱包装货物。

8)托盘货物。货物本身需装在托盘上的货物。

9)危险货物。包括剧毒品、散装液体化学品、爆炸品、易燃液体等。

(二)按适合装箱的程度分类

尽管集装箱运输发展很快,但并不是所有的货物都适合集装箱运输。根据适合装箱的程度,货物可分为以下四种。

1. 最适合装箱货物(Prime Containerizable Cargo)

这是指货价高、运费也较高、体积较小的商品。这一类货物有针织品、酒、医药品、打字机、各种小型电器、光学仪器、电视机、收录机、小五金类等。

2. 适合装箱货物(Suitable Containerizable Cargo)

这是指货价、运费较适合集装箱运输的货物,如线、电缆、面粉、生皮、炭精、皮革、金属制品等。

3. 临界装箱货物(Marginal Containerizable Cargo)

临界装箱货物又称边际装箱货物、边缘装箱货物,这种货物可用集装箱装载,但因其货价和运价都很低,用集装箱运输,在经济上不合算。而且,这类货物的大小、质量、包装也难于标准化,如钢锭、生铁、原木、砖瓦等。

4. 不适合装箱货物(Unsuitable Containerizable Cargo)

不适合装箱货物是指从技术上看装箱有困难的货物,或货流量大时用专用运输工具(如专用车、专用船)运输更适宜的货物。如原油、矿砂等均有专门的油船、矿砂船及其他散货船装运,不宜装箱运输。

(三)按一个货主一批货物是否能够装满一个集装箱分类

1. 整箱货(Full Container Load, FCL)

这是指一个货主托运的足以装满一个集装箱的货物。整箱货物可由发货人自行装箱,向海关办理货物出口报关手续，经海关检验后，由海关对集装箱进行施封。

2. 拼箱货(Less than Container Load, LCL)

这是指一个货主托运的不能装满一个集装箱的货物，须由集装箱货运站或货运代理人将分属于不同货主的同一目的地的货物合并装箱。拼箱货物经海关检验后，由海关对集装箱进行施封。

二、集装箱货流组织形式

如上所述，集装箱货运分为整箱和拼箱两种，因此在交接方式上也有所不同，纵观当前国际上的做法，大致有以下四类。

(一)整箱交，整箱接(FCL/FCL)

货主在工厂或仓库把装满货后的整箱交给承运人，收货人在目的地同样以整箱接货，换言之，承运人以整箱为单位负责交接。货物的装箱和拆箱均由货方负责。

(二)拼箱交，拆箱接(LCL/LCL)

货主将不足整箱的小票托运货物在集装箱货运站或内陆转运站交给承运人，由承运人负责拼箱和装箱(Stuffing, Vanning)。运到目的地货站或内陆转运站，由承运人负责拆箱(Unstuffing, Devanning)，拆箱后，收货人凭单接货。货物的装箱和拆箱均由承运人负责。

(三)整箱交，拆箱接(FCL/LCL)

货主在工厂或仓库把装满货后的整箱交给承运人，在目的地的集装箱货运站或内陆转运站由承运人负责拆箱，各收货人凭单接货。

(四)拼箱交，整箱接(LCL/FCL)

货主将不足整箱的小票托运货物在集装箱货运站或内陆转运站交给承运人，由承运人分类调整，把同一收货人的货集中拼装成整箱，运到目的地后，承运人以整箱交，收货人以整箱接。

三、集装箱运输货物的交接地点与交接方式

集装箱货物在实际运输过程中，在托运人与承运人之间有两种不同形态：整箱货和拼箱货。根据整箱货、拼箱货的不同，其交接地点可以是装运地发货人的工厂或仓库和交货地收货人的工厂或仓库(door)，装运地和交货地的集装箱堆场(CY)，装运地和交货地的集装箱货运站(CFS)。

1. 集装箱运输货物的交接地点

(1)集装箱码头堆场(Container Yard ,CY)

在集装箱码头堆场交接的货物都是整箱交接。在发货港集装箱码头堆场交接意味着发货人自行负责装箱及集装箱到发货港集装箱码头堆场的运输。在卸货港集装箱码头堆场交接意味着收货人自行负责集装箱货物到最终目的地的运输和拆箱。

(2)集装箱货运站(Container Freight Station, CFS)

在集装箱货运站交接的货物都是拼箱交接。在起运地集装箱货运站交接意味着发货人自行负责将货物送到集装箱货运站。在到达地集装箱货运站交接意味着收货人自己到集装

箱货运站提取货物,并自行负责提货后的事宜。

(3)发货人或收货人的工厂或仓库(即门,Door)

在发货人或收货人的工厂或仓库交接的货物都是整箱交接。一般意味着发货人或收货人自行负责装箱或拆箱。

2. 集装箱运输货物的交接方式

集装箱运输中,根据整箱货和拼箱货在承运人从发货人手中接收货物和向收货人交付货物的地点不同组合,集装箱货物的交接方式有以下几种。

1)门到门交接(Door to Door),是指在发货人的工厂或仓库接收货物,并负责将货物运至收货人的仓库或工厂交货。门到门交接的货物为整箱货物。

2)门到场交接(Door to CY),是指在发货人的工厂或仓库接收货物,并负责运至卸船港集装箱码头堆场交货的交接方式。

3)门到站交接(Door to CFS),是指在发货人的工厂或仓库接收货物,并负责运至目的地集装箱货运站的交接方式。

4)场到门交接(CY to Door),是指在起运地装船港的集装箱码头堆场接收货物,并负责运至收货人的工厂或仓库交货的交接方式。

5)场到场交接(CY to CY),是指在装船港的集装箱码头堆场接收货物,并负责运至目的港集装箱码头堆场的交接方式。

6)场到站交接(CY to CFS),是指在起运地或装箱港的集装箱装卸区堆场接收货物,并负责运至目的地或卸箱港的集装箱货运站的交接方式。

7)站到门交接(CFS to Door),是指在起运地的集装箱货运站接收货物并负责运至目的地收货人的工厂或仓库的交接方式。

8)站到场交接(CFS to CY),是指在起运地的集装箱货运站接收货物并负责运至目的地集装箱码头堆场的交接方式。

9)站到站交接(CFS to CFS),是指在起运地或装箱港的集装箱货运站接收货物,并负责运至目的地或卸箱港的集装箱货运站的交接方式。

任务三 集装箱运输业务及组织管理

一、集装箱运输业务

(一)集装箱运输作业的主要活动

在集装箱运输作业过程中涉及许多活动。所谓集装箱运输基本活动,实际上是指在集装箱运输流程中对货物或货物的载体(集装箱)所进行的一系列操作,包括货物的移动和货物与集装箱的连接与分离,由这些基本活动可构成一个完整的集装箱运输流程。这些基本活动如下。

1)与集装箱连接和分离有关的活动。如装箱、拆箱、拼箱等,这些操作可以发生在收(发)货人所在地,也可以发生在整个运输路径的某个节点的货运站上。

2)与使集装箱发生位移的运输活动有关的活动。主要包括将集装箱从始发地运往内陆某集散地；由集散地将集装箱经内陆集疏系统运往港口；集装箱海上运输将集装箱从目的港运往另一内陆集散地；从内陆集散地将集装箱运至收货人手中。上述各种运输活动还可进一步分解为更小的运输活动。如内陆运输，除了直达运输外，还可分解为由几段不同运输方式承担的运输活动。具体运输方式应视具体情况而定。

3）与对集装箱进行操作有关的活动。包括空箱的领取与归还、集装箱堆存、对集装箱进行维修、加拆签封等。

4）集装箱交接活动。由于集装箱运输过程是由多个不同环节构成，并由不同关系的人完成的，因而集装箱交接在整个集装箱运输流程中具有相当重要的地位。

（二）集装箱运输的机构

1. 无船承运人

集装箱运输通常是从一个国家的内陆点收货，然后启运至另一个国家的内陆点交货，大都为国际多式联运，中途要经过多次换装。这种复杂的运输方式若单独由海运、铁路或公路承运人负责全程运输存在很大困难。无船承运人就是为了解决这一难题而产生的，它本身一般不具有运输工具，一方面以承运人的身份向货主揽货，另一方面又以托运人的身份向实际承运人托运。

2. 实际承运人

实际承运人是指拥有大量集装箱和集装箱船只的航运公司。例如我国的中远、外运等公司。

3. 集装箱码头经营人

集装箱码头经营人是专门办理码头的装卸、交接、保管业务的部门，它受托运人或其代理人以及承运人或其代理人的委托提供各种集装箱运输服务。

4. 集装箱货运站

集装箱货运站是在内陆交通比较便利的大中城市设立的供集装箱交接、中转或提供其他运输服务的专门场所。

5. 集装箱租赁公司

这是随集装箱运输发展而兴起的一种新兴行业，它专门经营集装箱的出租业务。

6. 联运保赔协会

联运保赔协会是一种由航运公司互保的保险组织，对集装箱运输中可能遭受的一切损害进行全面统一的保险。这是集装箱运输发展后所产生的新的保险组织。

（三）集装箱货运进出口程序

1. 集装箱货运出口程序

1）订舱（即订箱）。发货人或货物托运人根据贸易合同和信用证的有关条款，在货物托运前一定的时间，填制订舱单向航运公司或其代理人申请订舱。

2）签发装货单。在接受托运申请后，签发装货单，分送集装箱堆场和集装箱货运站，据以安排空箱及办理货运交接。

3）发放空箱。整箱货所需的空箱通常由发货人领取，拼箱货的空箱一般由货运站领取。

4）拼箱货装箱/整箱货装箱。拼箱货的装箱程序是，集装箱货运站根据订舱单核收托运货物并签发场站货物收据，经分类整理，然后在站内装箱。整箱货的装箱程序是，发货人收到空箱后，自行装箱并加海关封志后按指定的时间运到集装箱码头堆场，码头堆场根据订舱清单核对场站收据及装箱单验收货箱。

5）换取提单结汇。发货人凭经签署后的场站收据，向负责集装箱运输的人或其代理换取提单，然后去银行结汇。

6）装船。集装箱码头根据待装货箱的情况，制订出装船计划，待船舶靠泊后即可装船。

2. 集装箱货运进口程序

1）货运单证的分发。集装箱码头把装船港承运人代理寄发的有关货运单证发至集装箱货运站和集装箱堆场。

2）发到货通知。

3）换取提货单。收货人按到货通知持正本提单向航运公司（或代理）换取提货单。

4）卸船提货。收货人凭提货单连同进口许可证，到集装箱码头堆场提货及办理相关的手续。

5）拼箱货交付/整箱货交付。拼箱货交付程序：集装箱货运站在掏箱后，根据收货人出具的提货单将货物交收货人。整箱货交付程序：如果内陆运输由收货人自行安排，集装箱码头堆场根据收货人出具的提货单将货箱交收货人。

6）空箱回运。收货人和集装箱货运站在掏箱完毕后，应及时将空箱回运至集装箱码头堆场。

（四）集装箱进出口的主要货运单证

1. 订舱单

订舱单是承运人或其代理人在接受发货人或货物托运人订舱时，根据发货人口头或书面申请货物托运的情况，安排集装箱货物运输而编制的单证。该单证一经承运人确认，便作为承、托双方订舱的凭证。

2. 装箱单

集装箱装箱单是详细记载集装箱内货物的名称、数量等内容的单据，每个载货的集装箱都要制作这样的单据，它是根据已装进集装箱内的货物制作的。在以集装箱为单位进行运输时，装箱单是极其重要的单据，它的主要作用如下：

1）在装货地点作为向海关申报货物出口的代用单据；

2）作为发货人、集装箱货运站与集装箱码头堆场之间货物的交接单；

3）作为向承运人通知集装箱内所装货物的明细表；

4）在进口国、途经国作为办理保税运输手续的单据之一；

5）单据上所记载的货物与集装箱的总重量是计算船舶吃水差、稳性的基本数据。

因此，装箱单内容记载准确与否，对保证集装箱货物的安全运输有着重要的意义。集装箱装箱单一式五联，分别为码头联（白色）、承运人联（粉色）、船代联（黄色）、发货人联（蓝色）和装箱人联（绿色）。

3. 码头收据（场站收据、港站收据）

码头收据一般由发货人或其代理人根据公司已制定的格式填制并跟随货物一起运至集装箱码头堆场，由收货人在收据上签字后交还给发货人，证明托运的货物已收到。

4. 提单

集装箱提单凭码头收据换取，是一张收货待运提单。所以在大多数情况下，航运公司根据发货人的要求，在提单上填注具体的装船日期和船名后，该收货待运提单也就具有一般提单的性质。

5. 设备收据(设备交接单)

设备收据作为集装箱以及其他载货设备交接的证书，由借方和出借方共同签字。当集装箱或机械设备在集装箱码头堆场或货运站借出、回收时，由集装箱堆场制作设备收据。经双方签字后，作为两者之间设备交接的证书。

6. 进出口货物海关申报单

我国海关对进出口集装箱及所装货物进行了规定：凡进口的集装箱货物直接运往内地没有海关的地点，则由口岸货运代理向海关申请办理转运(转关)手续，口岸海关将有关申报单证(关封)转交承运人负责带交内陆地海关，由内陆地海关查验放行。

(五)集装箱提单(Container B/L)

集装箱提单指为装运集装箱所签发的提单，是集装箱货物运输下主要的货运单据，是负责集装箱运输的经营人或其代理人在收到集装箱货物后签发给托运人的提单。

1. 集装箱提单的特点

普通船舶的货运提单是在货物实际装船完毕后经船方在收货单上签署，表明货物已装船，发货人凭经船方签署的收货单(大副收据)去船公司或其代理公司换取已装船提单。而集装箱提单则应以码头收据换取，它同普通船舶运输下签发的提单不同，是一张收货待运提单。所以在大多数情况下，船公司根据发货人的要求，在提单上填注具体的装船日期和船名后，该收货待运提单便具有了与已装船提单同样的性质。

集装箱提单与普通货物提单的作用和法律效力基本相同，但也有其特点。

1)由于集装箱货物的交接地点不同，一般情况下，由集装箱堆场或货运站在收到集装箱货物后签发场站收据，托运人以此换取集装箱提单结汇。

2)集装箱提单的承运人责任有两种。一是在运输的全过程中，各段承运人仅对自己承担的运输区间所发生的货损负责；二是多式联运经营人对整个运输承担责任。

3)集装箱内所装货物，必须在条款中说明。因为有时由发货人装箱，承运人不可能知道内装何物，一般都有“Said to Contain”条款，否则损坏或灭失时整个集装箱按一件赔偿。

4)提单内说明箱内货物的数量、件数，铅封是由托运人来完成的，承运人对箱内所载货物的灭失或损坏不予负责，以保护承运人的利益。

5)在提单上不出现“On Deck”字样。

6)集装箱提单上没有“装船”字样，它们都是收讫待运提单，而提单上却没有“收讫待运”字样。

2. 表面条款的主要内容

现行的集装箱提单正面有表面条款，以说明货物在使用集装箱运输下所签发的提单的性质和作用。

确认条款——表明负责集装箱运输的人是在货物“外表状况良好、铅封完整”的情况下接收货物的。

承诺条款——表明由谁签发提单以及正本提单签发的份数。

签署条款——现行的集装箱提单一般都列入船公司的名称，而且不管由谁签发提单，都仅是“代表承运人”签字，或者“仅以代理人身份”签字。

3. 集装箱提单的作用和法律效力

集装箱提单是集装箱货物运输下主要的货运单证，是由负责装箱运输的经营人或其代理人在收到货物后签发给货物托运人的货物凭证。

集装箱提单的作用和法律效力如下。

1）提单业经签发，则表明负责集装箱运输的人收到外表状况良好、铅封号码完整的集装箱货物，其责任已开始。

2）集装箱货物运至目的港，提单持有人将提单交还给目的港集装箱运输经营人的代理人，以取得提货的权利，因此，集装箱提单是交货的凭证。

3）提单业经签发，负责集装箱运输的经营人凭其收取运费，完成或组织完成集装箱货物的运输，所以该单是集装箱货物运输经营人与货物托运人之间运输合同订立的证明。

4）提单是代表货物所有权的凭证，即货物的物权凭证，可自由转让买卖（记名提单一般除外）。

（六）集装箱运输航线

目前，世界主要的集装箱航运地区有远东、西欧、北美和澳大利亚，这四个地区货运量大，消费水平高，适于集装箱运输的货源充足，联结这几个地区的集装箱航线便成为全球海上集装箱航运干线，它们是北太平洋航线、北大西洋航线、远东—欧洲航线（印度洋航线）。

北太平洋航线由远东—北美太平洋沿岸航线和远东—北美大西洋沿岸航线组成。本航线除承担太平洋沿岸附近地区的货物运输外，还连接北美大西洋沿岸、墨西哥湾沿岸各港及通往美国中西部的内陆联合运输，是目前世界上最繁忙的航线。其所联系的港口有亚太地区的东京、横滨、名古屋、神户、大阪、釜山、仁川、大连、天津、青岛、上海、香港、高雄、基隆、新加坡；北美太平洋沿岸的洛杉矶、长滩、奥克兰（旧金山）、西雅图、波特兰和温哥华；北美东岸（包括墨西哥湾沿岸）的休斯敦、新奥尔良、坦帕、杰克森维尔、诺福克、费城、纽约、波士顿、哈利法克斯、圣约翰等。

北大西洋航线以美国东岸为中心，由北美东岸、五大湖—西北欧、地中海之间的航线组成，开展对西北欧、地中海及澳大利亚地区（经印度洋）的集装箱运输。其所联系的港口在欧洲一端主要有汉堡、鹿特丹、安特卫普、勒阿弗尔、南安普敦等。

远东—欧洲航线除联系远东和欧洲各港外，还把北美大西洋沿岸、加勒比海地区、地中海、中东、澳新等地连接起来。

除上述三大集装箱航线外，还有远东—澳新航线；澳新—北美航线以及欧洲、地中海—西非、南非航线。以上六条集装箱运输干线联结着世界主要贸易区，构成了世界海上集装箱运输网络的骨架，它和分布于全球各地的集装箱运输支线一起构成覆盖全球的集装箱运输网。干支线运输网由中转港联结起来。

目前，世界集装箱海运干线中转港主要有：远东地区的香港、高雄，联结中国大陆、菲律宾和越南；东南亚地区的新加坡，联结泰国、印尼和马来西亚；印度洋上的索科特拉岛，联结缅甸、南亚各国、东非沿海各国；地中海上的马耳他岛，联结地中海和黑海沿岸各港；波多黎各和牙买加,联结加勒比海、南美各国。

二、集装箱运输组织管理

(一)集装箱货源组织

1. 集装箱货源

根据国家《关于发展我国集装箱运输若干问题的规定》的规定,适箱货为12个品类,即家电、仪器、小型机械、玻璃陶瓷、工艺品、印刷品及纸张、医药、烟酒食品、日用品、化工品、针纺织品和小五金等,贵重、易碎、怕湿的货物均属于集装箱运输货物。集装箱货源从运输组织上分为整箱货和拼箱货两类。

2. 日常货源组织工作

做好日常货源组织工作,对于组织合理运输,充分利用现有设备的能力有着十分重要的意义。日常货源组织对于货物的品种、数量、流向、时间都有着一定的要求。对于不同品种的货物要详细了解其尺寸、外形、重量和需要的集装箱类型及数量等;在流向上要提出货物到站、港,以便组织拼装货;在时间上要按照运输作业的需要进行货源的组织工作。日常货源组织工作是一项十分重要又十分细致的工作,需要产、运、销共同配合完成。

(二)集装箱运输组织工作

集装箱运输组织可以分为发送作业、中转作业和交付作业等部分。以铁路集装箱运输组织工作为例,分别予以说明。

1. 发送作业

发送作业是指在发站装运之前的各项货运作业,包括集装箱承运前的组织工作和承运后至装运前的各项作业。具体包括货主要明确使用集装箱运输的条件及有关规定,如必须在指定的集装箱办理站,按站内规定承运日期办理审核、装箱等。

2. 中转作业

集装箱运输除了由发站至到站的形式外,还有一部分集装箱要经过中转才能运至到站。中转站的任务是负责将到达中转站的集装箱迅速按去向、到站重新配装编组,继续发往到站。

3. 交付作业

交付作业是指装运集装箱的货车到达货场后,需要办理的卸车和向货主办理交付手续等工作。具体包括卸车作业,交付作业等。铁路货运员要根据车站的卸车计划及时安排货位,核对运单、货票、装载清单与集装箱箱号、印封号是否一致;需要逐箱检查,卸车;完毕后填写到达记录;最后,由货运室通知发货人。"门到门"的集装箱还要由铁路货运员与收货人代理共同核对箱号,检查箱体封印,确认无误后,填发"门到门"运输作业单,并在作业单上签收。

(三)集装箱货物的装载

1. 明确货物属性及其对装箱的要求

(1)货物的种类

集装箱对应的货物种类如表6-3所示。

表 6-3　按货物种类选择集装箱

集装箱种类	货物种类
杂货集装箱	清洁货、污货、箱装货、危险货、滚筒货、卷盘货等
开顶集装箱	超高货、超重货、清洁货、长件货、易腐货、污货等
台架式集装箱	超高货、超重货、袋装货、捆装货、长件货、箱装货等
散货集装箱	散货、污货、易腐货等
平台集装箱	超重货、超宽货、长件货、散件货、托盘货等
通风集装箱	冷藏货、动植物检疫货、托盘货、易腐货等
动物集装箱	动植物检疫货
罐式集装箱	液体货、气体货等
冷藏集装箱	冷藏货、危险货、污货等

(2)货物的尺寸与重量

对货物的具体尺寸与重量进行了解,目的在于合理选用适合其尺寸及重量的集装箱以及确定箱内可装载的货物数量。

(3)货物的包装

货物因采用不同的包装方式方法或不同的包装材料而使其包装强度有所差别。货物的包装强度和包装材料应符合各种运输方式的运输条件和装卸条件的要求。

2. 集装箱货物装载的一般要求

可用集装箱装载的货物千差万别,装载的要求也各有不同,但一般应满足以下基本要求。

(1)重量的合理分配

根据货物的体积、重量、外包装的强度以及货物的性质进行分类,把外包装坚固和重量较重的货物装在下面,外包装较为脆弱、重量较轻的货物装在上面,装载时要使货物的重量在箱底上形成均匀分布。否则,有可能造成箱底脱落或底梁弯曲。如果整个集装箱的重心发生偏移,当用扩伸抓具起吊时,有可能使集装箱产生倾斜。此外,还将造成运输车辆前后轮重量分布不均。

(2)货物的必要衬垫

装载货物时,要根据包装的强度对其进行必要的衬垫。对于外包装脆弱的货物、易碎货物应夹衬缓冲材料,防止货物相互碰撞挤压。为填补货物之间和货物与集装箱侧壁之间的空隙,有必要在货物之间插入垫板、覆盖物之类的隔货材料。要注意对货物下端进行必要的衬垫,使重量均匀分布。对于出口集装箱货物,若其衬垫材料属于植物检疫对象的,箱底应改用非植检对象材料。

(3)货物的合理固定

货物在装箱后,一般都会产生空隙。由于空隙的存在,必须对箱内货物进行固定处理,以防止在运输途中,尤其是海上运输中由于船体摇摆而造成的货物坍塌与破损。货物的固定方法主要有以下几种:

1)支撑,用方形木条等支柱使货物固定;

2)塞紧,货物与集装箱侧壁之间用方木等支柱在水平方向加以固定,货物之间插入填塞

物、缓冲垫、楔子等防止货物移动;

3)系紧,用绳索、带子等索具或用网具等捆绑货物。

由于集装箱的侧壁、端壁、门板处的强度较弱,因此,在集装箱内对货物进行固定作业时要注意支撑和塞紧的方法,不要直接撑在这些地方,应设法使支柱撑在集装箱的主要构件上。此外,也可将衬垫材料、扁平木材等制成栅栏来固定货物。此外,绑扎固定对于缓冲运输中产生的冲击和振动也具有明显效果。随着新型缓冲衬垫材料的不断出现,货物的固定与衬垫方式方法也将发生明显变化。

3. 货物合理混装

(1)干湿货物尽可能不进行混装

液体货物或有水分的货物与干燥货物混装时,如果货物出现泄漏渗出液汁或因结露产生水滴,就有可能引起干燥货物的湿损、污染、腐败等事故,因此,要尽可能避免混装。当然,如果货物装在坚固的容器内,或装在下层,也可以考虑混装。

(2)尽可能不与强臭货物或气味强烈的货物混装

如肥料、鱼粉、兽皮等恶臭货物以及胡椒、樟脑等强臭货物不得与茶叶、咖啡、烟草等香味品或具有吸臭性的食品混装。对于与这些恶、强臭货物混装的其他货物也应采取必要措施,有效阻隔气味。

(3)尽可能不与粉末类货物混装

水泥、肥料、石墨等粉末类货物与清洁货物不得混装。

(4)危险货物之间不得混装

危险货物相互混装,容易引起着火和爆炸等重大灾害。

(5)包装不同的货物要分别装载

木质包装的货物不要与纸质包装或袋包装的货物混装,防止包装破损。

三、国际集装箱运价的基本形式及运费

(一)国际集装箱运价的基本形式

目前,国际集装箱海上运输有几种不同的运价形式,其中主要包括均一费率(FAK)、包箱费率(CBR)以及运量折扣费率(TVC)等。

1. 均一费率

均一费率(Freight for All Kinds Rates,FAK)是指对所有货物均收取统一的运价。它的基本原则是集装箱内装运什么货物与应收的运费无关。换句话说,对所有相同航程的货物征收相同的费率,而不管其价值如何。它实际上是承运人将预计的总成本分摊到每个所要运送的集装箱上所得出的基本的平均费率。

这种运价形式从理论上讲是合乎逻辑的,因为船舶装运的以及在港口装卸的都是集装箱而非货物,且集装箱占用的舱容和面积也是一样的。但是,采用这种运价形式,对低价值商品的运输会产生负面影响,因为低费率货物难以从高费率货物那里获得补偿。这对于低费率商品的货主来说可能难以接受。例如,集装箱班轮公司对托运瓶装水和瓶装酒的货主统一收取同样的运价,尽管瓶装酒的货主对此并不在意,但瓶装水的货主则会拒绝接受这种状况,最终,船公司被迫对这两种货物分别收取不同的运价。因此,在目前大多数情况下,均一费率实

际上还是将货物分为5~7个费率等级。

2. 包箱费率

包箱费率(Commodity Box Rates,CBR),或称货物包箱费率,是为适应海运集装箱化和多式联运发展的需要而出现的一种运价形式。这种费率形式是按不同的商品和不同的箱型,规定了不同的包干费率,即将各项费率的计算单位由"吨"(重量吨或体积吨)简化为"箱"。对于承运人来说,这种费率简化了计算,同时也减少了相关的管理费用。

按不同货物等级制定的包箱费率,等级的划分与件杂货运输的等级分类相同(1~20级)。不过,集装箱货物的费率级别大致可分为4组,如:1~7级、8~10级、11~15级和16~20级,或1~8级、10~11级以及12~20级等,但也有仅分3个费率等级的,采用这种集装箱费率的有《中远第6号运价表》的中国—澳大利亚航线、中国—新西兰航线、中国—波斯湾航线、中国—地中海航线、中国—东非航线等。

3. 运量折扣费率

运量折扣费率(Time-volume Rates;Time-volume Contracts,TVC)是为适应集装箱运输发展的需要而出现的又一费率形式。它实际上就是根据托运货物的数量给予托运人一定的费率折扣,即托运货物的数量越大,支付的运费率就越低。当然,这种费率可以是一种均一费率,也可以是某一特定商品等级费率。由于这种运量激励方式是根据托运货物数量确定运费率的,因而大的货主通常可以从中受益。

起初,这种折扣费率的尝试并不十分成功,原因是有些多式联运经营人在与承运人签订TVC合同时承诺托运一定数量的集装箱货物,比如说500TEU,从而从承运人那里获得了一定的费率折扣,但到合同期满时,他们托运的集装箱货物并未达到合同规定的数量,比如说仅托运了250TEU。显然,承运人就会认为自己遭受了损失。正因如此,使得所谓的"按比例增减制"越来越普遍。根据这种方式,拥有500TEU集装箱货物的货主,当他托运第一个100TEU集装箱时支付的是某一种运价,他托运第二个100TEU集装箱时支付的是比第一次低的运价,而他托运第三个100TEU集装箱时支付的是一个更低的运价,以此类推。目前,这种运量折扣费率形式采用得越来越广泛,尤其是多式联运经营人可以充分利用这种方式节省费用,不过采用TVC形式并非都是有利可图的。对于一个新的,经营规模较小的多式联运经营人来说,相比大的多式联运经营人,如果采用TVC费率形式,将处于不利的局面,这是由于其集装箱运量十分有限而不得不支付较高的运费率造成的。

(二)国际集装箱海运运费的计算

国际集装箱海运运费的计算办法与普通班轮运费的计算办法一样,也是根据费率本规定的费率和计费办法计算运费,同样也有基本运费和附加费之分。不过,由于集装箱货物既可以交集装箱货运站(CFS)装箱,也可以由货主自行装箱整箱托运,因而在运费计算方式上也有所不同。主要表现在当集装箱货物是整箱托运,并且使用的是承运人的集装箱时,集装箱海运运费计收有"最低计费吨"和"最高计费吨"的规定,此外对于特种货物运费的计算以及附加费的计算也有其规定。

1. 拼箱货海运运费的计算

目前,各船公司对集装箱运输的拼箱货运费的计算,基本上是依据件杂货运费的计算标准,按所托运货物的实际运费吨计费,即尺码大的按尺码吨计费,重量大的按重量吨计费;另外在拼箱货海运运费中还要加收与集装箱有关的费用,如拼箱服务费等。由于拼箱货涉及不同的收货人,因而不能接受货主提出的有关选港或变更目的港的要求,所以在拼箱货海运运费中没有选港附加费和变更目的港附加费。

2. 整箱货海运运费的计算

对于整箱托运的集装箱货物运费的计收,一种方法是同拼箱货一样,按实际运费吨计费。另一种方法,也是目前采用较为普遍的方法,是根据集装箱的类型按箱计收运费。

在整箱托运集装箱货物且所使用的集装箱为船公司所有的情况下,承运人可以按“集装箱最低利用率”(Container Minimum Utilization)和“集装箱最高利用率”(Container Maximum Utilization)支付海运运费。

(1)按集装箱最低利用率计费

一般说来,班轮公会在收取集装箱海运运费时通常只计算箱内所装货物的吨数,而不对集装箱自身的重量或体积进行收费,但是对集装箱的装载利用率有一个最低要求,即“最低利用率”。不过对有些承运人或班轮公会来说,只是当采用专用集装箱船运输集装箱时,才不收取集装箱自身的运费,而当采用常规船运输集装箱时则按集装箱的总重(含箱内货物重量)或总体积收取海运运费。

规定集装箱最低利用率的主要目的是,如果所装货物的吨数(重量或体积)没有达到规定的要求,则按该最低利用率相应的计费吨计算运费,以确保承运人的利益。在确定集装箱的最低利用率时,通常要包括货板的重量或体积。最低利用率的大小主要取决于集装箱的类型、尺寸和集装箱班轮公司所遵循的经营策略。当然,在有些班轮公会的费率表中,集装箱的最低利用率通常仅与箱子的尺寸有关,而不考虑集装箱的类型。目前,按集装箱最低利用率计收运费的形式主要有三种:最低装载吨、最低运费额以及上述两种形式的混合形式。

最低装载吨可以是重量吨或体积吨,也可以是占集装箱装载能力(载重或容积)的百分比。以重量吨或体积吨表示的最低装载吨数通常依集装箱的类型和尺寸的不同而不同,但在有些情况下也可以是相同的。而当以集装箱装载能力的一定比例确定最低装载吨时,该比例对于集装箱的载重能力和容积能力通常都是一样的,当然也有不一样的。

最低运费额则是对每吨或每个集装箱规定一个最低运费数额,其中后者又被称为“最低包箱运费”。

至于上述两种形式的混合形式则是根据下列方法确定集装箱的最低利用率:

1)集装箱载重能力或容积能力的一定百分比加上对集装箱单位容积或每集装箱规定的最低运费额;

2)最低重量吨或体积吨加上集装箱容积能力的一定百分比。

(2)亏箱运费(Shortfall Freight)的计算

当集装箱内所装载的货物总重或体积没能达到规定的最低重量吨或体积吨,而导致集装箱的装载能力未被充分利用时,货主将支付亏箱运费。亏箱运费实际上就是对不足计费吨的部分所计收的运费,即所规定的最低计费吨与实际装载货物数量之间的差额。在计算亏箱运费时,通常是以箱内所载货物中费率最高者为计算标准。此外,当集装箱最低利用率是以“最低包箱运费”形式表示时,如果箱内所载货物吨数与基本费率相乘所得运费数额,再加上有关附加费之后仍低于最低包箱运费,则按后者计收。

(3)按集装箱最高利用率计收运费

集装箱最高利用率的含义是,当集装箱内所载货物的体积吨超过集装箱规定的容积装载能力(集装箱内容积)时,运费按规定的集装箱内容积计收,也就是说超出部分免收运费。至于计收的费率标准,如果箱内货物的费率等级只有一种,则按该费率计收;如果箱内装有不同等级的货物,计收运费时通常采用下列两种做法:一种做法是箱内所有货物均按箱内最高费率等级货物所适用的费率计算运费;另一种做法是按费率高低,从高费率起往低费率计算,直至货物的总体积吨与规定的集装箱内容积相等为止。

需指出的是,如果货主没有按照承运人的要求,详细申报箱内所装货物的情况,运费则按集装箱内容积计收,而且,费率按集装箱内装货物所适用的最高费率计。如果箱内货物只有部分没有申报数量,则未申报部分运费按箱子内容积与已申报货物运费吨之差计收。

规定集装箱最高利用率的目的主要是鼓励货主使用集装箱装运货物,并最大限度地利用集装箱的内容积。为此,在集装箱海运运费的计算中,船公司通常都为各种规格和类型的集装箱规定一个按集装箱内容积计算的最高利用率,例如,20 英尺集装箱的最高利用率为 31 立方米,而 40 英尺集装箱的最高利用率为 67 立方米。最高利用率之所以用体积吨而不用重量吨为计算单位,是因为每一集装箱都有其最大载重量,在运输中超重是不允许的。因此,在正常情况下,不应出现超重的集装箱,更谈不上鼓励超重的做法。

案例

集装箱货物运输进口操作案例

2005 年 2 月份,某市轻工进出口公司(以下简称 A 公司)从智利进口 1 000 吨纸板,进口港为天津新港,共计 52 标箱。2005 年 2 月 8 日,A 公司接到出口方全套单据,其中包括正本海运提单(三正三副)、正本箱单发票、合同等。通过提单中的装货港(圣安东尼奥)、卸货港(釜山)及提单签发人可以了解到以下信息。

此票货物为转船运输,必须凭一程正本提单换取二程提单传真件。提单签发人表明此票货物由 B 船公司负责承运。知道上述信息后,A 公司就及时与 B 公司天津代表处取得联系,并了解到船舶动态,该票货物于 2 月 9 日在釜山上二程船(PUSAN-TIANJIN VESSEL/VOY: LING QUANHE V.0520W),并获悉天津外轮代理公司作为该船的船舶代理,还要用二程提单传真件去外代换取真正用于提货的提货单。

2 月 10 日,A 公司在 B 公司天津代表处交纳换单费、押箱费后,换取了二程提单传真件与一份开与塘沽外代的保函(保函内容:B 公司正本提单已收回,请凭此保函放货;请协助放箱给收货人,并安排将空集装箱回运到指定堆场;押箱费用已向收货人收取,箱体追踪与外代无关)。2 月 11 日,A 公司携带提单二程传真件与保函到塘沽外代交纳换单费后换取了提货单,并马上将提货单 1、3 联与全套报关单据于报关行报关,之后报关行通知 A 公司:纸板需要做商检,要先去做商检登记;舱单没有传送到海关电脑系统中,因此无法预录报关单(教训一,换单前就应落实纸板是否需要监管条件,如需商检,就应提前携带报验单据去商检机构申请报验,然后将盖有商检登记在案章的报关单交与报关员。教训二,换单时应与塘沽外代落实舱单是否传送给海关,并到海关舱单室确认)。

由于上述两点失误耽误了一些时间,以致报关员将报关单据递交海关申报后,直到海关下班还没有打印出税单,影响了通关速度。

2 月 12 日上午,海关审单完毕并打印出税单交与 A 公司去开户行交税。完税后将税单中的海关留存联交与海关审核。下午,海关开出验货通知单,要求提 16 个 20 英尺集装箱到指定地点开箱验货,并要求报关行出具保函放货,即打保放行(保函内容:由于海关验货需要先将集装箱从港内提至验货地点验货,因此要求报关行保证先验货,如无任何问题再放行)。

2 月 13 日上午,A 公司携带有海关放行的提货单白联(打保放行)及相关报验单据办理三检,一般情况下将所有单据(即报验单据,包括箱单、发票、合同、报关单)提交给报验行,由它办理代报验,交纳一定费用后,由三检机构在提货单白联上盖商检、动植检、卫检放行章,三检手续办理完毕后,即可去所有货物的港区办理港务港杂,交纳港杂费用后,就可凭提货单白联提货。下午,A 公司及时与港区有关部门联系摆箱事宜,将海关指定开验的 16 个 20 英尺集装箱调至海关指定的地点依次摆开,以便海关验货。海关验货放行后,A 公司即将提货单白联交与事先联系好的仓库,预计 2 月 14 日上午就可将 52 个 20 英尺集装箱全部提回仓库。

2 月 14 日早晨,仓库来电,由于没有准备交接单,提箱车队不允许出港区(教训三,2 月 11 日在塘沽外代换取提货单时,没有同时到箱管部门换取设备交接单,致使后来提货时发生困难)。上午 A 公司马上到塘沽外代换取设备交接单并交与仓库车队(教训四,由于 2 月 10 日,A 公司带正本提单到 B 公司天津代表处换取由釜山传来的二程提单传真件时,没有认真核对每一个集装箱号,提货单中有一个集装箱箱号有误,致使该集装箱没有及时从港区内提出,而产生了不必要的转栈堆存费用,一直到 2 月 19 日,经过校对更正才将该箱提出)。之后 A 公司及时安排汽车、铁路车皮将货物发往目的地。至此该票进口操作基本结束。

通过这票案例的实际介绍,可以对整个集装箱进口实务操作环节有更深刻的理解,并吸取其中的经验教训,在今后的进口操作中争取占据主动地位。尽量减少中间环节,及时将货物运抵目的地。

思考题

1. 什么是集装箱运输?
2. 集装箱运输有哪些特点?有哪些优越性?
3. 集装箱货物交接地点有哪些?
4. 什么是整箱货及拼箱货?
5. 集装箱货物装载的基本要求包括哪些方面?
6. 集装箱使用前应做怎样的规范与检查?
7. 集装箱海运运输组织的一般程序是怎样的?
8. 什么是无船承运人?其特征和业务范围是什么?
9. 集装箱海运提单的性质和作用是什么?
10. 集装箱货物的交接方式有几种?交接双方的责任怎样划分?
11. 集装箱货物按货物性质分为哪几种?特殊货物包括哪些?

情境七　联合运输

通过对情境七知识与技能的学习与应用,学生应掌握国际多式联运的内涵、性质、特征及条件;国际多式联运的业务组织程序;国际多式联运经营人的职能;国际运输代理制的管理;大陆桥运输的业务流程与操作方法。

知识目标

1. 掌握联合运输的内涵及特征;
2. 掌握国际多式联运的内涵及特征;
3. 掌握国际多式联运应该具备的条件;
4. 掌握国际多式联运经营人及其产生的由来;
5. 掌握国际多式联运业务组织的体制;
6. 掌握运输代理人及其业务的发展过程;
7. 掌握国际多式联运业务及费用的核收办法;
8. 掌握大陆桥运输的内涵;
9. 掌握大陆桥运输的方式。

能力目标

1. 能应用国际多式联运的条件要求;
2. 能列举国际多式联运的构成要素;
3. 能列举联运站的主要业务;
4. 能运用国际多式联运货物运输的业务程序;
5. 能核收国际多式联运业务费用;
6. 能区分大陆桥运输的各种方式;
7. 能应用大陆桥运输业务流程进行货物运输。

任务一　联合运输知识构建

一、联合运输的内涵

联合运输是综合运输思想在运输组织领域的体现,是综合性的运输组织工作。这种综合是指在一个完整的货物运输过程中,不同运输企业、不同运输区段、不同运输方式和不同运输环节之间衔接和协调组织。

二、联合运输的主要内容

1)货物全程运输中使用两种或两种以上运输工具(方式)的运输衔接;
2)货物全程运输中使用同一种运输工具两程或两程以上的运输衔接;
3)货物全程运输中使用一种运输方式多家经营和多种运输方式联合经营的组织衔接;
4)货物全程运输所涉及的货物生产、供应、运输、销售企业之间的运输协作。

三、联合运输的基本特征

联合运输具有全程性、简便性、通用性、代理性、协同性等基本特征。

(一)全程性

联合运输是使用两种以上的运输方式或使用单一运输方式两程以上的连续运输,无论运输过程中有几个区段,使用几种运输方式,经过几次中转换装,均要对运输的全程负责,因此联合运输具有全程性。

(二)简便性

联合运输实行“一次托运、一份合同、一次结算费用、一票到底”的全程负责制,故联合运输具有简捷、方便的特点。

(三)通用性

联合运输中所使用的商务活动的模式与规则,所依据的国际、国内法规和合同的性质作用,所使用的单证文件等,都必须具有通用性。

(四)代理性

联合运输经营人不可能完成全程运输的所有活动,有的业务需要由代理人完成。

(五)协同性

联合运输需要参与运输活动的所有企业、公司、港、站、库、场等协同一致,共同完成运输业务。

四、联合运输的组织形式

联合运输的组织形式有下列几种:
1)海—陆—海联运(大陆桥运输);
2)海—陆联运(微桥运输或小陆桥运输);
3)海—空联运(空桥运输);
4)海—铁联运;
5)航空—公路联运;
6)铁路/公路—内河或海上—内河联运;
7)公—铁联运(驼背运输)。

五、联合运输合同

联合运输合同,简称联运合同,是指当事人约定由两个或两个以上的承运人通过衔接运送，用同一运输凭证将货物运送到指定地点，托运人支付运输费用而订立的协议。

联运合同发生货物损坏、灭失等情况，需要由承运方承担赔偿责任时，承担责任的原则与一般货物运输合同不同。在联运合同中，不论属于何方责任，均由终点阶段的承运方先行赔偿，再由终点阶段的联运方向负有责任的承运方追偿。这样规定的目的，是为了防止承运部门之间互相推卸责任，从而保护收货人的利益。

联运合同包括单式联运合同和多式联运合同。

（一）单式联运合同

所谓单式联运合同，是指当事人约定由两个或两个以上的承运人以同一种运输方式，用同一运输凭证将货物运至约定地点，托运人支付运费的货物运输合同。两个或两个以上承运人以同一运输方式联运的，与托运人订立合同的承运人应当对全程运输承担责任。损失发生在某一运输区段的，与托运人订立合同的承运人和该区段的承运人承担连带责任。

（二）多式联运合同

所谓多式联运合同，是指多式联运经营人与托运人订立的，约定以两种或者两种以上的不同运输方式，采用同一运输凭证将货物运输至约定地点的货物运输合同。多式联运是近十年来迅速发展起来的，实行"一次托运、一次收费、一票到底、一次保险、全程负责"的"一条龙"式服务的综合性运输，多式联运合同是该种交易形式的法律体现。

多式联运合同与一般运输合同相比有以下特点：

1）多式联运合同的承运人一般为2人以上；

2）多式联运合同的运输方式为2种以上；

3）托运人一次性交费并使用同一凭证，货物由一承运人转至另一承运人时，不需另行交费或办理有关手续。

国际多式联运与国内多式联运是联合运输在货物运输中的不同体现，下面介绍国际多式联运。

任务二　国际多式联运

一、国际多式联运综述

（一）国际多式联运的内涵

国际多式联运（International Multimodal Transport）是在集装箱运输的基础上产生和发展起来的，是指按照多式联运合同，以至少两种不同的运输方式，由多式联运经营人将货物从一国境内的接管地点运至另一国境内指定交付地点交货的货物运输方式。国际多式联运适用于水路、公路、铁路和航空多种运输方式。在国际贸易中，由于85%～90%的货物是通过海运完成的，故海运在国际多式联运中占据主导地位。

（二）国际多式联运的产生

随着货物流通过程的变化，货物运输方式由杂货运输转向集装箱运输，货物贸易结构的变化和运输经营方式的变化，使集装箱运输逐渐由海上的两端间运输延伸发展为与陆运、空运结合的国际多式联运。通过国际多式联运，货主只要指定交货地点，运输经营人就可以在条件许可下将各种运输方式组合起来，设定最佳运输路线，提供统一货运单证、统一责任限制、统一费率。1980 年 5 月于日内瓦通过的《联合国国际货物多式联运公约》规定："国际多式联运指由多式联运经营人按照多式联运合同，以至少两种不同的运输方式，将货物从一国境内接管货物的地点运至另一国境内指定地点交货的运输方式"。这里所指的至少两种不同的运输方式可以是海陆、陆空、海空等方式。

（三）国际多式联运的类型

根据《联合国国际货物多式联运公约》的定义，从运输方式的组成看，多式联运必须是两种或两种以上不同运输方式组成的连贯运输。按这种方法分类，理论上多式联运有海—铁、海—空、海—公、铁—公、铁—空、公—空、海—铁—海、公—海—空等共 11 种类型，但由于当今国际运输中海运占绝大多数的比例，因此目前多式联运主要有海—铁、海—空以及江—海三种类型。

1. 海—铁多式联运

海—铁多式联运包括海—铁—海多式联运，是当今多式联运的主要类型，特别是利用大陆桥开展的海—铁或海—铁—海多式联运。所谓大陆桥（Land Bridge）是指大陆两端的港口之间，不通过跨洋和过运河的海运，而是通过横贯大陆的铁路，把货物从一端港口运至另一端港口，人们形象地把这种跨接大陆两端连接海运的铁路，称为大陆桥。利用大陆桥进行海—铁—海多式联运，比单一海运运输距离短，节省运输时间和运输成本。例如从日本至鹿特丹利用西伯利亚大陆桥的海—铁多式联运，比经苏伊士运河的全海运缩短距离约 7 000 千米，节省时间和运费 20% 左右，经济效益十分显著。当今世界主要有三座大陆桥，即位于欧亚大陆的第一欧亚大陆桥（西伯利亚大陆桥）、第二欧亚大陆桥（中国大陆桥）和位于北美大陆的北美大陆桥（主要为美国大陆桥）。

2. 海—空多式联运

海—空多式联运结合海运运量大、成本低和空运速度快、时间要求紧的特点，能对不同运量和不同运输时间要求的货物进行有机结合。随着世界商品的技术含量不断提高，并向轻、小、精、薄方向发展以及跨国公司对及时运输的需求，发达国家已出现采用大型飞机进行国际标准集装箱（空水陆联运集装箱）运输的海—空多式联运。目前世界上海—空多式联运主要线路是远东至欧洲，约占海—空联运总运量的 50% 以上。该运输线路的西行线是远东通过海运至美西港口，如温哥华、西雅图、洛杉矶等，再通过空运至欧洲的目的地，东行线是主要通过海参崴、香港等港口，再通过空运中转至欧洲目的地。另一条主要的海—空联运线是远东至中南美，即远东海运至美西的温哥华、洛杉矶等港口，再转空运至中南美内陆目的地。随着世界范围内物流业的兴起，一些大型国际配送中心根据资料预测用户的货物需求量，通过运输成本低廉的海运事先取得货物，然后根据用户的订单采取空运，可在 24 小时内完成交货。

3. 江—海多式联运

江—海多式联运把海运和内河运输连接起来，既可充分发挥海运量大、成本低的优点，又可发挥内河运输价廉、灵活的优点，能方便地把货物运至内河水系的广大地区。目前世界范围最典型的江—海联运是利用欧洲国际内河水道莱茵河，在数千千米的沿岸，一些重要的工商业中心都通水路，并建设了设备设施先进的高效率的内河集装箱码头，开辟了频繁来往于各内陆工商业中心和鹿特丹、安特卫普等海港间的定班船,一方面保证了运输时间,另一方面大大缩短了货物在海港的滞留时间,方便又高效。我国也利用长江、珠江水系开展了不同形式的江—海联运,取得了明显的经济效益。

(四)国际多式联运的构成条件

国际多式联运必须要有一个多式联运合同,明确规定多式联运经营人和联运人之间的权利、义务、责任、豁免的合同关系和多式联运的性质;必须使用一份全程多式联运单据(多式联运提单、多式联运运单等),证明多式联运经营人已接管货物并负责按照合同条款交付货物所签发的单据;必须是至少采用两种不同运输方式的连贯运输,这是确定一票货运是否属于多式联运的最重要的特征;必须是国际间的货物运输;必须有一个多式联运经营人对全程的运输负总的责任,并寻找分承运人实现分段运输;必须对货主实行全程单一运费费率。

(五)国际多式联运的特点

国际多式联运具有以下特点。

1)根据多式联运合同进行操作,运输全程中至少使用两种运输方式,而且是不同方式的连续运输。

2)多式联运的货物主要是集装箱货物,具有集装箱运输的特点。

3)多式联运是一票到底,实行单一费率的运输。发货人只要订立一份合同,一次付费,一次保险,通过一张单证即可完成全程运输。

4)多式联运是不同方式的综合组织,全程运输均是由多式联运经营人组织完成的。无论涉及几种运输方式,分为几个运输区段,多式联运经营人要对全程负责。

5)货物全程运输是通过多式联运经营人与各种运输方式、各区段的实际承运人订立分运或分包合同来完成的,各区段承运人对自己所承担区段的货物运输负责。

6)在起运地接管货物,在最终目的地交付货物及全程运输中各区段的衔接工作,由多式联运经营人的分支机构(代表)或委托的代理人完成。这些代理人及承担各项业务的第三者对自己承担的业务负责。

7)多式联运经营人可以在全世界运输网中选择适当的运输路线、运输方式和各区段的实际承运人,以降低运输成本,提高运达速度,实现合理运输。

(六)国际多式联运的优点

1. 责任统一,手续简便

发货人只办一次托运,签订一个运输合同,付一次运费,取得一份多式联运提单。出了运输责任上的问题,只找一方承运人解决就可以。

2. 中间环节少、货物运输时间短,货损货差事故率低、货运质量高

多式联运以集装箱为运输单元进行直达运输,货物在发货人的工厂或仓库装箱后,可直接运送至收货人的工厂或仓库。运输途中换装时无须掏箱、装箱,从而减少了中间环节。尽管货物经过多次换装,但由于使用专用机械装卸,且又不涉及箱内的货物,因而货损货差事故、货物被窃现象大为减少,从而在一定程度上提高了货运质量。

3. 运输成本低,运杂费用少

由于多式联运可实行“门到门”运输,因此对货主来说,在将货交由第一承运人后即可取得货运单证，并据以结汇。结汇时间提前，不仅有利于加速货物资金的周转，而且减少了利息的支出。又由于货物装载集装箱运输，从某种意义上说可节省货物的包装费用和保险费用。此外，多式联运采用一张货运单证，统一费率，因而也就简化了制单和结算手续，节省了人力、物力。

4.提高运输组织水平，实现合理化运输

多式联运可提高运输组织水平，实现合理化运输，改善不同运输方式间的衔接工作。在国际多式联运开展之前，各种运输方式的经营人各自为政、自成体系，多式联运可使其经营的业务范围大大扩展，并且可以最大限度地发挥其现有设备的作用，选择最佳运输路线，组织合理化运输。

二、国际多式联运经营人

（一）国际多式联运经营人的内涵

多式联运经营人指本人或通过其代表与发货人订立多式联运合同的任何人，经营人是事主，而不是发货人的代理人或代表或参加多式联运的承运人的代理人或代表，他负有履行合同的责任。多式联运经营人可以分为两种：一种为有船承运人做多式联运经营人，另一种为无船承运人做多式联运经营人。前者在接收货物后，不但要负责海上运输，还须安排汽车、火车与飞机的运输，对此经营人往往再委托给其他相应的承运人来运输，对交接过程中可能产生的装卸和包装储藏业务，也委托给有关行业办理。但是这个经营人必须对货主负整个运输过程中产生的责任。后者在接收货物后，也是将运输委托给各种运输方式的承运人进行，其本人仍应对货主负责。无船经营人不拥有船舶，通常是内陆运输承运人，仓储业者或其他从事陆上货物运输中某一环节的人，也就是说无船经营人往往拥有除船舶以外一定的运输工具。

国际多式联运经营人的性质和法律特征：

1）多式联运经营人是“本人”而非代理人，他承担承运人的义务；

2）国际多式联运经营人以“本人”身份开展业务，并不妨碍他同时也以“代理人”身份兼营有关货运代理服务，或者在一项国际多式联运中不以“本人”身份而是以其他诸如代理人、居间人等身份开展业务；

3）国际多式联运经营人是“中间人”，有双重身份，对于货主是“承运人”，对于实际承运人是“货主”；

4）国际多式联运经营人可以拥有运输工具，也可以不拥有运输工具。

（二）国际多式联运经营人的性质和责任范围

1.性质

国际多式联运经营人是一个独立的法律实体，具有双重身份。一方面，他作为承运人与货主签订多式联运合同，另一方面，他又作为托运人与实际承运人签订运输合同。他是总承运人，对全程运输负责，对货物灭失、损坏、延迟交付等均承担责任。

2.责任范围

托运人委托多式联运经营人负责装箱、计数的，经营人应对箱内货物不是由于商品自身包装和质量问题而造成的污损和灭失负责。因未按托运人要求,导致因积载不当,衬垫捆扎不良造成的串味、污损、倒塌、碰撞等货损经营人应当负责。

在责任期间内因责任事故,致使货物损坏或灭失经营人应当负责,对货物延迟交付经营人应当负责,但对下列原因造成的货损或灭失经营人不负责:

1)托运人所提供的货名、种类、包装、件数、重量、尺码及标志不实,或由于托运人的过失和疏忽而造成的货损或灭失,由托运人自行承担责任,如对多式联运经营人或第三者造成损失,即使托运人已将多式联运单转让,托运人仍应承担责任;

2)由托运人或其代理装箱、计数或封箱的;

3)货物品质不良,外包装完好但内装货物短缺变质;

4)货物装载于托运人自备的集装箱内的损坏或短少情况;

5)由于运输标志不清而造成的损失;

6)由于对危险品等特殊货物的说明及注意事项不清或不正确而造成的损失;

7)由于对有特殊装载要求的货物未加标明而引起的损失;

8)由于海关、商检、承运人等行使检查权所引起的损失。

(三)国际多式联运经营人应具备的条件

从多式联运经营人从发货人那里接管货物时起,责任就业已开始,货物在运输过程的任何区段发生灭失或损害,多式联运营人均以本人的身份直接承担赔偿责任,即使该货物的灭失或损害并非由多式联运经营人本人的过失所致。因为作为多式联运经营人的基本条件定义了责任的权属,多式联运经营人的基本条件如下。

1)多式联运经营人本人或其代表就多式联运的货物必须与托运人本人或其代表订立多式联运合同,且该合同至少使用两种运输方式完成货物全程运输,合同中的货物系国际间的货物。

2)从发货人或其代表处接管货物时即签发多式联运单证,并对接管的货物开始负有责任。

3)承担多式联运合同规定的与运输和其他服务有关的责任,并保证将货物交给多式联运单证的持有人或单证中指定的收货人。

4)对运输全过程中所发生的货物灭失或损害,多式联运经营人首先对受损货物的所有人负责,并应具有足够的赔偿能力。

5)多式联运经营人应具备与多式联运的需求相适应的专业能力,对自己签发的多式联运单证确保其流通性,并作为有价证券在经济上有令人信服的担保程度。

三、国际多式联运的主要业务程序

国际多式联运经营人是全程运输的组织者,在多式联运中,其业务程序主要有以下几个环节。

(一)接受托运申请,订立多式联运合同

多式联运经营人根据货主提出的托运申请和自己的运输路线等情况,判断是否接受该托运申请。如果能够接受,则双方议定有关事项后,在交给发货人或其代理人的场站收据副本

上签章，证明接受托运申请，多式联运合同已经订立并开始执行。

发货人或其代理人根据双方就货物交接方式、时间、地点、付费方式等达成的协议，填写场站收据，并把其送至多式联运经营人处编号，多式联运经营人编号后留下货物托运联，将其他联交还给发货人或其代理人。

（二）集装箱的发放、提取及运送

多式联运中使用的集装箱一般应由多式联运经营人提供。这些集装箱的来源可能有三个，一是经营人自己购置使用的集装箱；二是由公司租用的集装箱，这类箱一般在货物的起运地附近提箱而在交付货物的地点附近还箱；三是由全程运输中某一区段的承运人提供，这类箱一般在多式联运经营人为完成合同运输与该分运人订立分运合同后获得使用权。

如果双方协议由发货人自行装箱，则多式联运经营人应签发提箱单或者将租箱公司或区段承运人签发的提箱单交给发货人或其代理人，由他们在规定日期到指定的堆场提箱并自行将空箱托运到货物装箱地点准备装货。如发货人委托也可由经营人办理从堆场装箱地点的空箱托运。如是拼箱货或是整箱货但发货人无装箱条件不能自装，则由多式联运经营人将所用空箱调运至接收货物的集装箱货运站，做好装箱准备。

（三）出口报关

若联运从港口开始，则在港口报关；若从内陆地区开始，应在附近的海关办理报关。出口报关事宜一般由发货人或其代理人办理，也可委托多式联运经营人代为办理。报关时应提供场站收据、装箱单、出口许可证等有关单据和文件。

（四）货物装箱及接收货物

若是发货人自行装箱，发货人或其代理人提取空箱后在自己的工厂和仓库组织装箱，装箱工作一般要在报关后进行，并请海关派员到装箱地点监装和办理加封事宜。如需理货，还应请理货人员现场理货并与之共同制装箱单。若是发货人不具备装箱条件，可委托多式联运经营人或货运站装箱，发货人应将货物以原来的形态运至指定的货运站由其代为装箱。如是拼箱货物，发货人应负责将货物运至指定的集装箱货运站，由货运站按多式联运经营人的指示装箱。无论装箱工作由谁负责，装箱人均需制作装箱单，并办理海关监装与加封事宜。

对于由货主自行装箱的整箱货物，发货人应负责将货物运至双方协议规定的地点，多式联运经营人或其代理人在指定地点接收货物。如是拼箱货，经营人在指定的货运站接收货物。验收货物后，代表联运经营人接收货物的人应在场站收据正本上签章并将其交给发货人或其代理人。

（五）订舱及安排货物运送

经营人在合同订立之后，即应制定货物的运输计划，该计划包括货物的运输路线和区段的划分，各区段实际承运人的选择确定及各区段衔接地点的到达、起运时间等内容。这里所说的订舱泛指多式联运经营人要按照运输计划安排洽定各区段的运输工具，与选定的各实际承运人订立各区段的分运合同。这些合同的订立由经营人本人或委托的代理人办理，也可请前一区段的实际承运人作为代表向后一区段的实际承运人订舱。

（六）办理保险

发货人方面应投保货物运输险。该保险由发货人自行办理，或由发货人承担费用，由多式联运经营人代为办理。货物运输保险可以全程投保,也可分段投保。多式联运经营人方面应投保货物责任险和集装箱保险,由经营人或其代理人向保险公司申请办理或以其他形式办理。

(七)签发多式联运提单,组织完成货物的全程运输

多式联运经营人的代表收取货物后,经营人应向发货人签发多式联运提单。在把提单交给发货人前,应注意按双方议定的付费方式及内容、数量向发货人收取全部应付费用。

多式联运经营人有完成或组织完成全程运输的责任和义务。在接收货物后,要组织各区段实际承运人、各派出机构及代表人共同协调工作,完成全程中各区段的运输以及各区段之间的衔接工作,运输过程中所涉及的各种服务性工作和运输单据、文件及有关信息的组织和协调工作。

(八)运输过程中的海关业务

按惯例国际多式联运的全程运输均应视为国际货物运输。因此该环节工作主要包括货物及集装箱进口国的通关手续,进口国内陆段的保税运输手续及结关等内容。如果陆上运输要通过其他国家的海关和内陆运输线路,还应包括这些海关的通关及保税运输手续。

这些涉及海关的手续一般由多式联运经营人的派出机构或代理人办理,也可由各区段的实际承运人作为多式联运经营人的代表办理,由此产生的全部费用应由发货人或收货人负担。

如果货物在目的港交付,则结关应在港口所在地的海关进行。如在内陆地交货,则应在口岸办理保税运输手续,海关加封后方可运往内陆目的地,然后在内陆海关办理结关手续。

(九)货物交付

当货物运至目的地后,由目的地代理通知收货人提货。收货人需凭多式联运提单提货,经营人或其代理人需按合同规定,收取收货人应付的全部费用。收回提单后签发提货单,提货人凭提货单到指定堆场和集装箱货运站提取货物。如果整箱提货,则收货人要负责至掏箱地点的运输,并在货物掏出后将集装箱运回指定的堆场,运输合同终止。

(十)货运事故处理

如果全程运输中发生了货物灭失、损害和运输延误,无论是否能确定发生的区段,发(收)货人均可向多式联运经营人提出索赔。多式联运经营人根据提单条款及双方协议确定责任并做出赔偿。如果已对货物及责任投保,则存在要求保险公司赔偿和向保险公司进一步追索问题。如果受损人和责任人之间不能取得一致,则需在诉讼时效内通过提起诉讼和仲裁来解决。

四、多式联运的业务组织

根据不同的原则,多式联运可以有多种分类形式。就其组织方式和体制来说,基本上可分为协作式多式联运和衔接式多式联运两大类。

(一)协作式多式联运

协作式多式联运是指两种或两种以上运输方式的运输企业,按照统一的规章或商定的协

议，共同将货物从接管货物的地点运到指定交付货物的地点的运输。

协作式多式联运是目前国内货物联运的基本形式。在协作式多式联运下，参与联运的承运人均可受理托运人的托运申请，接收货物，签署全程运输单据，并负责自己区段的运输生产；后续承运人除负责自己区段的运输生产外，还需要承担运输衔接工作；而最后承运人则需要承担货物交付工作以及受理收货人的货损货差索赔。在这种体制下，参与联运的每个承运人均具有双重身份。对外而言，他们是共同承运人，其中一个承运人（或代表所有承运人的联运机构）与发货人订立的运输合同，对其他承运人均有约束力，即视为每个承运人均与货方存在运输合同关系；对内而言，每个承运人不但有义务完成自己区段的实际运输和有关的货运组织工作，还应根据规章或约定协议，承担风险，分配利益。

目前，根据开展联运依据的不同，协作式多式联运可进一步细分为法定多式联运和协议多式联运两种。

1. 法定多式联运

它是指不同运输方式的运输企业之间根据国家运输主管部门颁布的规章开展的多式联运。目前铁路、水路运输企业之间根据铁道部、交通部共同颁布的《铁路水路货物联运规则》开展的水陆联运即属此种联运。在这种联运形式下，有关运输票据、联运范围、联运受理的条件与程序、运输衔接、货物交付、货物索赔程序以及承运之间的费用清算等，均应符合国家颁布的有关规章的规定，并实行计划运输。

这种联运形式无疑有利于保护货方的权利和保证联运生产的顺利进行，但缺点是灵活性较差，适用范围较窄，它不仅在联运方式上仅适用于铁路与水路两种运输方式之间的联运，而且对联运路线、货物种类、数量及受理地、换装地也做出了限制。此外，由于货方托运前需要报批运输计划，给货方带来了一定的不便。法定（多式）联运通常适用于保证指令性计划物资、重点物资和国防、抢险、救灾等急需物资的调拨。

2. 协议多式联运

它是指运输企业之间根据商定的协议开展的多式联运。比如，不同运输方式的干线运输企业与支线运输或短途运输企业根据所签署的联运协议开展的多式联运，即属此种联运。

与法定（多式）联运不同，在这种联运形式下，联运采用的运输方式、运输票据、联运范围、联运受理的条件与程序、运输衔接、货物交付、货物索赔程序以及承运人之间的利益分配与风险承担等，均按联运协议的规定办理。与法定（多式）联运相比，该联运形式的最大缺点是联运执行缺乏权威性，而且联运协议的条款也可能会损害货方或弱小承运人的利益。

（二）衔接式多式联运

衔接式多式联运是指由一个多式联运企业（以下称多式联运经营人）综合组织两种或两种以上运输方式的运输企业，将货物从接管货物的地点运到指定交付货物的地点的运输。在实践中，多式联运经营人既可能由不拥有任何运输工具的国际货运代理、场站经营人、仓储经营人担任，也可能由从事某一区段运输的实际承运人担任。但无论如何，他都必须持有国家有关主管部门核准的许可证书，能独立承担责任。

在衔接式多式联运下，运输组织工作与实际运输生产实现了分离，多式联运经营人负责全程运输组织工作，各区段的实际承运人负责实际运输生产。在这种体制下，多式联运经营人也具有双重身份。对于货方而言，他是全程承运人，与货方订立全程运输合同，向货方收取全程运费及其他费用,并承担承运人的义务;对于各区段的实际承运人而言,他是托运人,与各区段的实际承运人订立分运合同,向实际承运人支付运费及其他必要的费用。很明显,这种运输组织与运输生产相互分离的形式,符合分工专业化的原则,由多式联运经营人“一手托两家”,不但方便了货主和实际承运人,也有利于运输的衔接工作,因此,它是联运的主要形式。在国内联运中,衔接式多式联运通常称为联合运输,多式联运经营人则称为联运公司。我国在《合同法》颁布之前,仅对包括海上运输方式在内的国际多式联运经营人的权利与义务,在《海商法》和《国际集装箱多式联运规则》中做了相应的规定,对于其他形式下国际多式联运经营人和国内多式联运经营人的法律地位与责任,并未做出明确的法律规定。《合同法》颁布后,无论是国内多式联运还是国际多式联运,均应符合该多式联运合同中的规定,这无疑有利于我国多式联运业的发展壮大。

任务三 大陆桥运输

一、大陆桥运输的含义

大陆桥运输(Land Bridge Transport)是指使用横贯大陆的铁路(公路)运输系统作为中间桥梁,把大陆两端的海洋连起来的运输方式。从形式上看,大陆桥运输是海—陆—海的连贯运输,但实际在做法上已在世界集装箱运输和多式联运的实践中发展成多种多样。

大陆桥运输一般是以集装箱为主,可以大大简化理货、发货、搬运、储存、保管和装卸等操作环节,同时集装箱经海关铅封后,途中不用开箱检验,而且可以迅速直接转换运输工具。

大陆桥运输是集装箱运输开展以后的产物。其出现于 1967 年,当时苏伊士运河封闭,航运中断,而巴拿马运河又堵塞,远东与欧洲之间的海上货运船舶,不得不改道绕航非洲好望角或南美,致使航程距离和运输时间倍增,加上油价上涨,航运成本猛增,而当时正值集装箱运输兴起。在这种历史背景下,大陆桥运输应运而生。从远东港口至欧洲的货运,于 1967 年底首次开辟了使用美国大陆桥的运输路线,把原来的全程海运改为海—陆—海运输方式,结果取得了较好的经济效果,达到了缩短运输里程、降低运输成本、加速货物运输的目的。

二、大陆桥运输的方式

1. 西伯利亚大陆桥

西伯利亚大陆桥是利用俄罗斯的西伯利亚铁路为主的铁路线作为陆地桥梁,把太平洋远东地区与波罗的海和黑海沿岸以及西欧大西洋口岸连起来,此大陆桥运输线东自海参崴的纳霍特卡港口起,横贯欧亚大陆,至莫斯科,然后分三路,一路自莫斯科到波罗的海沿岸的圣彼得堡港,转船往西欧、北欧港口;一路从莫斯科至俄罗斯西部的出国境站,转欧洲其他国家铁路(公路)直运欧洲各国;另一路从莫斯科至黑海沿岸转船往中东、地中海沿岸。所以,从远东地区至欧洲,通过西伯利亚大陆桥有海—铁—海,海—铁—公和海—铁三种运送方式。20 世纪 70 年代初到 80 年代末,西伯利亚大陆桥是远东地区往返西欧的一条重要运输路线。日本是此条大陆桥的最大顾主,其每年利用此大陆桥运输的货物数量都在 10 万个集装箱以上。但是,西伯利亚大陆桥也存在三个主要问题:第一,运输能力易受冬季严寒影响,港口有数月冰封期;第二,货运量西向大于东向约二倍,来回运量不平衡,集装箱回空成本较高,影响了运输效益;第三,运力仍很紧张,铁路设备陈旧。为了缓解运力紧张情况俄罗斯又建成了第二条西伯利亚铁路。随着新亚欧大陆桥的正式运行,这条大陆桥的地位正在下降。

2. 北美大陆桥

(1)美国大陆桥

北美的加拿大和美国都有横贯东西的铁路公路大陆桥。它们的线路基本相似,其中美国大陆桥的作用更为突出。

美国大陆桥是从西部太平洋口岸至东部大西洋口岸的铁路(公路)运输系统,东起纽约,西止圣弗朗西斯科(旧金山),全长 4 500 千米左右,它东接大西洋,西连太平洋,缩短了两大水域之间的距离,省却了货物水路绕道巴拿马运河的麻烦。

(2)加拿大大陆桥

该大陆桥的运输路线是,从日本海运至温哥华或西雅图港口后,换装并利用加拿大铁路横跨北美大陆至蒙特利尔,再换装海运至欧洲各港口,全长 4 000 千米左右。

(3)小陆桥运输

小陆桥运输简称 MLB(Mini Land Bridge),是指货物用国际标准规格集装箱为容器是通过海、陆运输方式将集装箱货物先运至日本港口,再转运至美国西海岸港口,卸船后再换装由西部港口铁路集装箱专列或汽车运抵美国东部港口或加勒比海港口区域以及相反方向的运输。

小陆桥运输的具体做法是由远东把货物运至美国西海岸港口,再以铁路或公路运至美国东海岸港口或墨西哥湾靠近最后目的地的港口,卸车后再转运至目的地。这种运输由于不必通过巴拿马运河,所以可以节省时间。小陆桥运输全程使用一张海运提单,由海运承运人支付陆上运费,由美国东海岸或墨西哥湾港口转运至目的地的费用由收货人负担。

(4)微桥运输

所谓微桥运输即微型陆桥运输,比小陆桥更短一段。由于没有通过整条陆桥,而只利用了部分陆桥,故又称半陆桥运输,是指海运加一段从海港到内陆城乡的陆上运输或相反方向的运输形式。微桥运输近年来发展非常迅速。

日本到美国内陆地区的货物,在西海岸港口上陆后,直接由陆上运输运到美国内陆地区的城市。这样就可免去收货人到港口去办理报关、提货等进口手续,方便了货主,这便是微型陆桥运输。

它比小陆桥运输方式费用更省,运输时间更短。微型陆桥运输全程也使用一张海运提单,铁路运费也由海运承运人支付。微型陆桥运输与小陆桥运输的区别在于铁路运费,包括由东岸港口或墨西哥湾至最终目的地的运费由承运人负责,而后者由港口或墨西哥湾至最终目的地的运费由收货人承担。

3. 新亚欧大陆桥

1990 年 9 月 11 日,我国陇海—兰新铁路的最西段,乌鲁木齐至阿拉山口的北疆铁路与哈萨克斯坦的德鲁贝巴站接轨,第二座亚欧大陆桥运输线至此全线贯通,并于 1992 年 9 月正式通车。此条运输线东起我国连云港(其他港口亦可,如大连、天津、上海、广州等),西至荷兰鹿特丹,跨亚欧两大洲,连接太平洋和大西洋,穿越中国、哈萨克斯坦、俄罗斯等国,与第一条运输线重合,经白俄罗斯、波兰、德国到荷兰,辐射到欧洲 20 多个国家和地区,全长 1.08 万千米，在我国境内全长 4 134 千米。与第一条运输线相比，总运距缩短 2 000～2 500 千米，可缩短运输时间 5 天，减少运费 10% 以上。

三、O. C. P. 运输

O. C. P. 是 Overland Common Point 的缩写，是在我国与美国签订的，在贸易合同运输条款中经常见到的一个词语，是用来说明海上运输目的地的术语，译做“陆路共通点”。所谓“陆路共通点”，是指美国西海岸有陆路交通工具与内陆区域相连通的港口。美国内陆区域，是以落基山脉（Rocky Mountains）为界，即除紧临太平洋的美国西部九个州以外，其以东地区均为适用 O. C. P. 的地区范围。O. C. P. 的运输过程就是我出口到美国的货物海运到美国西部港口（旧金山、西雅图）卸货，再通过陆路交通（主要是铁路）向东运至指定的内陆地点。

O. C. P. 运输是一种特殊的国际运输方式。它虽然由海运、陆运两种运输形式来完成，但它并不是也不属于国际多式联运。国际多式联运是由一个承运人负责的自始至终的全程运输；而 O. C. P. 运输，海运、陆运段分别由两个承运人签发单据，运输与责任风险也是分段负责。因此，它并不符合国际多式联运的含义，它是一种国际多式联营运输。总之，O. C. P. 运输是“为履行单一方式运输合同而进行的该合同所规定货物的接送业务，不应视为国际多式联运。”（《联合国国际多式联运公约》）

O. C. P. 是一种成熟的国际航运惯例。美国 O. C. P. 运输条款规定，凡是经过美国西海岸指定港口转往内陆地区的货物，如果按照该条款运输，可以享受内陆地区运输的优惠运费率，即陆路共通点运费率（O. C. P. Rate），比当地运费率（Local rate）低 3%～5%，同时可享有比直达美国东海岸港口每尺码吨约低 3.5 美元的海运费，内陆转运费、码头费、装卸费等已包含其中。因此，采用 O. C. P. 运输，对进出口双方都有利。

O. C. P. 运输只适用于美国或加拿大内陆区域，所以，货物的最终目的地必须属于 O. C. P. 地区范围。签订贸易合同时应在运输条款中予以明确，同时也要明确是集装箱运输，O. C. P. 运输方式；必须经由美国西海岸港口中转，以 CFR/CIF 美国西岸港口作为价格条款。

案例

中远集团的集装箱运输与新亚欧大陆桥

随着中国北疆铁路与哈萨克斯坦上西铁路接轨，一条濒临东海连接我国主要港口，西出新疆阿拉山口、横穿亚欧大陆、终抵大西洋东岸西欧各港口的新亚欧大陆桥已全线贯通。这条新大陆桥的开通，对于形成亚欧非三大洲、太平洋、大西洋的物流新格局，促进我国中、西部地区的对外开放，加强我国远洋运输在国际集装箱运输中的地位，都具有重要的意义和作用。

一、中远集团的国际集装箱运输

中远集团是以中国远洋运输（集团）总公司为核心，由中远集装箱运输总部、中远散货运输总公司、中远国际货运总公司、中国外轮代理总公司、中国船舶燃料供应总公司等大型企业组成，以国际航运国为中心，集多种业务于一体，跨国家、跨地区、跨行业经营的大型企业集团。作为中国最大的航运企业集团,中远集团在发展远洋航运事业方面紧跟世界科学技术前进的步伐,在船舶运输、国际物流、信息处理等方面,均应用了世界最先进的技术。目前,中远集团拥有各类大型运输船舶 579 艘(1 662 万载重吨),航行于世界 150 多个国家和地区的 1 100 多个港口,其中集装箱运输船队数量居世界各航运公司第二位,共拥有船舶 156 艘,总箱位 17.4TEU。1995 年完成集装箱运量 307 万余 TEU。

国际集装箱运输是中远集团的龙头产业之一。1994 年以来中远集团陆续投入了技术先进的3500~3800TEU 全集装箱船 13 艘,服务航速达23.5 节,比原有集装箱船提高近30%,可缩短交货期,提高了服务质量,降低了运输成本,使中远集团在世界三大航线的集装箱船的单船载箱量有了很大的提高。

中远集团于 1994 年底又相继订造了世界最大的 5250TEU 超巴拿马型集装箱船 6 艘,这批船于 1996 年下半年陆续投入营运,大大提高了中远集团运输国际集装箱的能力。

在大陆桥的利用方面,中远集团作为跨国运输公司,除充分利用北美大陆桥实现国际集装箱运输的多式联运以外,在国内已通过全国八个最大的口岸站天津、大连、广州、上海、青岛、满洲里、二连、深圳等接运国际集装箱。为了促进新亚欧大陆桥集装箱运输的沟通,已试运过天津港经二连至蒙古以及从阿拉山口出境的陆桥集装箱运输,收到了一定的效果。

二、国外大陆桥运输

大陆桥一般指利用贯穿大陆的多种运输方式作为连接海洋与大陆或大陆与海洋的桥梁,目前世界上主要的大陆桥运输线路有两个。

(一)贯穿北美东西海岸的北美大陆桥

在跨越 4 500 多千米的北美东西部有数条铁路线从太平洋岸到大西洋岸。美国柏灵屯铁路公司,每日从西雅图港开出八列双层列车,能连接美国其他铁路,妥善地回转集装箱,年运量达 30 余万 TEU。铁路公司可以帮助组织回头货源,整个大陆桥运输快捷,跨越美国西东两岸,从西雅图—纽约或孟菲斯运行时间仅 100 小时,从西雅图至芝加哥为 62 小时。北美另一家铁路公司,加拿大太平洋铁路公司(CP Rail System)也经营北美陆桥运输,经营铁路线里程达 11 850 千米,采用双层平板车运输进出口集装箱。服务的线路有温哥华—多伦多、蒙特利尔,温哥华—芝加哥等。列车运行时间分别为 110 小时和 70 小时,年运量达 20 余万 TEU。

中远集团已开辟中国—长滩、奥克兰,中国—西雅图、温哥华以及中国美东航线,均为每周一班,采用大型集装箱干线班轮,3500TEU 大型集装箱船已投入营运,世界最大的 5250TEU 集装箱船在年内也将投入该航线营运,年运量达数十万 TEU。其运输货物大多为运往北美内陆的消费品,并利用北美大陆桥进行转运,开展门到门的国际集装箱多式联运。

(二)沟通俄罗斯远东地区与欧洲地区,跨越西伯利亚的亚欧大陆桥

该大陆桥是由日本和苏联两个国家发起开辟的。它发挥了地理的优势,加快了船舶和货车等运输工具的周转,大大提高了运输效率,得到稳步的发展,深受各国客户和转运公司欢迎。该大陆桥运输始于 1967 年,由于管理上的原因 1967 年至 1970 年只运输了 511 个标准箱。1970 年 9 月,日苏双方就组织日本与西欧间的西伯利亚大陆桥运输,正式谈判达成协议。从 1971 年 3 月 30 日起,1972 年得到了较快发展,当年又开辟了西欧与香港之间的西伯利亚

大陆桥运输。1975年2月,从俄罗斯东部的纳霍德卡港至马尼拉的大陆桥运输也开始运营。

尽管西伯利亚大陆桥的运量在波动,但获利甚巨。根据有关资料:由日本各港至纳霍德卡港至西伯利亚大陆桥到布列斯特路径,年运7万箱可收入1.3亿美元,是一项创汇相当可观的运输收入。所以,俄罗斯目前正在采用一系列措施发展西伯利亚大陆桥运输。据有关人士分析,到2000年,预计年过境运量可达30万TEU。

西伯利亚大陆桥以日本至欧洲/中近东(伊朗、阿富汗)的集装箱运输为主。俄罗斯为了开办过境集装箱运输业务,成立了全俄过境运输总公司,全俄过境运输总公司作为总的组织者,安排日本各港到欧洲各收、交货点的运输。远东和欧洲的有关运输业者则从事这一大陆桥的订舱业务,并在两端开展转运服务,使之成为一种联运。日本各港至俄罗斯东部港口之间的运输,由日俄双方共同派船承担。西面铁路运输由INTETCONTAINET公司承担。公路运输由俄罗斯和波兰共同派汽车承担。全程运输天数合计约35天。

三、新亚欧大陆桥

为进一步扩大我国与东亚、中亚、西亚和欧洲的经济技术合作与交流,加快我国东、中、西部的经济发展,进一步寻求和开辟亚洲与欧洲之间的新大陆桥,已成为当今世界各国交通运输者和客商所共同注目的重大问题之一。其中最具有现实意义的是东起日照港、连云港港、上海港,南连广州港、深圳港,经陇海线和兰新线横穿我国大陆,由新疆阿拉山口进入中亚地区,最终与黑海、地中海以及大西洋东岸的各港衔接的新亚欧大陆桥。该大陆桥运输线的贯通,将进一步缩短亚欧之间的运输距离,运费将更低,时间将更短,以快速、安全的运输方式,来满足各国对过境集装箱运输的需要。特别是在俄罗斯西伯利亚铁路能力不足和东部港口冰冻期间,新亚欧大陆桥将对世界各国集装箱运输起可靠的保证作用。因此,新亚欧大陆桥的沟通,对国际贸易和我国外贸事业的发展有重大的意义。

思考题

1. 国际多式联运经营人是如何产生的?
2. 国际多式联运的内容是什么?有哪些特征?
3. 构成国际多式联运应具备几个主要条件?
4. 国际多式联运的构成要素有哪些?
5. 分别指出国际多式联运的特点和优点有哪些。
6. 协作式多式联运是如何组织货物的运输的?
7. 衔接式多式联运是如何组织货物的运输的?
8. 大陆桥运输的内涵是什么?
9. 大陆桥运输的方式有哪些?

情境八　特殊货物运输

通过对情境八知识与技能的学习与应用，学生应掌握危险货物、超限货物、鲜活易腐货物的内涵、特征和类型，并能对危险货物、超限货物、鲜活易腐货物的装卸、搬运以及运输业务进行组织与管理。

知识目标

1. 掌握危险货物的内涵；
2. 掌握危险货物的主要特征；
3. 掌握超限超载货物的概念和类型；
4. 掌握鲜活易腐货物和其他特殊货物的特征；
5. 掌握危险货物运输组织的法规以及组织危险货物运输的相关规定。

能力目标

1. 能应用危险货物运输的有关法律法规管理危险货物；
2. 能组织与管理危险货物运输；
3. 能组织与管理超限超载货物运输；
4. 能组织与管理鲜活易腐货物运输。

任务一　公路特殊货物运输

公路汽车运输的货物中，有一部分货物因其本身的性质特殊，对于装卸、运送和保管等环节有特殊要求，这类货物统称为公路特殊货物。

特殊货物一般分为四大类，即危险货物、大件（长大笨重）货物、鲜活货物和贵重货物。

一、公路危险货物运输

（一）基本内涵

凡具有爆炸、易燃、毒害、腐蚀、放射性等性质，在运输、装卸和贮存保管过程中容易造成人身伤亡和财产损毁而需要特别防护的货物，均属危险货物。

危险货物分为9类，即爆炸品；压缩和液化气体；易燃液体；易燃固体、自燃物品和遇湿易燃物品；氧化剂和有机过氧化物；毒害品和感染性物品；放射性物品；腐蚀品及其他危险货物。我国交通部《汽车危险货物运输规则》按危险货物的危险程度将其分为两个级别。

一级危险货物：爆炸品；压缩和液化气体；一级易燃液体；易燃固体、自燃物品和遇湿易燃物品；氧化剂和有机过氧化物；剧毒物品；一级酸性腐蚀品；放射性物品。

二级危险货物：二级易燃液体；有毒物品；碱性腐蚀品；二级酸性腐蚀品；其他腐蚀品。

（二）包装

危险货物运输包装不仅是为了保证产品质量不发生变化、数量完整，而且是防止运输过程中发生燃烧、爆炸、腐蚀、毒害、放射性污染等事故的重要条件之一，是安全运输的基础。对道路危险货物的包装有下列基本要求。

1）包装的材质应与所装危险货物的性质适应，即包装及容器与所装危险货物直接接触的部分，不应受其化学反应的影响。

2）包装及容器应具有一定的强度，能经受运输过程中正常的冲击、震动、挤压和摩擦。

3）包装的封口必须严密、牢靠，并与所装危险货物的性质相适应。

4）内、外包装之间应加适当的衬垫，以防止运输过程中内、外包装之间，包装和包装之间以及包装与车辆、装卸机具之间发生冲撞、摩擦、震动而使内容器破损，同时又能防止液体货物挥发和渗漏，并当其洒漏时，可起吸附作用。

5）包装应能经受一定范围内温、湿度的变化，以适应各地气温、相对湿度的差异。

6）包装的质量、规格和形式应适应运输、装卸和搬运条件，如包装的质量和体积，不能过重；形式结构便于各种装卸方式作业；外形尺寸应与有关运输工具（包括托盘、集装箱）的容积、载重量相匹配等。

7）包装上应有规定的包装标志和储运指示标志，以利运输、装卸、搬运等安全作业。

（三）包装标记

一般货物运输包装标记分为识别标记和储运指示标记。危险货物运输包装除前述两种标记外还须有危险性标记，以明确显著地识别危险货物的性质。这种标记以危险货物的分类为基础，针对不同类别、项别的危险货物，相应设计标记图案、颜色和形状等，使危险货物及其特性的识别一目了然，并为装卸搬运、贮存提供指南。

（四）运输

1. 托运

托运人必须向已取得道路危险货物运输经营资格的运输单位办理托运。托运单上要填写危险货物品名、规格、件重、件数、包装方法、起运日期、收发货人详细地址及运输过程中注意事项；对于货物性质或灭火方法相抵触的危险货物，必须分别托运；对有特殊要求或凭证运输的危险货物，必须附有相关单证并在托运单备注栏内注明；危险货物托运单必须是红色或带有红色标志的，以引起注意；托运未列入《汽车运输危险货物品名表》的危险货物新品种必须提交《危险货物鉴定表》。凡未按以上规定办理危险货物运输托运，由此发生运输事故的，由托运人承担全部责任。

2. 承运

从事营业性道路危险货物运输的单位，必须具有十辆以上专用车辆的经营规模，五年以上从事运输经营的管理经验，配有相应的专业技术管理人员，并已建立健全安全操作规程、岗位责任制、车辆设备保养维修和安全质量教育等规章制度。

承运人受理托运时应根据托运人填写的托运单和提供的有关资料，予以查对核实，必要时应组织承托双方到货物现场和运输线路进行实地勘察。承运爆炸品、剧毒品、放射性物品及需控温的有机过氧化物，使用受压容器罐（槽）运输烈性危险品以及危险货物月运量超过100 吨均应于起运前十天，向当地道路运政管理机关报送危险货物运输计划，包括货物品名、数量、运输线路、运输日期等。营业性危险货物运输必须使用交通部统一规定的运输单证和票据，并加盖《危险货物运输专用章》。

3. 运输和装卸

(1)车辆

车厢、底板必须平坦完好，周围栏板必须牢固。铁质底板装运易燃、易爆货物时应采取衬垫防护措施，如铺垫木板、胶合板、橡胶板等，但不得使用谷草、草片等松软易燃材料；机动车辆排气管必须装有有效的隔热和熄灭火星的装置，电路系统应有切断总电源和隔离电火花的装置；凡装运危险货物的车辆，必须按国家标准《道路运输危险货物车辆标志》悬挂规定的标志和标志灯（车前悬挂有危险字样的三角旗）。根据所装危险货物的性质，配备相应的消防器材和捆扎、防水、防散失等用具。

(2)装卸

装运危险货物应根据货物性质采取相应的遮阳、控温、防爆、防火、防震、防水、防冻、防粉尘飞扬、防撒漏等措施。装运危险货物的车厢必须保持清洁干燥，车上残留物不得任意排弃，被危险货物污染过的车辆及工具必须洗刷消毒，未经彻底消毒，严禁装运食用、药用物品、饲料及活动物。危险货物装卸作业，必须严格遵守操作规程，轻装、轻卸，严禁摔碰、撞击、重压、倒置；使用的工具不得损伤货物，不准粘有与所装货物性质相抵触的污染物。货物必须堆放整齐、捆扎牢固、防止失落。操作过程中有关人员不得擅离岗位。危险货物装卸现场的道路、灯光、标志、消防设施等必须符合安全装卸的条件。罐（槽）车装卸地点的储槽口应标有明显的货物名牌；储槽注入、排放口的高度。容量和路面坡度应适合运输车辆的装卸要求。

(3)运送

运输危险货物时必须严格遵守交通、消防、治安等法规。车辆运行应控制车速，保持与前车的距离，严禁违章超车，确保行车安全。对在夏季高温期间限运的危险货物，应按各地公安部门的规定进行运输。装载危险货物的车辆不得在居民聚居点、行人稠密地段、政府机关、名胜古迹、风景游览区停车。如必须在上述地区进行装卸作业或临时停车，应采取安全措施并征得当地公安部门同意。运输爆炸品、放射性物品及有毒压缩气体、液化气体，禁止通过大中城市的市区和风景游览区。如必须进入上述地区应事先报经当地县、市公安部门批准，按照指定的路线、时间行驶。三轮机动车、全挂汽车列车、人力三轮车、自行车和摩托车不得装运爆炸品、一级氧化剂、有机过氧化物；拖拉机不得装运爆炸品、一级氧化剂、有机过氧化物、一级易燃物品；自卸汽车除二级固体危险货物外，不得装运其他危险货物。运输爆炸品和需要特殊防护的烈性危险货物，托运人须派熟悉货物性质的人员指导操作、交接和随车押运。危险货物如有丢失、被盗应立即报告当地交通运输主管部门，并由交通运输主管部门会同公安部门查处。

(4)交接

货物运达后，要做到交付无误。货物交接双方必须点收点交，签证手续完全。收货人在收货时如发现差错、破损，应协助承运人采取有效的安全措施及时处理并在运输单证上批注清楚。

（五）危险货物的特殊要求

为满足危险货物的特殊要求，必须注意以下事项。

1）掌握各类危险物品的性质，是做好危险货物运输的前提。

2）运输单位承运危险货物，须经有关部门批准，具有从事危险货物运输经营许可证。

3）托运人办理托运业务时，必须提交技术说明书。

4）运单。危险货物的托运单必须是红色的或带有红色标志，以引起注意。

5）包装。危险货物一般应单独包装，包装的种类、材质、封口等应适应所装货物的性质，每件包装上应有规定的包装标志及危险货物包装标志。

6）车辆。选择技术性能良好的车辆，装车前要对车辆进行认真检查，严格执行有关安全防护措施，按指定路线、时间行驶，车辆运行应控制车速，保持和前车的距离，严禁违章超车，确保行车安全。车前悬挂有危险字样的三角旗。

7）驾驶员。从事危险品运输的驾驶人员必须取得危险品运输上岗证。

8）装卸。在指定地点进行装卸，运输、装卸及货主单位必须密切配合，运达卸货地点后，因故不能及时卸货，在待卸期间行车和随车人员负责看管车辆和所装危险货物，同时，承运人应及时与托运人联系，妥善处理。

二、公路大件货物运输

（一）基本内涵

凡整件货物长度在 6 米以上，宽度超过 2.5 米，高度超过 2.7 米的，称为长大货物，如大型钢梁、起吊设备等。

货物每件重量在 4 吨以上（不含 4 吨）的，称为笨重货物，如锅炉、大型变压器等。笨重货物可以分为均重货物与集重货物，均重货物的重量能均匀或近乎均匀地分布于装载底板上；而集重货物的重量集中于装载车辆底板的某一部分，装载集重货物，需要铺垫一些垫木，使重量能够比较均匀地分布于底板上。

（二）大件货物运输的基本技术条件

托运长大笨重货物时，一般都要采取相应的技术措施和组织措施。

1）使用适宜的装卸机械，装车时应使货物的全部支撑面均匀地、平稳地放置在车辆底板上，以免损坏车辆。

2）用相应的大型平板车等专用车辆，严格按有关规定装载。

3）对于集重货物，为使其重量能均匀地分布在车辆底板上，必须将货物安置在纵横垫木上或起垫木作用的设备上。

4）货物的重心应尽量置于车底板纵横中心交叉点的垂直线上。严格控制横向移位和纵向移位。

5）重心高度应控制在规定的限制内，若重心偏高，除应认真进行装载加固以外，还应采取配重措施，以降低其重心高度。

(三)运输

1. 托运

托运人在办理托运时,必须做到向已取得道路大件货物运输经营资格的运输业户或其代理人办理托运;必须在运单上如实填写大件货物的名称、规格、件数、件重、起运日期、收发货人、地址及运输过程中的注意事项。托运人还应向运输单位提交货物说明书;必要时应附有外形尺寸的三面视图(以“+”表示重心位置)和计划装载加固等具体意见及要求。凡未按上述规定办理托运或运单填写不明确,由此发生运输事故的由托运人承担全部责任。

2. 承运

(1)受理

承运人在受理托运时,必须做到根据托运人填写的运单和提供的有关资料,予以查对核实;承运大件货物的级别必须与批准经营的类别相符,不准受理经营类别范围以外的大件货物。凡未按以上规定受理大件货物托运由此发生运输事故的,由承运人承担全部责任。同时,按托运人提供的有关资料对货物进行审核,掌握货物的特性及长、宽、高度,实际质量,外形特征,重心位置等,以便合理选择车型,计算允许装载货物的最大质量,不得超载。并指派专人观察现场道路和交通状况,附近有无电缆、电话线、煤气管道或其他地下建筑物,车辆是否能进入现场,是否适合装卸、调车等情况。了解运行路线上桥、涵、渡口、隧道、道路的负荷能力及道路的净空高度,并研究装载和运送办法。

(2)装卸

大型物件运输的装卸作业应根据托运人的要求、货物的特点和装卸操作规程进行。货物的装卸应尽可能使用适宜的装卸机械。装车时应使货物的全部支撑面均匀地、平稳地放置在车辆底板上,以免损坏底板或大梁;对于集重货物为使其质量能均匀地分布在车辆底板上,必须将货物安置在纵横垫木上或起垫木作用的设备上;货物重心应尽量置于车底板纵、横中心交叉点的垂线上,如无可能,则对其横向位移应严格限制;纵向位移在任何情况下不得超过轴荷分配的技术数据;还应视货物的质量、形状、大小、重心高度、车辆和线路、运送速度等具体情况采用不同的加固措施,以保证运输质量。

(3)运送

按指定的路线和时间行驶,并在货物最长、最宽、最高的部位悬挂明显的安全标志,日间挂红旗,夜间挂红灯,以引起往来车辆的注意。特殊的货物要有专门车辆在前引路,以便排除障碍。

(四)承运长大、笨重货物时采用相应的技术措施和组织措施

承运长大、笨重货物采用的技术和组织措施包括。

1)车站受理托运时,要按发货人提供的有关资料对货物进行审核。

2)派专人观察现场道路和交通情况,研究装载和运送方案,按指定的路线和时间中速或低速行驶。

3)使用适宜的装卸机械,装车时应使货物的全部支撑面均匀地、平稳地放置在车辆底板上,以免损坏车辆。

4)用相应的大型平板车等专用车辆,除应仔细加固捆扎外,还应在货物最长、最宽、最高

的部位悬挂安全标志,日间挂红旗,夜间挂红灯,以引起往来车辆的注意。特殊的货物要由专门车辆在前方引路,以便排除障碍。

5)装载集重货物,需要铺垫一些垫木,使重量能够比较均匀地分布于底板上。

6)货物重心应尽量置于车底板纵横中心交叉点的垂直线上,严格控制横向移位和纵向移位。重车重心高度应控制在规定的限制内,若重心偏高,除应认真进行装载加固以外,还应采取配重措施,以降低其重心高度。

三、公路鲜活易腐货物运输

(一)基本内涵

鲜活易腐货物是指在运输过程中,需要采取一定措施防止货物死亡或腐坏变质,并须在规定运达期限内抵达目的地的货物。

汽车运输的鲜活易腐货物主要有:鲜鱼虾、鲜肉、瓜果、牲畜、观赏野生动物、花木秧苗、蜜蜂等。

(二)主要特点

公路鲜活易腐货物运输的主要特点如下。

1)季节性强、货源波动性大。如水果、蔬菜、亚热带瓜果等。

2)时效性强。鲜活易腐货物极易变质,要求以最短的时间、最快的速度及时运到。

3)运输过程中需要特殊照顾,如牲畜、家禽、蜜蜂、花木秧苗等的运输,需配备专用车辆和设备,并有专人沿途进行饲养、浇水、降温、通风等。

(三)运输

1. 托运

托运鲜活易腐货物前,应根据货物的不同特性,做好相应的包装。托运时须向具备运输资格的承运方提出货物最长的运到期限,某一种货物运输的具体温度及特殊要求,提交卫生检疫等有关证明,并在托运单上注明。

2. 承运

承运鲜活易腐货物时,应对托运货物的质量、包装和温度进行认真的检查,要求质量新鲜、包装达到要求、温度符合规定。对已有腐烂变质象征的货物,应加以适当处理,对不符合规定质量的货物不予承运。

3. 装车

鲜活易腐货物装车前,必须认真检查车辆的状态,车辆及设备完好方能使用,车厢如果不清洁应进行清洗和消毒,适当风干后,才能装车。装车时应根据不同货物的特点,确定其装载方法。如冷冻货物需保持货物内部蓄积的冷量,可紧密堆码;水果、蔬菜等需要通风散热的货物必须在货物之间保留一定的空隙,相压的货物必须在车内加架板,分层装载。

4. 运送

根据货物的种类、运送季节、运送距离和运送方向,按要求及时起运、双班运输、按时运达。炎热天气运送时,应尽量利用早晚行驶。运送牲畜、蜜蜂等货物时,应注意通风散热。

(四)鲜活易腐货物在运输中需要采取的措施

鲜活易腐货物在运输中需采取的措施包括以下几个方面。

1)承运时,承运方必须对货物的质量、状态进行认真检查,对已有腐烂变质现象的货物,托运前应做适当处理。对不符合规定质量的鲜活易腐货物不能受理。

2)受理托运鲜活易腐货物,托运方应提供最长运输期限及途中管理、照料事宜的说明书,有关部门提供的动植物检疫证明和准运手续,对于运输途中需要饲养和照料的动、植物,托运人必须派人押运。对于易腐需冷藏保温的货物,托运人应告知货物的冷藏温度,提出在一定时间内的保持温度的要求。

3)承运方要根据货物的种类、运送季节、运送距离、运送方向以及托运方的要求和承运方的条件等情况,选择合适的车辆、确定货物的装载方法和沿途提供的服务等。鲜活易腐货物原则上用专车专运,不得与其他货物混装。

4)装载时,水果、蔬菜、鲜活植物等,各货件之间应留有一定的间隙,使空气能在货件间充分流动。车厢底板最好有底格,装货时应使货件与车壁间留有适当空隙,以便使经由车壁和底板传入车内的热量可以被空气吸收而不致直接影响货物。

易腐货物,除冷冻货物应紧密堆码不留空隙(使货物本身积蓄的冷量不易散失),对本身不发热的某些冷冻货物(如冷冻鱼虾),虽可以采用紧密堆码法,但应防止过分紧压,以免损伤物体,影响质量。对于活动物,如牛、马需用绳索拴牢在高栏板内,禽、兽及其他小动物需用集装笼或专用工具固定在车厢内,保持平稳、妥当。

5)应运送及时,运行中不得随便紧急制动,并配合押运人定时停车照料。易腐货物要快速运输,压缩货物在途中的时间,以保障货运质量。

任务二　铁路特殊货物运输

一、铁路危险货物运输

铁路危险货物是指具有爆炸、易燃、毒害、腐蚀、放射性等特性,在铁路运输、装卸以及储存保管过程中,易造成人身伤亡及财产损失而需要进行特别防护的货物。我国铁路把危险货物分为9类,即爆炸品;压缩气体和液化气体;易燃液体;易燃固体、自燃物品和遇湿易燃物品;氧化剂和有机过氧化物;毒害品和感染性物品;放射性物品;腐蚀品;杂类。

(一)危险货物

1.爆炸品

(1)爆炸品的分项

整体爆炸物品;抛射爆炸物品;燃烧爆炸物品;一般爆炸物品;不敏感爆炸物品。

(2)装卸保管注意事项

1)装卸作业时,开关车门、车窗不得使用铁撬棍、铁钩等铁质工具,必须使用时,应采取防火花涂层等防护措施。装卸搬运时,不准穿铁钉鞋;使用铁轮、铁铲头推车和叉车时应有防火花措施;禁止使用可能产生火花的机具设备;照明使用防爆灯具;作业时应轻拿轻放,不得摔碰、撞击、拖位、翻滚。整体爆炸物品和燃烧爆炸物品的装载和堆码高度不得超过 1.8 米。车、库内不得残留酸、碱、油脂等物质。发现跌落破损的货件不得装车，应另行放置，妥善处理。

2)爆炸品必须存放于库内，库房应有避雷装置、防爆灯及低压防爆开关。仓库应由专人负责保管。库内应保持清洁，并隔绝热源与火源，温度在 40 ℃以上时，要采取通风和降温措施。爆炸品的堆垛间及堆垛与库墙间应有 0.5 米以上的间隔。要避免日光直晒。

3)发现撒漏的爆炸品应及时用水润湿，撒以松软物后轻轻收集，并通知公安和消防人员处理。禁止将收集的物品装入原包件中。

2. 压缩气体和液化气体

(1)压缩气体和液化气体的分项

压缩气体和液化气体分为易燃气体；不燃气体；有毒气体。

(2)装卸保管注意事项

1)装卸作业时，应使用抬架或搬运车，防止撞击、拖位、摔落、滚动。防止气瓶安全帽脱落及瓶嘴损坏。装卸机械工具应有防止产生火花措施。气瓶装车时应平卧横放。装卸搬运时，气瓶阀不要对着人身。装卸搬运工具、工作服及手套不得沾有油脂。装卸有毒气体时，应配备防护用品，必要时使用供氧式防毒面具。

2)气瓶应存放于库内阴凉通风场所，防止日晒、油污，隔绝热源与火种，当库内温度超过 40 ℃时，应采取通风降温措施。瓶平卧放置时，堆码不得超过 5 层，瓶头要放在同一方向上，瓶身要填塞妥实，防止滚动；立放时要放置稳固，防止倒塌。

3)气瓶着火时，应向气瓶浇洒大量冷水，或将气瓶投入水中使之冷却，同时将周围的气瓶和可燃物搬离现场，若发现阀门松动漏气应立即拧紧，若无法关闭，可将气瓶浸入冷水或石灰水中(氨气瓶只能浸入水中)。液化气瓶破裂时，应将裂口部位朝上。

3. 易燃液体

(1)易燃液体的分项

易燃液体分为低闪点液体；中闪点液体；高闪点液体。

(2)装卸保管注意事项

1)装卸作业前应先通风，开关车门、车窗时不要使用铁制工具猛力敲打，必须使用时应采取防止产生火花的防护措施。作业人员不准穿铁钉鞋。装卸搬运中，不能撞击、摩擦、拖位、翻滚。装卸机具应有防止产生火花的措施。装载钢桶包装的易燃液体，要采取防磨措施，不得倒放或卧放。

2)应存放于阴凉通风场所，避免日晒，隔绝热源和火种，堆放要稳固，严禁倒置。库内温度超过 40 ℃时，应采取通风降温措施。容器受热膨胀时，应浇洒冷却，必要时应移至安全通风处放气处理。

3)发生着火时不宜用水灭火，对密度大于水的易燃液体，可用雾状水或开花水灭火，但应防止液体被冲散而扩大着火范围。

容器渗漏时，应及时移至安全通风处更换包装。渗出的液体可用沙土等物覆盖后扫除干净。

4. 易燃固体、自燃物品和遇湿易燃物品

(1)易燃固体、自燃物品和遇湿易燃物品的分项

易燃固体；自燃物品；遇湿易燃物品。

(2)装卸保管注意事项

1)装卸作业不得摔碰、撞击、拖位、翻滚,防止容器破损。特别注意勿使黄磷脱水,引起自燃。装卸机具应有防止产生火花的措施。雨雪天无防雨设备时,不能装卸遇湿易燃物品。

2)应存放于阴凉、通风、干燥场所,防止日晒,隔绝热源和火种,与酸类、氧化剂必须隔离存放。严禁露天存放遇湿易燃物品。黄磷宜在雨棚中固定货位存放。

3)本类中一些金属粉末、金属有机化合物、氨基化合物和遇湿易燃物品着火时,禁止用水、泡沫、二氧化碳和酸碱灭火剂灭火。扑救浸油的棉、毛、麻类制品发生的火灾时,要注意防止复燃。扑救火灾,还应有防毒措施。对撒漏物品,应谨慎收集,妥善处理。撒漏的黄磷应立即浸入水中,硝化纤维素要用水润湿;金属钠、钾应浸入煤油或液体石蜡中,电石、保险粉等遇湿易燃物品撒漏收集后另放在安全处,不得并入原货件中。

5. 氧化剂和有机过氧化物

(1)氧化剂和有机过氧化物的分项

氧化剂;有机过氧化物。

(2)装卸保管注意事项

1)装车前,车内应打扫干净,保持干燥,不得残留有酸类和粉状可燃物。卸车前,应先通风后作业。装卸搬运中不能摔碰、拖位、翻滚和剧烈震动。搬运工具上不得残留或沾有杂质。拖盘和手推车尽量专用,装卸机具应有防止产生火花的防护措施。

2)应存放于阴凉通风场所,防止日晒、受潮,远离酸类和易燃物,特别要远离硫黄、硝化棉、发孔剂、金属粉末等还原性物质。亚硝酸盐类与其他氧化剂应分库或隔离存放。堆码不宜过高过大,注意通风散热。库内应保持清洁,对搬出后的货位应清扫干净。

3)氧化剂撒漏时,应扫除干净,再用水冲洗。收集的撒漏物品,不得倒入原货件内。过氧化钠等着火时,不能用水扑救。其他氧化剂用水灭火时,要防止水溶液流至易燃、易爆物品处。

6. 毒害品和感染性物品

(1)毒害品和感染性物品的分项

毒害品;感染性物品。

(2)装卸保管注意事项

1)装卸车前应先行通风。装卸搬运时严禁肩扛、背负。要轻拿轻放,不得撞击、摔碰、翻滚,防止包装破损。装卸易燃毒害品时,机具应有防止产生火花的措施。作业时必须穿戴防护用品,严防皮肤破损处接触毒害品。作业完毕及时清洁身体后方可进食、饮水、吸烟。

2)应存放在阴凉、通风、干燥的仓库内,不得露天存放。与酸类物品应隔离存放,严禁与食品同库存放。必须加强管理,严防丢失和发生误交付。

3)固态毒害品撒漏时,应谨慎收集;液态毒害品渗漏时,可先用沙土、锯末等吸收,妥善处理。

7. 放射性物品

(1)放射性物品的形式

低比活度放射性物质(LSA);表面污染物体;带有放射性物质的仪器或仪表等制品;放射性同位素;易裂变物质;其他放射性物质。

(2)装卸保管注意事项

1)装卸车前应先行通风,装卸时尽量使用机械作业,严禁肩扛、背负、撞击、翻滚,作业时间应按规定要求控制。堆码不宜过高,应将辐射水平低的放射性包装件放在辐射水平高的包装件周围。皮肤有伤口者、孕妇、哺乳妇女和有放射性工作禁忌症者(如白血球浓度低于标准浓度等),不能参加放射性物品的作业。在搬运Ⅲ级放射性包装件时,应在搬运机械的适当位置上安装屏蔽物或穿防护围裙,以减少人员受照剂量。装卸、搬运放射性矿石、矿砂时,作业场所应喷水防止飞尘,作业人员应穿工作服、工作鞋,戴口罩和手套。作业完毕应全身清洗。

2)存放放射性物品的仓库(或专用货位)应通风良好、干燥、地面平坦。仓库应有专人管理,放射性包装件必须按规定码放。遇到燃烧、爆炸可能危及放射性货物的安全时,应迅速将放射性货物转移至安全位置,并派专人看管。

3)运输中发生货包破裂、内容物撒漏时,应立即向有关部门报告,由安全防护人员测量并划出安全区,悬挂明显标志。当人体受污染时,应在防护人员指导下,迅速进行去污。若人员受到过量照射时,应立即送医院救治。放射性矿石、矿砂的包装件破裂时,应换包后方可继续运输,撒漏的矿砂等应收集后交托运人处理。

8.腐蚀品

(1)腐蚀品的分项

酸性腐蚀品;碱性腐蚀品;其他腐蚀品。

(2)装卸保管注意事项

1)装卸作业前应穿戴耐腐蚀的防护用品,对易散发有毒蒸气或烟雾的腐蚀品,还应备有防毒面具。卸车前先通风。货物堆码必须平稳牢固。严禁肩扛、背负、撞击、拖拉、翻滚。车内保持清洁,不得留有稻草、木屑、碎布等可燃物。

2)应存放在清洁、通风、阴凉、干燥场所,防止日晒、雨淋。堆码要牢固。应保持堆放处清洁,不得残留有可燃物、氧化剂等。

3)发现液体酸性腐蚀品撒漏应及时撒上干沙土,清除干净后,再用水冲洗污染处;大量酸液溢漏时,可用石灰水中和。

9.杂类

杂类货物指在铁路运输中呈现出危险性质且不包括在上述第1至第8类中的危险性物品。本类货物的品名及运输条件由铁道部另行制定公布。

(二)托运和承运

危险货物的托运和承运,除应遵守普通货物的规定外,还应严格执行《铁路危险货物运输规则》(简称《危规》)的规定。

1.运单的填写

(1)品名的填写

"货物名称"栏内填写《危险货物品名索引表》内列载的品名和编号。危险货物的品名、编号是判断货物是否为危险货物的重要标志,是办理承运、配装、确定运输条件的主要依据,一旦发生事故,还是判定货物性质、采取施救措施的依据。《危险货物品名索引表》内列载具体名称的,应填写具体名称,具体名称附有别名的,可填写其中之一,属于概括名称的,先填写具体名称,再注明所属概括名称,不能填写《危险货物品名索引表》内未列载的名称(按危险货物新产品运输的除外)，同一货物如有《危险货物品名索引表》内未列载的其他名称，根据托运人的需要可以在品名的下面以括号注明其他名称；允许混装在同一包装内运输的危险货物，托运人应分别写明货物的名称和编号。托运人托运危险货物时，应在运单的右上角用红色戳记标明危险货物的类项名称。如金属钠，加盖“一级遇湿易燃物品”红色戳记。

(2)到站的填写

到站应填写运价里程表内办理危险货物运输的营业站。危险货物不办理中转作业。

2. 危险货物运输包装

危险货物包装根据其内装物的危险程度划分为三种类别：具有较大危险性的Ⅰ类包装；具有中等危险性的Ⅱ类包装和具有较小危险性的Ⅲ类包装。

压缩气体和液化气体及放射性物品的包装应分别按国家《气瓶安全监察规程》、国务院《锅炉压力容器安全监察条例》和《放射性物质安全运输规定》办理。

危险货物运输包装的要求如下。

1)包装材料的材质、规格和包装结构应与所装危险货物的性质和重量相适应。

2)包装容器与所装货物不得发生危险反应或削弱包装强度。

3)充装液体危险货物，容器应留有足够的空隙。

4)液体危险货物要做到液密封口；对可产生有害蒸气及易潮解或遇酸雾能发生危险反应的应做到气密封口；对必须装有通气孔的容器，其设计和安装应能防止货物流出及杂质、水分进入，排出的气体不致造成危险或污染；其他危险货物的包装应做到严密不漏。

5)包装应坚固完好，能抗御运输、储存和装卸过程中正常的冲击、震动和挤压，并便于装卸和搬运。

6)包装的衬垫物不得与所装货物发生反应而降低安全性，应能防止内装物移动和起到减震及吸收作用。

7)包装表面应清洁，不得黏附所装物质和其他有害物质。

8)包装上应有规定的危险货物专用标志和储运指示标志，并有与运单相同的危险货物品名。

3. 危险货物试运包装规定

托运人要求改变危险货物运输包装时，应填写改变运输包装申请表，并应首先向发站提出经县级以上(不包括县)主管部门审查同意的包装方法、产品理化特性及经包装检测机构出具的包装试验合格证明。发站对托运人提出的改变包装的有关文件确认后，报铁路局批准，在指定的时间和区段内组织试运。跨局时由主管铁路局通知有关铁路局和车站。危险性较大的货物，应进行可行性研究后方可试运。试运前承运人、托运人双方应商定安全运输协议。试运时，托运人应在运单“托运人记载事项”栏内注明“试运包装”字样。试运时间为1～2年。试运结束时托运人应会同车站将试运结果报主管铁路局。铁路局对试运结果进行研究后，提出试运报告报铁道部。铁道部根据试运报告进行必要的复验，达到要求后正式批准。未经批准或超过试运期限未总结上报的，必须立即中止试运。

4. 进出口危险货物的包装规定

1)托运的货物在《国际海运危险货物规则》、国际铁路联运《危险货物运送规则》等有关国际运输组织的规定中属危险货物，而我国铁路按非危险货物运输时，可继续按非危险货物运输,但包装和标志应符合上述有关国际运输组织的规定。托运人应在运单“托运人记载事项”栏内注明“转海运进(出)口”或“国际联运进(出)口”字样。

2)托运的货物,我国铁路规定为危险货物,而在上述国际运输组织的规定中属非危险货物时,按我国《危规》规定办理。

3)同属危险货物但包装方法不同时,进口的货物,经托运人确认原包装完好,符合安全运输要求,并在运单“托运人记载事项”栏内注明“进口原包装”字样,经请示铁路局同意后,可按原包装方法运输。出口的货物,按试运包装办理。

5. 使用旧包装装运危险货物的要求

使用旧包装装运危险货物时,在符合“对危险货物包装的要求”条件下,在运单“托运人记载事项”栏内注明“使用旧包装,符合安全运输要求”后方可承运。

6. 装过危险货物的空容器的运输

装过危险货物的空容器,口盖必须封闭严密;装过有毒、易燃气体的空钢瓶,装过黄磷、一级毒害品(剧毒品)、一级酸性腐蚀性物品的空容器必须按原装危险货物的运输条件办理;其他装过危险货物的空容器,经车站确认已卸空、倒净,可按普通货物运输,但托运人应在运单“货物名称”栏内注明“原装×××,已经安全处理,无危险”字样。

危险货物按普通货物条件运输时,经铁路局批准可在非危险货物办理站发运。托运人应在运单“托运人记载事项”栏内注明“×××,可按普通货物运输”。

7. 危险货物新产品的运输

托运《危险货物品名索引表》内未列载的危险货物时,托运人在托运前向发站提供经县级以上(不包括县)主管部门审查同意的“危险货物运输技术说明书”,铁路部门据以确定运输条件组织试运。“危险货物运输技术说明书”经铁路局批准后,发站、路局各存查一份,一份报铁道部,一份交托运人,一份随运单交收货人。试运时,托运人在运单“托运人记载事项”栏内注明“危险货物新产品试运”,按“试运包装”试运办法办理。

8. 过度敏感或能自发反应引起危险的物品的运输

1)禁止运输过度敏感或能自发反应引起危险的物品。凡性质不稳定或由于聚合、分解在运输中能引起剧烈反应的危险货物,除《危险货物品名索引表》另有规定外,托运人应采取加入稳定剂或抑制剂等方法,保证运输安全。对危险性大,如易于发生爆炸性分解等反应或需控温运输的危险货物,托运人应提出安全运输办法,报铁道部审批。剧毒品、爆炸品(装入爆炸品保险箱的和配装表中配装号为第1、2号所列品名除外)限按整车办理。

2)托运爆炸品时,托运人应提供《危险货物品名索引表》内规定的许可运输证明(公安机关的运输证明应是收货单位所在地县、市公安部门签发的爆炸品运输证),同时在运单“托运人记载事项”栏内注明名称和号码。发站应确认品名、数量、有效期和到达地是否与运输证明的记载相符。

9. 按一批和同一包装运输的条件

性质或消防方法相互抵触以及配装号或类项不同的危险货物不能按一批托运。性质或消防方法相互抵触以及配装号或类项不同的危险货物不得混装在同一包装内。

10. 特殊事项核查要求

发站受理和承运危险货物时,应认真核查托运人提供的证明文件是否符合规定;确认运单内品名、编号、类项、包装等的填写是否正确、完整，并核查《危险货物品名索引表》第 11 栏内有无特殊规定；严格遵守《危规》中对禁运以及对整车、零担、集装箱运输的限制和规定；检查包装是否符合规定，各项标志是否清晰、齐备、牢固。

（三）危险货物的配装

由于危险货物品类众多，特性各异，甚至有些危险货物发生危险时与消防方法相互抵触，造成在同一车内装载多品种危险货物的特殊困难。通过危险货物配装表中确定的配装号和配装符号，可以确认不同的危险货物是否能配装在同一车内。影响是否可以配装的因素主要包括危险货物的性质、包装条件、铁路运输条件和运输为生产服务的思想。

危险货物配装的条件如下。

1. 可以配装

配装表中为空白，即无配装符号，表示该两种不同配装号的危险货物可以配装在同一车内。

2. 隔离配装

配装表中的配装符号为“△”，表示该两种不同配装号的危险货物可以配装在同一车内，但在车内相互间至少应隔离 2 米。

3. 不能配装

配装表中的配装符号为“×”，表示该两种不同配装号的危险货物不能配装在同一车内。

（四）装载危险货物车辆的隔离

装载危险货物的车辆有调车作业限制、编组隔离限制和需要停止车辆制动机作用时，应分别符合“铁路禁止溜放和限速连挂的车辆表”、“车辆编组隔离表”及《危险货物品名索引表》中的要求。

在同一车内装有编组隔离要求不同的危险货物时，应以隔离车数最多的危险货物作为隔离标准。整装零担车应在封套上记明其类项。

特殊防护事项在货车上（插表示牌）、票据上应有明确的表示，并应在列车编组顺序表上做相应记载。

二、铁路超限货物运输

（一）铁路限界

铁路限界包括建筑接近限界、机车车辆限界、各级超限限界和特定区段装载限界等。建筑接近限界和机车车辆限界是铁路限界中的两种基本限界。

1. 机车车辆限界

机车车辆限界是指机车车辆不同部位自钢轨顶面算起的高度和其不同高度处距线路中心线的水平宽度不得超过的轮廓尺寸线。它是新造和使用中的机车车辆，除电力机车升起的受电弓外，任何部位在任何情况下都不得超过的轮廓尺寸。使用平车或敞车装载货物时，除超限货物或另有规定者外，不得超过此轮廓尺寸。所以，机车车辆限界也是一般货物的装载限界。

2. 建筑接近限界

建筑接近限界是指除机车车辆以及同它有相互作用的设备（如电气化铁路接触网、车辆减速器等)外,其他设备和建筑物不得侵入的轮廓尺寸线。

3. 特定区段装载限界

特定区段装载限界(简称为特定区段)是指小于《超规》中规定的建筑接近限界的个别区段对货物装载的限制。使用敞车类货车装载一般货物时,要注意高度和宽度不能超过机车车辆限界。如到达或通过某些区段还受到建筑物特点的限制,应按照特定区段装载限界表的规定装载。此外,因个别区段线路的质量或桥梁的强度较差,对重车总重做了一定的限制。

(二)超限货物的内涵

1. 超限货物的定义

超限货物是指一件货物装车后,停留在平直线路上,货物的任何部位的宽度或高度超出了机车车辆限界或超出了经过特定区段的特定区段装载限界的货物。一件货物装车后在平直线路上虽不超限,但在行经半径为 300 m 的曲线线路时,货物上有任何部位的计算宽度超限,仍然属于超限货物。一件货物装车后,在上述情况下虽然不超限,但要经过特定区段时,该段物在该特定区段运行时按超限货物办理,不在特定区段运行时,则按一般货物办理。

2. 超限种类和等级

(1)超限种类

1)超限货物按线路中心线可以分为一侧超限和两侧超限两种。

只有货物的一侧超限时称为一侧超限。一侧超限按发站列车运行方向又可分为左侧超限和右侧超限两种。货物的两侧均超限,称为两侧超限。

2)超限货物按超限部位自钢轨顶面起算的高度不同可分为:

下部超限——货物的超限部位自轨面起算在 150 ~ 1 250 毫米高度内;

中部超限——货物的超限部位自轨面起算在 1 250 ~ 3 600 毫米高度内;

上部超限——货物的超限部位自轨面起算高度超过了 3 600 毫米。

(2)超限等级

根据超限货物超出机车车辆限界的程度,中部超限和上部超限分为一级超限、二级超限和超级超限。由于下部超限比较危险,故只有二级和超级两个等级。划分超限等级的目的主要是便于组织超限货物的安全运输。

(三)超限货物的运输组织

1. 超限货物的托运

托运人托运超限货物,除按一般货运手续办理外,还应随同运单提供下列资料。

1)托运超限货物说明书,货物外形尺寸的三视图,并须以"+"符号标明货物重心的位置。

2)托运自轮运转的超限货物,应有自重、轴数、轴距、固定轴距、长度、转向架中心销间距离、制动机形式以及限制条件等资料。

3)必要时应附有计划装载、加固计算根据的图纸和说明书。

2. 超限货物的受理

发站在受理超限货物时,应对托运人提供的有关技术资料进行认真审查,必要时组织有关部门共同研究,及时对货物进行装车前的测量,与托运人提供的资料进行核对,发现不符合时按实际测量尺寸改正。

3. 装载方案的确定

计划装载方案应根据货物的外形情况、尺寸及其重心的位置，结合我国平车的类型及特点选择顺装、横装、立装、斜装等装载方法，确定出最优方案作为计划装载方案。

最优计划装载方案应达到，合理地利用车辆的载重力，尽量选用普通平车装载，尽量降低超限等级或程度，尽量降低重车重心高度。

4. 请示装运办法

发站受理超限货物以后，应根据实测尺寸，以文电向上级请示装运办法。

(1)请示范围

1)到站为自局管内的各级超限货物和各局间运输的一、二级超限货物，到站为跨及三局的超限货物，应向铁路局请示。

2)到站为跨及四局以上及通过电气化区段的超级超限货物，装车后的高度超过5 150毫米和装车后的高度虽在5 000～5 150毫米间，但左侧或右侧宽度超过750毫米的超限货物均应报送铁路局，由铁路局审核后向铁道部请示。

(2)请示文电内容

为了给上级确定装载方案、超限等级和运行条件提供足够的依据，请示文电内容应包括以下内容。

1)到达局和到站、收货人、品名、件数和重量。

2)货物外形(包括固定包装和加固装置)尺寸，包括：全长、支重面长度和宽度；中心高度和宽度，每一不同侧的高度和宽度，圆形货物应说明直径的尺寸；重心位置。

3)跨装时，说明跨装支距长度、突出支点两端的长度和宽度以及所用货物转向架的高度。

4)突出装载时，应说明横垫木的高度。

5)自轮运转的超限货物，应有自重、轴数、轴距、固定轴炬、长度、转向架中心销间距离、制动机形式以及限制条件等资料。

超限货物变更到站时，受理变更的车站应按上述请示范围及文电内容重新请示，并在文电中注明原批准单位、命令号码、新到站及车号。

5. 超限货物装运办法的批示

铁道部、铁路局接到请示装运办法的文电后，应确定装载方案和超限等级，根据货物的超限程度和经由线路建筑接近限界的实际情况确定运行条件，并以文电向有关单位批示装运办法。铁道部向发局、经由局、到达局批示；铁路局应向发站和自局管内的有关站段批示，并抄经由局和到达局。

批示文电的内容应包括使用车辆的类型，货物的超限等级，装车后的尺寸，重心高度，重车重心高，加固注意事项，运送、会车条件，限速要求等。需要安装货物检查架、需要改变建筑物和固定设备时，也应在批示文电中详细指示。

6. 超限货物的装车

受理车站在接到上级对于装运办法的批示文电后，应严格按照其详细指示内容装车，并注意以下事项。

1)严格按照批示文电中的详细指示内容选择车辆。

2)认真做好装车前的准备工作。检查车辆的技术状态；加固材料和加固装置是否符合方案要求;标划装载线并检查无误。

3)组织装车。在标划装载线并检查无误后,按装载线将货物装在车辆上,然后进行测量和加固。

4)装车后的复测与填写记录。装车后以批示文电指示的内容为依据,按照装车后的测量方法进行复测,对测量的各部位尺寸仔细与批示文电核对是否相符,如有不符之处应尽最大能力使其符合,否则应重新请示。车站会同工务、车辆等部门确认复测结果及运输有关事项与实际无误,填写“超限货物运输记录”。

5)标划检查线、书写超限等级、插挂禁止溜放表示牌及超限货物检查牌。

6)发站在运输票据上注明“超限货物”字样,若以连挂车组方式运输时,注明“连挂车组不得分摘”字样,限速运行时,注明“限速××千米”字样。

7. 运行和检查

最后,根据超限车辆的挂运方案,由铁路局调度员指挥和组织车站挂运。在运输途中的技术站和指定的检查站都必须进行认真的检查,确保超限货物车辆运行安全。

三、铁路易腐货物运输

(一)易腐货物运输

1. 易腐货物

易腐货物是铁路鲜活货物中的一大类。它是指在一般条件下保管运输时,极易受到外界气温与湿度的影响而腐败变质的货物。其主要包括肉、鱼、奶、鲜蔬菜、鲜水果、冰、鲜活植物等。按其热状态又分为冻结货物、冷却货物和未冷却货物三种。

冻结货物是指经过冷冻加工成为冻结状态的易腐货物。按《铁路鲜活货物运输规则》的规定,冻结货物的承运温度应在 -10 ℃以下(冰块除外)。冷却货物是指经过预冷处理后,货物的温度达到可承运温度范围之内的易腐货物。按《铁路鲜活货物运输规则》的规定,冷却货物的承运温度在 0~7 ℃间(香蕉、菠萝为 11~15 ℃间)。未冷却货物是指没有经过任何加工处理,完全处于自然状态下的易腐货物。如采摘后就交与运输的鲜瓜果、鲜蔬菜之类。

2. 易腐货物运输的要求

易腐货物本身的特点是新鲜易变质,为了保证易腐货物的新鲜度这个基本要求,运输易腐货物时应做到以下几点。

(1)具备必要的运输设施、设备

如装运易腐货物的冷藏车,为运输易腐货物而设置的制冷、制冰、加盐设备、机械冷藏车保温段等。

(2)保持适宜的温度和湿度

大多数易腐货物在储存和运输中,都需要保持适宜的温度和湿度。冻结货物,如冻肉最适宜的温度为 -18~-15 ℃,湿度为 95%~100%;大白菜的温度为 -0.5~0 ℃,湿度为 80%~95%;香蕉、菠萝的温度为 11~15 ℃,湿度为 80%~85%。

(3)有良好的卫生和通风条件

在运输中卫生和通风条件良好,就可以减免微生物的侵占,保证货物运输安全不变质。

(4)快速运输

在一定的时间限度内,易腐货物的新鲜特质可以得到保持,反之,其新鲜特质就很难保持。故铁路在运输易腐货物时,要做到优先安排运输计划、优先承运、优先装车、优先挂运的“四个优先”原则。

(二)易腐货物运输组织

1.易腐货物的承运

易腐货物的承运是铁路保证发货人货物运输安全的首要一关,其对整个运输过程的各个环节的影响是直接的,因此应按相关规定严格把关,按标准作业。

(1)按一批托运的规定

不同热状态的易腐货物以及易腐货物与非易腐货物,不得按一批托运。

按一批托运的整车易腐货物,一般限运同一品名。不同品名的易腐货物,如在冷藏车内保持或要求的温度上限(或下限)之差不超过3 ℃,允许拼装在同一冷藏车内按一批托运。此时,托运人应在运单“托运人记载事项”栏内记明“车内保持温度(或途中加冰掺盐)按××品名规定的条件办理”。

如用机械冷藏车装运红色的未冷却番茄和未冷却大白菜,车内的温度分别要求保持在2~6 ℃和0~3 ℃,温度下限差2 ℃、上限差3 ℃,未超过3 ℃,按规定,这两种货物可以拼装在同一车内,按一批货物托运。如果是未冷却的青番茄,车内的温度要求保持在10~15 ℃间,则青番茄和上述两种货物均不能拼装在同一车内作为一批货物托运。

(2)运输票据填写的要求和注意事项

承运易腐货物时,除按普通货物的要求填写检查运单外,还应注意以下几点。

1)托运人应在运单“货物名称”栏内填写货物的具体名称(按照“易腐货物运输条件表”)。

2)托运人应在运单“托运人记载事项”栏内注明要求使用的车种,如果使用冷藏车运输,还应注明服务方法,如“途中加冰”、“途中制冷”、“途中加温”、“途中通风”、“途中不加冰”、“途中不制冷”、“不加冰运输”等字样以及注明易腐货物的容许运输期限(日数)。易腐货物的容许运输期限至少须大于铁路规定的货物运到期限3天,发站方可承运。

3)途中需要加冰的冷藏车,发站应在运单“经由”栏内按加冰所分工依次填记应加冰的各加冰所站名。绕路运输时,同样依次填记绕路经由的各加冰所站名。

发站承运易腐货物后,应在运单、货票、封套上分别填记红色标记△(△表示须快速挂运的货车)。发站、编组站、区段站要将△符号转记在“列车编组顺序表”内。

(3)易腐货物的质量、温度、包装和选用的车辆

易腐货物的质量、温度、包装和选用的车辆,都须符合“易腐货物运输条件表”和“易腐货物包装表”的规定。承运货物的质量、包装及安全防护用品是否符合规定,由承运人抽查确定;使用机械冷藏车装运时,由发站会同机械冷藏车乘务员对承运货物的温度和质量进行抽查。

不按规定条件运输和组织试运的易腐货物,车站与托运人应签订运输协议。货物质量由托运人负责。

使用机械冷藏车时,要通知乘务组,并在“乘务报单”和“机械冷藏车作业单”内注明。

(4)托运禽、畜产品和鲜活植物的规定

托运人托运需要检疫运输的禽、畜产品(包括生毛皮、毛、牲骨、蹄等)以及鲜活植物,为了避免病疫的传播,按国家有关规定应提出县级以上卫生防疫站出具的检疫证明,并在运单"托运人记载事项"栏内注明其名称和号码,粘贴于运单背面,车站凭此办理运输。

2. 易腐货物的装车

(1)装车注意事项

经过预冷的冷藏车在装车时应采取保温措施,保持车内温度。在装(卸)作业中应使用不致损坏车内设备的工具,并不得挤碰循环挡板,上层货物与循环挡板间最少应留出 50 毫米的空隙。开关车门时,严禁乱砸硬撬。采取保温、防寒、防湿等措施时,严禁以钉钉等方式损坏冷藏车车体。

(2)装卸时间

车站和托运人、收货人应加强装(卸)车的组织工作,缩短装卸时间。加冰冷藏车每车装卸车作业时间不得超过 3 小时。机械冷藏车组装货车为 8 车以上的,每组装卸车作业时间不得超过 12 小时;装货车为 4 车的,每组装卸车作业时间不得超过 6 小时。由于托运人、收货人的责任,超过装卸作业时间要求,应核收货车延期使用费。机械冷藏车还要核收制冷费。车辆送到后,由于托运人责任取消托运的,车站应向托运人核收空车回送费。已经预冷的冷藏车,还要核收制冷费。

(3)填记装车通知单和作业单

使用机械冷藏车运输易腐货物,车站在机械冷藏车到达后,应将装车时间、地点、货物品名、吨数、到站等事项填记在"机械冷藏车装车通知单"内。通知单一式两份,一份车站存查,一份于装车前 12 小时交乘务组,作为准备装车的通知。装(或卸)车完毕后,作业单位要填写"加冰冷藏车作业单"或"机械冷藏车作业单"。

案例

物流运输中的粮食存储技术

安徽省某市粮库改革传统储粮方法,大胆引进新技术,改用环保、科学的贮粮方法,目前已消灭全部历年的陈化粮,在确保国家储备粮质量的同时节约了 100 多万元资金。

针对传统方法储粮造成的粮食陈化周期短,储存中药物使用量大影响粮食质量等弊端,宿州粮库改变了不发热、不生虫、不霉变、不短少的传统储粮标准,确立了低污染、低药量、保鲜度的绿色环保储存目标,近年来不断加大投入力度,改革传统储粮方法,大胆引用环保新技术实行科学保粮。

近年来,通过不断增加环流熏蒸、机械通风等环保设施,先后改造陈旧简陋仓库 20 多幢,使 20 世纪 70 年代兴建的老仓库全部得以改造,新、老仓库均具备了科学保粮的基础条件,并在安徽省率先实行粮库低温、低氧"双低"技术,"双低"储存技术的使用,使粮食储存周期由原来的 3 年延长至 5 年,保鲜能力提高 80%,仓库配置谷物冷却机,使粮库温度由原来的 27 ℃下降到 26 ℃,实现低温状态,同时采用宽幅复合薄膜达到低氧状态,每年冬季进行两次机械通风,夏季进行复合膜压盖下的低温熏蒸。

据这一粮库的负责人介绍,近两年来,他们多方引资,先后添置了布拉班德粉质仪、降落数值器、面筋指数仪等一批先进设备,粮库全部实现环保电子测温。新技术推行以来,每仓每年仅药物费一项可节约5万元。

思考题

1. 危险货物有哪些种类,具体有多少项?
2. 食用糖引起燃烧的原因有哪些?在运输中应采取哪些防护措施?
3. 有毒物质的物理性质对其毒性的大小有何影响?
4. 放射性物质外辐照的防护措施主要有哪些?
5. 危险货物运输的有关要求有哪些?
6. 超限超载货物的内涵是什么?组织超限货物运输业务的规范有哪些?
7. 怎样组织鲜活易腐货物运输?

情境九　运输成本核算

通过对情境九知识与技能的学习与应用,学生应掌握物流运输成本的内涵、运输成本的构成及运输成本的影响因素;运输成本的分类。能编制运输成本计算表;能对各种运输方式下的运输成本进行核算;能对物流运输费用进行计算。

知识目标

1. 掌握运输及物流运输成本的内涵;
2. 掌握各种运输方式的特点和运输成本的关系;
3. 掌握物流运输活动对运输成本的影响;
4. 根据物流运输成本的构成内容,找出物流运输活动中的成本发生点;
5. 掌握公路、铁路运输成本核算对象、体系及核算程序;
6. 掌握水路、航空运输成本核算内容。

能力目标

1. 能进行公路、水路物流运输成本核算;
2. 能从物流运输成本方面考虑选择合适的运输方式;
3. 能计算物流的公路运输成本并编制成本计算表;
4. 能计算物流的海洋运输成本并编制成本计算表;
5. 能计算各种运输方式的运价;
6. 能合理选择运输方式,实施运输成本的优化。

任务一　运输与运输成本

一、运输

(一)运输业务

运输业务是指物流企业运用各种运输工具及设备,为客户提供货物在物流节点之间流动的服务。

运输业务的基本功能是实现货物较长距离的空间转移,运输活动不产生新的实物形态的产品。物流部门通过运输解决物资在生产地点和需要地点之间的空间距离问题,从而创造商品的空间效益,实现其使用价值,以满足社会需要。运输是物流最重要的一个功能。

(二)运输方式

运输方式是以运输工具和运输线路为标志的各种交通运输类型的统称,它包括以下几种形式。

1. 公路运输

公路运输就是以公路为媒介,以汽车作为运输工具的运输方式。汽车运输的最大优点是在空间和时间方面具有充分的自由性,不受路线和停车站的约束,只要没有特别的障碍,汽车都可以到达。公路运输的特点是,投资少,运输能力小,运输能耗很高,运输成本高,劳动生产率低,机动灵活,货物损耗少,运送速度快,可以实现"门到门"运输。

2. 铁路运输

铁路运输是陆地长距离运输的主要方式。由于货车在固定轨道线路上行驶,可以自成系统,不受其他运输条件的影响,可重载、高速运行,成本相对较低,是我国主要的运输方式。

3. 水路(船舶)运输

水路运输有海运和内河航运两种。利用水路运送货物,在大批量和远距离的运输中价格便宜,可以运送超大型货物和超重物。水路运输的特征:建设投资小;运输成本低;劳动生产率高,平均运距长;受自然条件影响较大。

4. 航空运输

航空运输的优点是速度快。因为时间短,货物损坏少,特别适合一些保鲜物品的输送。但航空运输的费用高,对于离机场比较远的地方利用价值不大。航空运输的特征:造价高、能耗大、运输能力小、成本很高、技术复杂。

航空运输的适用范围:中长途旅客运输;鲜活易腐等特种货物的运输;价值较高或紧急物资的运输;邮政运输。

5. 管道运输

管道运输是用于气体、液体,如天然气、石油等的运输,还发展至粉粒体的近距离输送,如粮食、矿粉等。管道运输的特征:能耗小;安全可靠,无污染;成本低;不受气候影响,可以全天候运输,送达货物的可靠性高;管道可以走捷径,运输距离短;可以实现封闭运输,损耗少。

二、运输成本

(一)运输成本的含义

运输成本是运输企业完成特定客货位移而消耗的物化劳动和活劳动的总和,是运输企业在进行运输生产的过程中发生的各种消耗的总和,其货币表现就是各种费用的支出。

按照运输成本的性质,运输成本包括固定成本、变动成本、联合成本和公共成本。

按照运输方式的不同,运输成本主要分为公路运输成本、铁路运输成本、水路运输成本、航空运输成本和管道运输成本。不同的运输方式所包含的运输成本有不同的构成和范围。

物流运输成本主要包括以下几项内容。

1)人工费用,如工资、福利费、奖金、津贴和补贴等。

2)营运费用,如营运车辆的燃料费、轮胎费、折旧费、维修费、租赁费、车辆牌照检查费、车辆清理费、养路费、过路费、保险费、公路运输管理费等。

3)其他费用,如差旅费、事故损失赔偿、相关税金等。

(二)影响运输成本的因素

1)运输距离,运输距离是影响运输成本的主要因素,因为它直接对劳动、燃料和维修保养等变动成本产生作用。

2)运输量、运输时间要求也是影响运输成本的主要因素。

3)产品密度,密度低的货物,单位重量的运输成本低。

4)搬运难易度,搬运难度较高的货物运输成本较高。

5)需要承运人提供的可靠性越大,货物的运输价格越高。

6)运输形式,合理选择运输形式,也能达到降低运输成本、提高运输效率的目的。

(三)运输企业的经营活动及成本核算的特点

1)与工商企业相比,运输企业的生产经营过程具有较显著的特点,主要表现为以下几点。

①产品是货物的位移,不产生新的实物形态的产品;

②产品的生产过程和消费过程同时进行,当运输过程结束时,满足了运输对象的要求,也就完成了其消费过程;

③生产过程具有流动性、分散性,运输生产过程始终在一个广阔的空间内不断流动,且运动方向很分散,线长点多;

④各种运输方式之间替代性较强,铁路、公路、水路、航空等各种运输方式具有不同的特点和优势,具有明显的替代性;

⑤结算工作量大,由于地点分散、流动性强、横向跨度大,因此产生大量的国内、国际的结算工作。

2)与运输企业的上述生产经营特点相适应,在成本核算方面也存在着如下几个特点。

①成本计算对象具有多样性。运输企业营运过程的直接结果是转移客货的空间位置以及与此相关的业务,不存在对生产对象的直接加工、生产出各种具体产品。

因而,运输企业的成本计算对象是其经营的各类业务以及构成各类业务的具体业务项目。另外,运输企业的运输工具及设备,由于厂牌、型号、吨位不同以及运行线路、航次等不同,对成本水平会产生较大影响。为了加强成本管理,寻求降低成本的途径,除了要以前述各类业务作为成本计算对象外,还要以运输工具及其运行情况等作为成本计算对象,这是运输企业成本计算对象上的特点。

②营运成本与应计入本期营业成本的费用一致,没有在产品成本。运输企业由于营运过程和销售过程同时进行,不存在期初、期末在产品,也不存在独立的销售过程,应计入本期营运成本的费用即为本期的营运成本,汇集分配后直接转入本期损益。

③成本计算方法单一。运输企业由于不涉及半成品结转,也就不存在分步骤、分批别计算成本的问题。尽管各运输业务的成本计算有不同的特点,但共同点都是直接汇集计算各业务的成本。

任务二　公路运输成本核算

一、公路运输成本计算对象和计算单位

公路运输成本也称为汽车运输成本，是指为完成货物运输所支出的各种费用的总和。按完成一个运次或一定期间的运输量计算的成本称为公路运输总成本，平均单位运输量的成本称为公路单位运输成本。单位运输成本是反映公路运输单位生产技术水平和经营管理水平的综合指标。精确地核算公路运输成本，可以掌握运输生产消耗的补偿尺度，为确定运价和运输营利额提供依据，并揭示降低成本的方向。

（一）确定计算对象

公路运输成本通常按货车运输成本（简称货车成本）计算，而不是按货物运输成本计算。

公路运输生产的各项直接费用，不是按运输业务类别（行李包裹运输、货物运输）归集，而是按车辆类别（客车、货车）归集，间接费用一般是按车辆分配而不是按客运和货运的运输量分配。由于车型和使用的燃料不同，运行消耗有差异，所以公路运输成本常按不同车型、不同燃料分别计算；在需要时还分别以不同道路、货种计算运输成本。

（二）确定计算单位

货车单位运输成本按吨千米或千吨千米换算所支付的费用计算。

二、公路运输成本的构成

公路运输成本分为车辆营运费用和营运间接费用两大类。

（一）车辆营运费用

1）司机的工资与福利费，指按规定支付给营运车辆司机的基本工资、工资性津贴和生产性奖金，随车售票乘务员的工资和工资性津贴，实行承包经营企业的司乘人员个人所得的承包收入也包括在本项目内。福利费是指按工资总额的一定比例计提的职工福利费。

2）燃料费，指营运车辆运行中所耗用的各种燃料的费用，如汽油费、柴油费等。

3）轮胎费，指营运车辆耗用的外胎、内胎、垫带的费用支出以及轮胎翻新费和零星修补费。

4）修理费，指营运车辆进行各级维护和小修所发生的工料费、修复旧件费用以及车辆大修费用。采用总成互换维修法的企业，维修部门领取的周转总成的价值和卸下总成的维修费用，也在本项目内核算。

5）车辆折旧，指营运车辆按规定方法计提的折旧费。

6）养路费，运输企业向公路管理部门缴纳的车辆养路费，一般按货车吨位数计算缴纳。

7）公路运输管理费，指按规定缴纳的运输管理费。

8）车辆保险费，向保险公司缴纳的营运车辆保险费用。

9）事故费，指营运车辆在运行过程中，因行车肇事所发生的事故损失，扣除保险公司赔偿后的事故费用。

10）税金，指规定缴纳的车船使用税。

11）各种罚款，主要是指车辆在运行过程中，因违反相关规定被国家机关处罚的金额。其中以交通罚款为主。

12）其他费用，指不属于以上各项的车辆营运费用，如：行车杂费、随车工具费、蓬布绳索费、防滑链条费、中途故障救援费、车辆牌照和检测费、洗车费、停车住宿费、过桥费、过渡费等。

（二）营运间接费用

营运间接费用指为了组织运输活动而发生的营运管理费用，如管理人员的工资、差旅费、办公费、折旧费、场地费等，但不包括企业行政管理部门的管理费用。

三、公路运输成本核算

（一）直接人工的归集与分配

物流运输企业直接人工中的工资，每月根据工资结算表进行汇总与分配。对于有固定车辆的司机和助手的工资，直接计入各自成本计算对象的成本，对于没有固定车辆的司机和助手的工资以及后备司机和助手的工资，则需按一定标准（一般为车辆的车日）分配计入各成本计算对象的成本，计算方法如下：

每一车日的工资分配额 = 应分配的司机及助手工资总额/各车辆总车日

营运车辆应分配的工资额 = 每一车日的工资分配额 × 营运车辆总车日

（二）直接材料的归集与分配

1. 燃料

对于燃料消耗，企业应根据燃料领用凭证进行汇总与分配。但必须注意，在燃料采用满油箱制的情况下，车辆当月加油数就是当月耗用数；在燃料采用盘存制的情况下，当月燃料耗用数应按公式确定：

当月耗用数 = 月初车存数 + 本月领用数 - 月末车存数

2. 轮胎

营运车辆领用轮胎内胎、垫带以及轮胎零星修补费等，一般根据轮胎领用汇总表及有关凭证，按实际数直接计入各成本计算对象的成本。至于领用外胎，其成本差异也直接计入各成本计算对象的成本，而其计划成本如何计入各成本计算对象的成本，则有不同的处理方法。当采用外胎价值一次摊销计入成本的办法时，应根据“轮胎发出汇总表”进行归集与分配；发生外胎翻新费时，根据付款凭证直接计入各成本计算对象的成本。

（三）其他直接费用的归集与分配

1. 保养修理费

物流运输企业车辆的各级保养和修理作业，分别由车队保修班和企业所属保养场（保修厂）进行。由车队保修班进行的各级保修主要为小修理，其费用包括车队保修工人的工资及职工福利费、行车耗用的机油和保修车辆耗用的燃料、润料和备品配件等，一般可以根据各项凭证汇总，全部直接计入各成本计算对象的成本。对于保修班发生的共同性费用，可按营运车日比例分配计入各车队运输成本。由保养场（保修厂）进行的保修主要是大修理，所发生的费用视同辅助生产费用，通过“辅助营运费用”二级账户进行归集与分配。

2. 折旧费

物流运输企业计提固定资产折旧，可以采用平均年限法、工作量法、双倍余额递减法、年数总和法。车辆的固定资产折旧一般采用工作量法计提。当采用工作量法时，由于外胎费用核算有两种不同的方法，所以车辆折旧的计算也有两种方法。如采用外胎价值一次摊销计入成本的方法，计提折旧时，外胎价值不必从车辆原值中扣减；如采用按行驶胎千米预提外胎费用摊入成本的方法，则计算折旧时，外胎价值就应从车辆原值中扣减，否则会出现重复摊提的现象。

3. 养路费

企业缴纳的车辆养路费可以根据缴款凭证直接计入各成本计算对象的成本及有关费用。

4. 其他费用

营运车辆发生的其他直接费用，内容比较复杂，但费用发生时同样可以根据费用凭证直接计入各成本计算对象的成本。

营运车辆的公路运输管理费，一般按运输收入的规定比例计算缴纳。因此，企业缴纳的车管费可以根据交款凭证直接计入各类运输成本。

营运车辆在营运过程中因种种行车事故所发生的修理费、救援和善后费用以及相关人员的医药费、丧葬费、抚恤费、生活费等支出，扣除向保险公司收回的赔偿收入及事故对方或过失人的赔偿款后，净损失也可根据付款、收款凭证直接计入各类运输成本。

车辆牌照和检验费、车船使用税、洗车费、过桥费、轮渡费、司机途中宿费、行车杂费等费用发生时都可以根据付款凭证直接计入各类运输成本。此外，领用随车工具及其他低值易耗品，可以根据领用凭证，一次摊入各类运输成本。

（四）营运间接费用的归集与分配

运输企业所属基层营运单位（车队、车站、车场）在组织与管理营运过程中发生的不能直接计入成本计算对象的各种间接费用，应通过“制造费用－营运间接费用”账户进行核算。企业如实行公司和站、队两级核算体制，“营运间接费用”账户应按基层营运单位设置明细账，并按费用项目进行明细核算，如实行公司集中核算体制，也可不分单位设置明细账，而直接按费用项目进行明细核算。

（五）运输成本明细账的设置与登记

运输成本是在分类（成本项目）归集运输费用的基础上计算出来的，其明细账就是按成本计算对象开设、按成本项目划分专栏的运输支出明细账。

运输支出明细账根据直接人工、直接材料、其他直接费用和营运间接费用等各种费用凭证或汇总分配计算表进行登记。

（六）运输总成本和单位成本的计算

运输企业完成一定运输业务所发生的直接人工、直接材料、其他直接费用和营运间接费用等运输费用的总额，组成了运输总成本。运输单位成本的计算公式如下：

运输单位成本（元/千吨千米）＝运输总成本÷运输周转量（千吨千米）

【例 9-1】某汽车运输公司经营客、货两类运输业务。7 月份经营车辆 360 辆，其中客车

160 辆,货车 200 辆。该月客车运输量为 5 万千人千米,货车运量为 3 500 千吨千米。该月发生的各项营运费用如表 9-1 至表 9-8 所示。

表 9-1 直接材料、燃料、轮胎费用明细 单位:元

项　目	燃　料	材料		轮胎摊销额
		消耗材料	内胎、垫带	
运输支出	270 000	15 000	18 000	16 000
货车支出	150 000	10 000	8 000	11 000
客车支出	120 000	5 000	10 000	5 000
营运间接费用	25 000	29 000		
合计	295 000	44 000	18 000	16 000

表 9-2 工资及福利费明细 单位:元

项目	工资	福利费
运输支出	360 000	50 400
货车支出	240 000	33 600
客车支出	120 000	16 800
营运间接费用	50 000	7 000
合计	410 000	57 400

表 9-3 折旧费、修理费明细 单位:元

项目	折旧费	修理费	其他费用
运输支出	440 000	185 000	45 600
货车支出	240 000	91 000	16 400
客车支出	200 000	94 000	29 200
营运间接费用	50 000	21 000	38 000
合计	490 000	206 000	83 600

将营运间接费用 220 000 元,按客、货车直接工资分配如下。

表 9-4 营运间接费用分配 单位:元

项目	工资/元	分配率	营运间接费用/元
货车	240 000	0. 611 1	146 667
客车	120 000		73 333
合计	360 000	0. 611 1	220 000

根据各种费用明细表和间接费用分配表,登记客车、货车成本明细账。

表 9-5　客车成本明细账　单位:元

月　份	材料和易耗品	人工费	维护费	营运间接费用	合计
7	140 000	136 800	323 200	73 333	673 333

表 9-6　货车成本明细账　单位:元

月　份	材料和易耗品	人工费	维护费	营运间接费用	合计
7	179 000	273 600	347 400	146 667	946 667

最后,编制客车、货车成本计算单。

表 9-7　客车成本计算单

成本项目	总成本/元	单位成本(元/ 辆)
材料和易耗品	140 000	875
人工费	136 800	855
维护费	323 200	2 020
营运间接费用	73 333	458
合计	673 333	4 208

表 9-8　货车成本计算单　单位:元

成本项目	总成本/元	单位成本(元/ 辆)
材料和易耗品	179 000	895
人工费	273 600	1 368
维护费	347 400	1 737
营运间接费用	146 667	733. 34
合计	946 667	4 733. 34

四、公路运输企业成本费用分析

(一)运输费用指标

百千米油耗,车辆平均每行驶 100 千米消耗的燃油数量(以升为单位)。

百千米维修费用,车辆平均每行驶 100 千米所需要的维修费用。

百千米轮胎费用,车辆平均每行驶 100 千米所需要的轮胎费用。

吨千米过路费用,车辆每完成一个吨千米的货物周转量所需要的过路费用。

吨千米综合费用,在一个会计期内,车辆每完成一个吨千米的货物周转量所需要的全部费用。

(二)车辆运用指标

车辆完好率,是指统计期内完好车日与总车日之比,用以表示总车日内有多少车日可用于运输工作。

车辆工作率，是指统计期内工作车日与总车日之比，用以表示车队总车日的有效利用程度。

行程利用率，是指统计期内车辆的载重行程与总行程之比，用以表示车辆总行程的有效利用程度。

实载率，是指车辆实际完成的货物周转量与全行程周转量之比。

车辆生产率，是指单位时间内，单位车辆所完成的运输工作量。

任务三　铁路运输成本核算

铁路运输成本是指铁路运输企业为完成客、货物运输任务实际发生的与运输生产直接有关的各项支出。铁路运输总成本是指全路、铁路局、铁路分局等铁路运输企业在一定时期内为完成一定数额的客货运输周转量而发生的运输总支出。铁路运输生产由众多基层运营单位共同参与才能完成，各个基层运营单位所发生的运输支出仅是运输总支出的组成部分，由于铁路运输企业实行分级核算制，基层运营单位、铁路分局、铁路局等各级单位只核算本省的运输支出，并以所取得的运输清算收入来弥补运输支出，以确定其财务成果，对运输支出不做逐级上转。因此，铁路分局和铁路局是通过账外的汇总来计算确定其运输总成本的。

一、成本计算对象、单位及计算期

（一）成本计算对象

以客、货运输业务为铁路运输成本计算对象。

（二）成本计算单位

客运成本计算单位是千人千米、货运成本计算单位是千计费吨千米。客货运换算成本计算单位是换算吨千米。

（三）成本计算期

一般按季或年计算。

二、铁路运输成本构成

铁路运输成本是指铁路运输企业为完成客货物运输任务实际发生的与运输生产直接相关的各项支出。具体包括下列各项。

1）工资，指铁路运输企业直接从事运输生产业务人员的工资、奖金、津贴、补贴等。

2）职工福利费，指按规定提取的生产业务人员的职工福利费。

3）材料、燃料费，指铁路运输生产经营过程中，运输设备、设施及其他生产设备、设施养护修理所耗费的材料、燃料等的费用。

4）配件、工具备品及其他费用，指铁路运输生产经营过程中的运输设备、设施及其他生产设备、设施养护修理所耗费的配件、工具备品及其他费用等。

5）动力费用，指在铁路运输活动中耗费的电力等费用。

6)停工损失、事故损失，指铁路运输生产过程中发生的季节性修理期间的停工损失、事故净损失。

7)其他费用，按照《铁路运输企业成本费用管理核算规定》可以在成本类得到其他费用，例如合理化建议及技术改进奖，生产部门人员的办公费、差旅费、职工支付补贴、市内交通费补贴等。

按规定列入运输成本的固定资产折旧、集中费用，由铁道部审定经费计划，分配到各铁路局列入运输成本费用。

三、铁路运输成本计算方法

铁路运输总成本主要计算客运支出、货运支出和营运支出三项指标，其中营运支出为货运支出和客运支出的总和。为了正确计算各项总成本，需将全部营运支出按规定的要求和计算办法准确地划分为客运支出和货运支出两个部分。客货运支出的划分应以基层运营单位为基础，在铁路分局完成划分、汇集工作。铁路局汇总各铁路分局汇集的结果，再加上铁路局的有关营运支出，计算铁路局的客货运支出。在具体划分上，一般采用基层运营单位直接划分，铁路分局分批划分的总原则。

凡是专门从事客运工作或为客运工作服务的基层运营单位的成本费用全部作为客运支出。

凡是专门从事货运工作或为货运工作服务的基层运营单位的成本费用全部作为货运支出。

凡是运输支出科目已明确规定的客运科目、货运科目的成本费用，相应直接列入客运支出或货运支出。

对于客货运工作兼办的单位，客运或货运占支出的绝对部分，则该单位的成本费用全部划归相应的客运或货运支出，一般由分局确定具体单位。

对于不能直接划分客货运支出的成本费用，原则上由各单位按可获费用比例分摊，不能分摊的单位，由分局按规定指标和方法分摊。

为了便于对营运支出进行划分，各基层单位应当编制客货运支出计算表，铁路分局、铁路局根据计算表汇总后逐级上报。

四、铁路运输单位成本计算

铁路运输单位成本是指单位运输周转量应负担的运输支出，也称平均成本。包括单位客运成本、单位货运成本、单位营业成本。

五、铁路运输专项成本

铁路运输专项成本是分别按不同等级、席别的旅客和不同运输方式、不同品类的货物而计算的运输成本，目前主要有以下几种专项成本。

(一)客运专项成本

客运专项成本是按不同列车级别和席别计算的客运成本，客运专项成本可计算直快硬卧人千米成本、普客硬座人千米成本、特快软座人千米成本、市郊列车人千米成本、行包吨千米成本等多种运输成本。

（二）货运专项成本

货运专项成本是指按不同运输方式和不同品类的货物计算的货运成本，如整车运输成本、集装箱运输成本、零担运输成本以及煤炭吨千米成本、钢铁吨千米成本、石油吨千米成本、木材吨千米成本等。

（三）分线运输成本

分线运输成本是指某一铁路线路进行货物运输生产所发生的运输支出并按完成的客货周转量计算的各种运输成本，具体计算可按照上述的各项指标进行。

（四）作业成本

作业成本是指铁路运输企业为完成某项具体运输生产作业而发生及应负担的运输支出，如汽车千米成本、机车台成本、车辆千米成本、调车作业成本。

任务四　水路运输成本核算

一、水路运输成本计算对象

水运成本以水运业务为成本计算对象，但是由于水路运输成本主要是船舶设备的使用成本，因此发生的船舶费用仍然要以运输船舶为对象计算，间接计算水运成本。

海运企业可以根据企业经营管理需要，计算下列各种成本。

1）单船运输成本，以每艘船运输业务为成本计算对象，计算每艘船舶的运输成本。

2）类型船运输成本，以各类型的船舶运输业务为成本计算对象，计算各类型船舶的运输成本。

3）航线运输成本，以各航线的船舶运输业务为成本计算对象，计算各航线船舶的运输成本。

二、海运成本的构成

（一）航次运行费用

航次运行费用是指船舶在运输生产过程中发生的直接归属于航次负担的费用。航次运行费用分设以下明细项目，归集有关营运支出。

1）燃料费，是指船舶在营运期内航行、装卸、停泊等时间内耗用的全部燃料费用。

2）港口费，是指船舶在营运期内进出港口、航道、停泊港内所发生的各项费用。具体包括：船舶吨税、船舶港务费、引航费、拖轮费、停泊费、系解缆费、灯标费、检疫费、结关费等。除上述费用外，与船舶有关的费用还包括倒垃圾费、交接船检验费、熏舱费、交通费、消防费、代理费等。

3）货物费，这类费用因货而发生，其数额与货物的种类及数量有直接关系，是指船舶载运货物所发生的应由船方负担的业务费用，如装卸费、使用港口装卸机械费、理货费、开关舱费、扫舱费、洗舱费、验舱费、烘舱费、平翻舱费、货物代理费、货物检验费、货物保险费等。

4)集装箱货物费,是指船舶载运集装箱所发生的应由船方负担的业务费用,如集装箱装卸费、集装箱站场费用、集装箱货物代理费用等。

5)中转费,是指船舶载运的货物到达中途港口换装其他运输工具运往目的地、在港口中转时发生的应由船方负担的各种费用,如汽车接运费、铁路接运费、水运接运费、驳载费等,但不包括由本企业船舶承运后在境外改由其他运输企业承运所发生的中转费。

6)垫隔材料费,是指船舶在同一货舱内装运不同类别货物需要分隔、垫隔或装运货物需要防止摇动、移位以及货物通风需要等耗用的木材、隔货网、防摇装置、通风筒等材料费用。

7)速遣费,是指有装卸协议的船舶、港口或代理单位提前完成装卸作业,按照协议支付的速遣费用,发生的延滞费收入可以抵减速遣费。

8)事故损失费,是指船舶在营运生产过程中发生海损、机损、货损、货差、污染、人身伤亡等事故的费用,包括施救、赔偿、修理、诉讼、善后等直接损失费用。

9)航次其他运行费用,是指不属于以上各项费用但应直接归属于航次负担的其他费用,如淡水费、通信导航费、交通车船费、邮电费、清洁费、国外港口招待费、航次保险、领事签证费、代理行李费、业务杂支、冰区航行破冰费等。

(二)船舶固定费用

船舶固定费用是指为保持船舶适航状态所发生的经常性维持费用。船舶固定费用分设以下明细项目。

1)工资,是指在航船员的各类工资、津贴、奖金、补贴、航行津贴等按有关规定由成本列支的工资性费用。

2)职工福利费,是指按在航船员工资总额和比率提取的职工福利费。

3)润料费,是指船舶耗用的各种润滑油剂的费用。

4)物料费,是指船舶在运输生产中耗用的各种物料、低值易耗品的费用。

5)船舶折旧费,是指按确定的折旧方法按月计提的折旧费用。

6)船舶修理费,是指已完工的船舶实际修理费支出、日常维护保养耗用的修理材料、备品配件等费用。

7)保险费,是指向保险公司投保的各种船舶险、运输船员的人身险以及意外伤残险所支付的保险费用。

8)税金,是指按规定交纳的车船使用税。

9)船舶非营运期费用,是指船舶在非营运期(如厂修、停航、自修、事故停航等)内发生的燃料费、港口费等有关支出。

10)船舶共同费用,是指为企业所有运输船舶共同受益,但不能分船直接负担,需经过分配由各船负担的费用。具体包括:工资、职工福利费、职工教育经费、养老保险基金、工会经费、失业保险基金、船员服装费、船员差旅费、文体宣传费、单证资料费、电信费、研究试验费、专有技术使用费等其他费用。

(三)船舶租费

船舶租费是指企业租入运输船参加营运,按规定应列入成本的期租费和程租费。

(四)集装箱固定费用

集装箱固定费用是指企业自有或租入的集装箱及其底盘车在营运过程中发生的固定费

用，包括空箱保管费、折旧费、修理费、保险费、租费、底盘车费用，其他如清洁费用、熏箱费等。

（五）营运间接费用

营运间接费用是指水路运输企业在营运过程中所发生的不能直接计入运输成本计算对象的各种间接费用。如实行内部独立核算单位的船队、码头作业区管理费用、装卸队费用、船员管理部门费用等。包括企业各个分公司或船队为组织和管理运输生产所发生的运输生产管理人员工资、职工福利费、折旧费、租赁费、修理费、材物料消耗、低值易耗品、取暖费、水电费、办公费、差旅费、运输费、保险费、设计费、试验检查费、劳动保护费以及其他营运间接费用。

三、水路运输成本的核算

（一）船舶固定费用的归集与分配

船舶共同费用的计算。船舶共同费用是指应该由运输企业的所有船舶共同负担，首先需要经过分配，然后再由各个船舶负担的船员费用和船舶业务费用。

船舶共同费用发生时，企业财务部门应根据有关原始凭证和费用汇总表，按照费用发生的先后顺序计入“船舶固定费用”、“船舶共同费用”二级明细科目，并按规定费用项目设立费用明细账进行归集登记。船舶共同费用在月度终了，通常按各船的艘天数、吨天数或其他比例，分摊计入“船舶共同费用分配表”，并分别计入各船的“船舶共同费用明细账”。

远洋运输企业应按船名设置“船舶固定费用明细账”，并按项目设置专栏，以归集船舶本月发生的船舶固定费用。对本月发生的船舶固定费用，根据有关原始凭证和费用分配表编制记账凭证。

船舶非营运费用的计算。船舶在非营运期间所发生的费用就是船舶非营运费用，为了便于分析和考核水运企业非营运期的费用支出，控制船舶非营运费用在运输成本中的比重，需要在“船舶固定费用”科目内设置“船舶非营运期费用”二级明细科目。

在需要计算船舶非营运期全部费用时，“船舶固定费用”可以按船舶营运吨天和非营运吨天的比例分摊计算，其计算公式如下：

船舶非营运期全部费用 = 直接归集的船舶非营运期费用 + 船舶固定费用/船舶总时间（吨天）× 船舶非营运吨天

（二）各航次船舶固定费用的分配计算

水路运输企业的船舶固定费用一般分单船按规定费用项目设立“船舶固定费用”明细账，企业运输船舶所发生的固定费用，应分别按不同的成本计算对象，直接计入各船“船舶固定费用”明细账的有关项目内。

按月计算成本的企业，船舶固定费用应按月分别计入各月的运输成本，按航次核算成本的企业，月度终了应该将船舶固定费用按各船营运天数分配计入该船本月内已完和未完的航次成本。船舶从事与运输无关的工作，均按各项工作的营运天数和每营运天的费用计算，其计算公式如下：

船舶某月每营运天的船舶固定费用 = 该船舶该月固定费用 ÷ 该船舶该月营运天数

某航次应负担的船舶固定费用 = 该船舶该月每营运天的船舶固定费用 × 该航次营运天数

某船舶从事与运输无关工作应负担的船舶固定费用 = 该船舶该月每营运天的船舶固定费用 × 该船舶该月从事与运输无关工作的天数

【例 9-2】某企业 6 月船舶固定费用为 30 000 元，该月份营运 30 天，其中 18 天为第二航次，10 天为第三航次（航次尚未完毕），另有 2 天从事施救工作。该船舶 6 月份船舶固定费用应计算分配如下：

船舶 6 月每营运天的船舶固定费用：30 000 ÷ 30 = 1 000（元/天）

第二航次应负担的船舶固定费用：1 000 × 18 = 18 000（元）

第三航次应负担的船舶固定费用：1 000 × 10 = 10 000（元）

该船从事与运输无关工作应负担的船舶固定费用：1 000 × 2 = 2 000（元）

（三）船舶租费的计算

船舶租费是水路运输企业租入船舶，按租赁合同支付的船舶期租费或程租费。期租费是指按租赁时期计算的船租费用；程租费是指按船舶航次计算的船租费用。程租费按航次计入当航次的成本，实行单船计算成本的企业，应该计入航次结束月度的单船成本。期租费按航次日历天数分摊计入有关航次的成本。

某船每月支付的期租费为航次间接费用，期租费可以按船名设置“船舶租费明细账”。月末根据船舶租费明细账中汇集的船舶期租费用总额和租入船舶的全月营运天数，求出每一营运天期租费，作为该船的已完航次、未完航次、船舶短期转租分摊船舶期租费的计算基础。某船某一航次应分摊的期租费，可按下式计算：

租入船舶期租费分摊额 =（该船当月期租额/该船全月营运天数）× 该航次本月营运天数

实行单船核算成本的水路运输企业期租费按日历月份划分，分别计入各有关成本计算期的单船成本。

（四）集装箱固定费用的计算

企业为了维持集装箱处于适用状态所发生的日常维护费用就是集装箱固定费用。

集装箱固定费用一般按集装箱类型分别设置明细账，按规定项目进行归集，按每标准箱天费用和使用天数计算分配给集装箱运输船舶成本。集装箱固定费用分配的计算公式如下：

每标准箱天集装箱固定费用 = 集装箱固定费用 ÷ 集装箱标准箱天数

集装箱固定费用 = 集装箱标准箱天数 × 每标准箱天集装箱固定费用

【例 9-3】某远洋运输企业用 20 英尺集装箱 100 只，40 英尺集装箱 50 只，6 月其支付集装箱固定费用 600 000 元，某船第三航次装 20 英尺集装箱 10 只，该航次共计 25 天，应分摊集装箱固定费用计算如下：

每标准箱天集装箱固定费用：600 000 ÷ [30 × (100 + 2 × 50)] = 100（元/箱天）

某船第三航次应分摊集装箱固定费用：10 × 25 × 100 = 25 000（元）

任务五 运价及运费计算

一、公路货运运价

为统一全国汽车运价计算办法，正确执行《价格法》和国家的物价政策，促进汽车运输事业发展，中华人民共和国交通部和国家发展计划委员会制定了《汽车运价规则》。

（一）计量单位

整批货物运输以吨为单位；零担货物运输以千克为单位；集装箱运输以箱为单位。

（二）重量确定

一般货物，无论整批、零担货物，计费重量均按毛重计算。

整批货物吨以下计至100千克，尾数不足100千克的，四舍五入。

零担货物起码计费重量为1千克，重量在1千克以上，尾数不足1千克的，四舍五入。

轻泡货物，每立方米折算重量333千克。

装运整批轻泡货物的高度、长度、宽度，以不超过有关道路交通安全规定为限度，按车辆标记吨位计算重量。

零担运输轻泡货物以货物包装最长、最宽、最高部位的尺寸计算体积，按每立方米折合333千克计算重量。

货物重量一般以起运地过磅为准。起运地不能或不便过磅的货物，由承、托双方协商确定计费重量。

（三）计费里程

里程单位，货物运输计算里程以千米为单位，尾数不足1千米的，进整为1千米。

里程确定，货物运输的营运里程，按交通部和各省、自治区、直辖市交通行政主管部门核定、颁发的《营运里程图》执行。《营运里程图》未核定的里程由承、托双方共同测定或经协商按车辆实际运行里程计算。货物运输的计算里程，按照从装货地点至卸货地点实际载货的营运里程计算。

（四）基本运价

整批货物基本运价，指一等整批普通货物在等级公路上运输的每吨千米运价。

零担货物基本运价，指零担普通货物在等级公路上运输的每千克千米运价。

集装箱基本运价，指各类标准集装箱重箱在等级公路上运输的每箱千米运价。

（五）普通货物运价

普通货物实行分等计价，以一等货物为基础，二等货物加成15%，三等货物加成30%。

（六）特种货物运价

1. 长大笨重货物运价

一级长大笨重货物在整批货物基本运价的基础上加成40%～60%。

二级长大笨重货物在整批货物基本运价的基础上加成60%～80%。

2. 危险货物运价

一级危险货物在整批(零担)货物基本运价的基础上加成60% ~80%。

二级危险货物在整批(零担)货物基本运价的基础上加成40% ~60%。

3. 贵重、鲜活货物运价

贵重、鲜活货物在整批(零担)货物基本运价的基础上加成40% ~60%。

(七)货物运输其他费用

调车费;装货(箱)落空损失费;道路阻塞停运费;车辆处置费;车辆通行费;运输变更手续费。

(八)货物运费计算

1. 整批货物运费计算

整批货物运费 = 吨次费 × 计费重量 + 整批货物运价 × 计费重量 × 计费里程 + 货物运输其他费用

2. 零担货物运费计算

零担货物运费 = 计费重量 × 计费里程 × 零担货物运价 + 货物运输其他费用

3. 集装箱运费计算

重(空)集装箱运费 = 重(空)箱运价 × 计费箱数 × 计费里程 + 箱次费 × 计费箱数 + 货物运输其他费用

二、铁路货物运价

(一)运价种类

包括整车货物运价;零担货物运价;集装箱货物运价。

(二)计算货物运输费用的程序

按《货物运价里程表》计算出发站至到站的运价里程。

根据货物运单上填写的货物名称查找《铁路货物运输品名分类与代码表》、《铁路货物运输品名检查表》,确定适用的运价号。

整车、零担货物按货物适用的运价号,集装箱货物根据箱型,冷藏车货物根据车种分别在"铁路货物运价率表"中查出适用的运价率(即发到基价和运行基价,以下同)。

货物适用的发到基价加上运行基价与货物的运价里程相乘之后,再与按《铁路货物运价规则》确定的计费重量(集装箱为箱数)相乘,计算出运费。

运费 = (发到基价 + 运行基价 × 运价里程) × 计费重量

(三)运费计算方法

整车货物每吨运价 = 发到基价 + 运行基价 × 运价千米

零担货物每 10 千克运价 = 发到基价 + 运行基价 × 运价千米

集装箱货物每箱运价 = 发到基价 + 运行基价 × 运价千米

运价号所对应的运价如表 9-9 所示。

表 9-9 运价号所对应的运价

办理类别	运价号	发到基价		运行基价	
		单位	标准	单位	标准
整车	1	元 / 吨	4.60	元 / 吨千米	0.021 2
	2	元 / 吨	5.40	元 / 吨千米	0.024 3
	3	元 / 吨	6.20	元 / 吨千米	0.028 4
	4	元 / 吨	7.00	元 / 吨千米	0.031 9
	5	元 / 吨	7.90	元 / 吨千米	0.036 0
	6	元 / 吨	8.50	元 / 吨千米	0.039 0
	7	元 / 吨	9.60	元 / 吨千米	0.043 7
	8	元 / 吨	10.70	元 / 吨千米	0.049 0
	9	—	—	元 / 吨千米	0.150 0
	冰保	元 / 吨	8.30	元 / 吨千米	0.045 5
	机保	元 / 吨	9.80	元 / 吨千米	0.067 5
零担	21	元 / 吨	0.087	元 / 吨千米	0.000 365
	22	元/10 千克	0.104	元/10 千克千米	0.000 438
	23	元/10 千克	0.125	元/10 千克千米	0.000 526
	24	元/10 千克	0.150	元/10 千克千米	0.000 631
集装箱	1 吨箱	元 / 箱	7.40	元 / 箱千米	0.033 29
	5.6 吨箱	元 / 箱	57.00	元 / 箱千米	0.252 5
	10 吨箱	元 / 箱	86.20	元 / 箱千米	0.381 8
	20 英尺箱	元 / 箱	161.00	元 / 箱千米	0.712 8
	40 英尺箱	元 / 箱	314.70	元 / 箱千米	1.393 5

(四)铁路货运杂费

铁路货运杂费包括延期使用运输设备、违约及委托服务杂费和租、占用运输设备杂费三大类。

(五)其他费用

其他费用包括铁路建设基金、电气化附加费、新路新价均摊运费、加价运费和其他代收款等。

三、海运运费计算

(一)班轮运费计算

1. 班轮运费构成

班轮运费由基本运费和附加费两部分组成。

(1)基本费率

基本费率是指每一计费单位(如 1 运费吨)货物收取的基本运费。基本费率有等级费率,货种费率,从价费率,特殊费率和均一费率之分。

(2)附加费

为了保持在一定时期内基本费率的稳定,又能正确反映出各港的各种货物的航运成本,班轮公司在基本费率之外,又规定了各种费用。

1)燃油附加费,在燃油价格突然上涨时加收。

2)货币贬值附加费,在货币贬值时,船方为使实际收入不致减少,按基本运价的一定百分比加收的附加费。

3)转船附加费,凡运往非基本港的货物,需转船运往目的港,船方收取的附加费,其中包括转船费和二程运费。

4)直航附加费,当运往非基本港的货物达到一定的货量,船公司可安排直航该港而不转船时所加收的附加费。

5)超重附加费、超长附加费和超大附加费,当一件货物的毛重或长度或体积超过或达到运价表规定的数值时加收的附加费。

6)港口附加费,有些港口由于设备条件差或装卸效率低以及其他原因,船公司加收的附加费。

7)港口拥挤附加费,有些港口由于拥挤,船舶停泊时间增加而加收的附加费。

8)选港附加费,货方托运时尚不能确定具体卸货港,要求在预先提出的两个或两个以上港口中选择一港卸货,船方加收的附加费。

9)变更卸货港附加费,货主要求改变货物原来规定的卸货港口,在有关当局(如海关)准许,船方又同意的情况下所加收的附加费。

10)绕航附加费,由于正常航道受阻不能通行,船舶必须绕道才能将货物运至目的港时,船方所加收的附加费。

2. 运费计算标准

通常按货物重量;按货物尺码或体积;按货物重量或尺码,选择其中收取运费较高者计算运费;按货物的 FOB 价收取一定百分比作为费用,称为从价运费;按每件为一单位计收;由船货双方临时议定价格收取运费,称为议价运费。

3. 运费计算步骤

1)选择相关的运价表;

2)根据货物名称,在货物分级表中查出运费计算标准(Basis)和等级(Class);

3)在等级费率表的基本费率部分找到相应的航线、起运港、目的港,按等级查出基本运价;

4)再从附加费部分查出所有应收(付)的附加费项目和数额(或百分比)及货币种类;

5)根据基本运价和附加费算出实际运价:

运费 = 运价 × 运费吨

(二)租船的运费

程租合同中有的规定运费率,按货物每单位重量或体积若干金额计算;有的规定整船包价。费率的高低主要取决于租船市场的供求关系,但也与运输距离、货物种类、装卸率、港口使用、装卸费用划分和佣金高低有关。合同中对运费按装船重量或卸船重量计算,运费是预付或到付，均须写明。特别要注意的是应付运费时间是指船东收到的日期，而不是租船人付出的日期。

装卸费用的划分法如下。

船方负担装卸费又称“班轮条件”，船方不负担装卸费，采用这一条件时，还要明确理舱费和平舱费由谁负担，一般都规定租船人负担，即船方不负担装卸，理舱和平舱费，船方管装不管卸条件，船方管卸不管装条件。

（三）集装箱海运运费

目前，集装箱货物海上运价体系较内陆运价成熟。其基本上分为两个大类，一类是沿用件杂货运费计算方法，即以每运费吨为单位（俗称散货价），另一类是以每个集装箱为计费单位（俗称包箱价）。

1. 件杂货基本费率加附加费

1）基本费率，参照传统件杂货运价，以运费吨为计算单位，多数航线上采用等级费率。

2）附加费，除传统件杂货所收的常规附加费外，还要加收一些与集装箱货物运输有关的附加费。

2. 包箱费率

这种费率以每个集装箱为计费单位，常用于集装箱交货的情况，即 CFS-CY 或 CY-CY 条款，常见的包箱费率有以下三种表现形式。

1）FAK 包箱费率，即对每一集装箱不细分箱内货类，不计货量（在重量限额之内）统一收取的运价。

2）FCS 包箱费率，按不同货物等级制定的包箱费率，集装箱普通货物的等级划分与件杂货运输分法一样，仍是 1～20 级，但是集装箱货物的费率级差大大小于件杂货的费率级差，一般低级的集装箱收费高于传统运输，高价货集装箱低于传统运输；同一等级的货物，重货集装箱运价高于体积货运价。可见，船运公司鼓励人们把高价货和体积货装箱运输。在这种费率下，拼箱货运费计算与传统运输一样，根据货物名称查得等级和计算标准，然后去套相应的费率，乘以运费吨，即得运费。

3）FCB 包箱费率，是按不同货物等级或货类以及计算标准制定的费率。

四、空运运费的计算

（一）计费重量

航空公司规定，在货物体积小、重量大时，按实际重量计算；在货物体积大、重量小时，按体积计算。在集中托运时，一批货物由几件不同的货物组成，有轻泡货也有重货。其计费重量则采用整批货物的总毛重或总的体积重量，按两者之中较高的一个计算。

（二）航空公司运价和费用的种类

1）运价。承运人为运输货物对规定的重量（或体积）单位收取的费用称为运价。运价指起运机场至目的机场间的空中费用，不包括承运人、代理人或机场收取的其他费用。

2）运费。根据适用运价计算的发货人或收货人应当支付的每批货物的航空费用称为运费。

航空公司按国际航空运输协会所制定的三个区划费率收取国际航空运费。一区主要指南北美洲，格陵兰等；二区主要指欧洲，非洲，伊朗等；三区主要指亚洲，澳大利亚。

主要的航空货物运价有四类。一般货物运价；特种货物运价或指定商品运价；货物的等级运价；集装箱货物运价。

（三）起码运费

起码运费是航空公司运输一批货物所能接受的最低运费，不论货物的重量或体积大小，在两点之间运输一批货物应收取的最低金额。不同地区有不同的起码运费。

（四）有关运价的其他规定

各种不同的航空运价和费用都有下列共同点：

运价是指从某一机场到另一机场，而且只适用于单一方向；不包括其他额外费用，如提货、报关、接交和仓储费用等；运价通常使用当地货币公布；运价一般以千克或磅为计算单位；航空运单中的运价是出具运单之日所适用的运价。

五、运输成本优化措施

运输成本是影响生产企业物流成本的重要因素。降低运输成本，对降低生产企业物流成本具有重要意义。

（一）优化运输系统

进行合理的运输网络优化。一般来说，企业不可能改变现有的公路网、铁路网及海运线等，但可以在现有资源上进行合理的运输网络优化，以降低运输成本。

减少不必要的运输环节。围绕着运输业务活动，还要进行装卸、搬运、包装等工作，多一道环节，需要多花很多劳动，浪费许多成本。所以，在调运物资时，对有条件直运的，尽可能组织直达、直拨运输，使物资不进入中转仓库，越过一切不必要的环节，由产地直运销地或用户，减少二次运输。

直达运输。就是在组织货物运输的过程中，通过减少中转运载环节，把货物从产地或起运地直接运到销地或用户，从而提高运输速度，节省装卸费用，降低中转货损。

（二）选择最佳运输手段

1）拼装整车运输。它主要用于商业、供销等部门的杂货运输。即物流企业在组织铁路货物运输当中，有同一发货人将不同品种的发往同一到站、同一收货人的零担托运货物，由物流企业自己装配在一个车皮内，以整车运输的方式托运到目的地；或把同一方向、不同到站的零担货物集中组配在一个车皮内运到一个适当的车站，然后再中转分运。

2）托盘化运输。托盘化运输是指利用托盘作为单元货载运输的一种方法，其关键在于全程托盘化之后，可以把前述各项功能连接起来，托盘可以相互连续使用。由此可见，如果托盘不通用化，就不可能实现一贯托盘化。

3）集装箱运输。安全、快捷、低价本身就是集装箱运输相对于传统运输方式的主要特点。采用集装箱方式运输的每吨货物装卸费的下降是生产力发展的必然趋势，也是集装箱运输市场得以迅速扩展的根本性理由。集装箱运输也是单元化运输的一种形式，集装箱主要用于大宗货物的长途运输。

(三)选择合理的运输方式

1)选择合适的运输工具。在交通运输事业日益发展,各种运输工具并存的情况下,必须注意选择运输工具和运输路线。运输工具主要有车、船、飞机、管道等,相应的运输方式有铁路、公路、航空、水路和管道运输五种。运输工具的选择,直接关系到运输成本的高低,并且还要考虑各种运输条件的优劣,如运输距离、运输速度、运输能力等,因此,企业要根据所运输货物的自身特点以及时间安排,通过比较分析,选择合理的运输工具。同时,积极改进车辆的装卸技术和装卸方法,提高装卸量,运输更多的货物,提高运输生产效率。

2)综合一贯制运输。综合一贯制运输是指充分利用火车、汽车、船舶和飞机等各自的特点,并组合其中两种以上的运输方式的运输。

3)开展国际多式联运。国际多式联运是一种高效的运输组织方式,它集中了各种运输方式的特点,扬长避短,融为一体,组成连贯运输,达到简化货运环节,加速货运周转,减少货损货差,降低运输成本,实现合理运输的目的。

(四)开展配载运输

配载运输充分考虑了重量和容积因素,运输工具装载的货物重量最大,空间利用最大,是提高运输工具实载率的一种运输方式。

(五)开展集中运输

集运最基本的形式是将一个市场区域中到达不同客户的小批量运输结合起来,即自发集运。

共同输送或共同配送,共同配送是指为提高物流效率,对某一地区的用户进行配送时,由许多个配送企业联合在一起进行的配送。

(六)减少运输事故损失

不合理运输如重复运输、迂回运输的存在,造成了运力浪费,增加了不必要的运输成本。而优化运输路线可减少不合理运输,降低运输成本。优化运输路线的方法有以下几种:线性规划法;图表分析作业法;表上作业法;节约里程法。

在运输途中,有可能发生货物丢失、货物变质,甚至出现事故,这些都造成了运输成本不必要的增加,因此对运输事故的关注十分必要。注意做好以下几点:日常防范;购买保险;积极理赔。

案例

金鑫电器有限公司的运输方案

金鑫电器有限公司要从位于S市的工厂直接装运500台电视机送往位于T市的一个批发中心。这批货物价值为150万。T市的批发中心确定这批货物的标准运输时间为2.5天,如果超过标准运输时间,电视机的机会成本为30元/台。金鑫电器有限公司的物流经理设计了以下三个运输方案。

1)A公司是一家长途货运公司,可以按优惠运费率0.05元/(千米·台)来承运这批电视机,装卸费为 0.10 元/台。S 市到 T 市的公路运价里程为 1 100 千米,估计需要 3 天运到,因为装卸货物会占用较长时间。

2)B 公司是一家水运公司,可以提供水陆联运服务。即先用汽车从电视机工厂的仓库将货物运至 S 市码头(20 千米),装船运至 T 市码头(1 200 千米),再用汽车运至批发中心(17 千米)。由于中转多次,估计需要 5 天才能运到。询价后得知,陆运运费率为 0.06 元/(千米·台),装卸费为 0.10 元/台,水运运费率为 0.06 元/百台。

3)C 公司是一家物流公司,可以提供全方位物流服务,报价为 22 280 元。该公司承诺在标准运输时间内运到,但是准点的概率为 80%。

试从成本控制的角度评价这些运输方案的优劣。

思考题

1. 物流运输成本由哪些成本构成?
2. 影响运输成本的主要因素有哪些?
3. 什么是运输费率?其基本形式有哪几种?
4. 公路运输成本计算的特点有哪些?
5. 水路运输成本计算的特点有哪些?
6. 铁路运输成本计算的特点有哪些?
7. 航空运输成本计算的特点有哪些?

情境十　物流货物运输法规及合同

通过对情境十知识与技能的学习与应用，学生应掌握解析合同双方当事人的主要权利、义务及责任；物流货物运输合同的规范及格式。能填写各种运单、提单等单据；并能签订各种物流运输合同；同时对运输过程中发生的业务纠纷具备有效解决方法。

知识目标

1. 掌握物流运输的法律法规；
2. 掌握货物运输合同的内涵、特征和种类；
3. 掌握各种货物运输合同的内容；
4. 掌握货物运输合同的订立、变更、解除；
5. 掌握各种货物运输合同中双方当事人的违约责任；
6. 掌握各种运输合同中当事人的主要权利与义务；
7. 掌握各种运输方式中涉及的国际公约或国际规则；
8. 掌握各种运输合同的诉讼时效。

能力目标

1. 能应用物流运输法规，学会签订运输合同的方法；
2. 能够明确货物运输活动中双方当事人的主要权利和主要义务；
3. 能把握各种运输合同中当事人的主要权利、义务；
4. 能签订各种货物运输合同；
5. 能够及时妥善处理货物运输纠纷。

任务一　货物运输法规及合同

一、货物运输合同的概念和特征

（一）货物运输合同的概念

《中华人民共和国合同法》（以下简称《合同法》）第288条规定："运输合同是承运人将旅客或者货物从起运地点运输到约定地点，旅客、托运人或者收货人支付票款或者运输费用的合同。"

货物运输合同，即货运合同，是托运人将需要运送的货物交给承运人，由承运人按托运人的要求将货物运送到指定地点交付给托运人或者收货人，并由托运人或收货人支付运费的合同。

（二）货物运输合同的特征

货物运输合同是承运人与托运人就货物运输这一目的，意思表示一致而达成的协议。因此，货物运输合同具有民事合同的一般特征。

1. 货物运输合同是一种民事法律行为

民事法律行为是指公民或法人以设立、变更、终止民事权利和民事义务为目的的具有法律约束力的合法民事行为。由此可见民事法律行为是合法行为。无效民事行为、可变更和可撤销民事行为以及效力未定民事行为不是民事法律行为。如运输 1 吨大米的行为可能构成民事法律行为，但运输 1 吨毒品的行为绝非民事法律行为，因为运输毒品的行为违反了刑事法律，是违法的行为。

2. 货物运输合同以产生、变更和终止一定的民事法律关系为目的

民事法律关系，指根据民事法律规范确立的以民事权利和义务为内容的由民事法律规范调整的社会关系。民事法律关系是平等主体之间的关系，一般是由行为人依自己的意思自愿设立的。只要行为人依其意思实施的行为不违反法律规定，所设立的社会关系就受法律保护。民事法律关系一经确立，当事人一方即享有民事权利，而另一方便负有相应的民事义务。民事法律关系以民事权利和义务为内容，同时具有补偿性和财产性。

3. 货物运输合同中双方当事人意思表示一致

意思表示指行为人为了产生一定的法律上的效果而将其意思表示于外部的行为。意思表示有两个构成要件。

效果意思：是指行为人内心希望发生特定的法律上的效果的意思。例如，甲发给乙一封电子邮件，在邮件中明确表示想要以 2 000 元购买乙的电视机，则“以 2 000 元购买乙的电视机”就是甲的效果意思。

表示行为：是指行为人将其效果意思以特定的方式表示于外部的行为。例如，甲举手招呼出租车。行为人表示行为时，可以采用语言、文字、点头、举手、起立、拍板等方式。

货物运输合同作为一种独立的合同类型，既具有民事合同的一般特征，又具有其独有的特征。

（1）货物运输合同的主体具有特殊性

货运合同的主体主要包括承运人、托运人和收货人。

承运人，指本人或者委托他人以本人名义与托运人订立货物运输合同的人，是提供运输服务的运输企业或个人。承运人须取得营业执照，具备相应的交通运输工具，并在核准的范围内从事运输服务活动。运输工具的所有者只有在与托运人订立了运输合同的情况下才是承运人。没有与托运人订立货物运输合同，即使实际上实施了运输行为，仍不能取得承运人的资格。

托运人，是指将货物交给货物运输合同的承运人的人。托运人包括自然人、法人、其他组织。在实践中，实际交付货物的人可成为货运合同中的托运人，持有提单的实际托运人较提单载明的托运人具有优先的诉讼权益。

收货人，指根据货物运输合同约定有权提取货物的自然人、法人或其他组织。

(2)货物运输合同的标的是运输行为

运输合同的核心内容是承运人为托运人提供的运输货物的服务行为,因此,货物运输合同的标的是运输行为本身,而非运送的货物,通过承运人实施运输行为,托运人获得服务并从中受益,承运人也从中获取相应的报酬。

(3)货物运输合同是双务、有偿合同

双务合同,当事人双方互负对待给付义务的合同,在合同中,双方当事人既享有权利又负有义务,一方的权利是另一方的义务,一方的义务是另一方的权利。典型的双务合同有买卖、租赁、借贷、运输合同等。在货运合同中承运人负有将货物按照合同的约定运至指定地点的义务,这是托运人享有的权利;托运人负有向承运人支付运费的义务,承运人享有依照约定要求托运人支付运费的权利。有偿合同,是指一方当事人在享有合同约定的权益时,必须按约定向对方当事人支付相应代价的合同。在货运合同中,承运人运输货物,托运人或者收货人支付运费。当然,在特定情形下,某些运输合同也是无偿合同,如免费运输救济物品。

(4)货物运输合同是诺成合同

诺成合同,指当事人意思表示一致合同即可成立,不以标的物的实际交付为合同的成立要件。与诺成合同相对应的实践合同的成立既需要双方当事人达成协议,又要交付标的物。一般情况下,货运合同是诺成合同。

(5)货物运输合同一般为格式合同

《合同法》第39条规定,格式条款是当事人为重复使用而预先拟订并在订立合同时未与对方协商的条款。货运合同承运人预先确定运输合同的条件,托运人给予确认即可。在格式合同中,一方当事人没有参与制定合同一般条款的权利,只有同意或不同意该合同的权利。

二、货物运输合同双方当事人

货物运输合同当事人,又称运输合同的主体,指参与货运合同法律关系,并依照合同的约定享有权利并承担义务的个人、法人或其他组织。货物运输合同的当事人主要包括:承运人、实际承运人、托运人、收货人、货物运输代办人。

(一)承运人

承运人指本人或者委托他人以本人名义与托运人订立货物运输合同的个人、法人或其他组织。承运人以货物为运输对象,依照合同的约定实施运输行为,并直接享有合同权利,承担合同义务。

(二)实际承运人

实际承运人,是指接受承运人委托,从事货物运输或者部分运输的人,包括接受转委托从事此项运输的其他人。实际承运人受承运人的委托从事运输服务,他不是货物运输合同的当事人。实际承运人应该具备以下要件。

1)实际承运人是承运人以外的进行全部或部分货物运输的人,他与托运人间没有运输合同关系。

2)实际承运人接受承运人的委托,与承运人之间有委托关系。

3)实际承运人以自己的行为实际承担货物运输的全部或部分,并对自己所承担的运输活动承担责任。

（三）托运人

托运人是指与承运人订立货物运输合同的自然人、法人或其他组织。我国《海商法》第42条第3项规定："托运人，是指本人或者委托他人以本人名义或者委托他人为本人与承运人订立海上货物运输合同的人；本人或者委托他人以本人名义或者委托他人为本人将货物交给与海上货物运输合同有关的承运人的人。"简而言之，托运人是指与承运人订立货物运输合同的自然人、法人或其他组织。实际交付货物的人可以视为托运人，同时持有提单的实际托运人较提单载明的托运人享有的诉讼权益、权利不一样，前者具有一定的优先地位。

（四）收货人

收货人指根据货物运输合同的约定有权提取货物的自然人、法人或其他组织。收货人一般为提货凭证所记载的收货人，同时根据货运合同的约定，收货人还包括货物运输代办人。

三、货物运输合同承运人和托运人的权利、义务

（一）承运人的权利、义务

1. 承运人的权利

（1）向托运人、收货人收取运杂费用

在运输过程中，承运人为货物运输支出的除运费之外的必要费用，承运人享有请求托运人或收货人偿还的请求权。这些费用主要包括：保管费、报关费、提存费等。如果收货人不交或不按时交纳合同约定的各种运杂费用，承运人对该货物享有扣押权。

（2）留置权

我国《民法通则》第89条第4项规定："按照合同约定一方占有对方的财产，对方不按照合同给付应付款项超过约定期限的，占有人有权留置该财产，依照法律的规定以留置财产折价或者以变卖该财产的价款优先得到偿还。"《中华人民共和国担保法》第82条规定："留置，是指依照本法第八十四条的规定，债权人按照合同约定占有债务人的动产，债务人不按照合同约定的期限履行债务的，债权人有权依照本法规定留置该财产，以该财产折价或者以拍卖、变卖该财产的价款优先受偿。"因此，如果托运人或收货人不支付运杂费用，承运人对货物享有留置权。

2. 承运人的义务

1）承运人应在合同约定期间，配备适当或约定的运输工具将货物送达目的地；

2）承运人应依据合同的约定受领货物；

3）承运人应制作提单或运单并交付给托运人；

4）承运人应妥善保管货物；

5）承运人负有及时通知的义务。

《合同法》第309条规定："货物运输到达后，承运人知道收货人的，应当及时通知收货人，收货人应当及时提货。收货人逾期提货的，应当向承运人支付保管费等费用。"关于"及时"，根据实际情况，如果合同有约定，应依照约定的期间处理；如果没有约定，承运人应在合理的期限内通知收货人。

(二)托运人的权利、义务

1. 托运人的权利

1)要求承运人将货物按照合同的约定运送至目的地并交付的权利;

2)变更权和解除权。

《合同法》第 308 条规定:“在承运人将货物交付收货人之前,托运人可以要求承运人中止运输、返还货物、变更到达地或者将货物交给其他收货人,但应当赔偿承运人因此受到的损失。”其中,返还货物是合同的解除,变更到达地或者变更收货人属于合同的变更。托运人的变更权或者解除权,指货物运输合同成立后,托运人有权变更或者解除合同,这种变更或者解除可以不经过承运人同意,只要托运人提出变更或者解除合同,无须提供证明理由,可以予以变更或者解除。《合同法》第 308 条规定如下。

①享有变更权或者解除权的主体只能是托运人或者提单持有人,承运人无权单方变更或者解除合同,除非对方严重违约或者发生不可抗力。

②托运人或提单持有人必须在货物交付收货人之前行使变更权和解除权,如果因为单方变更或者解除合同给承运人造成损失的,托运人或提单持有人应当赔偿损失,并且还要承担因变更或者解除合同而产生的费用。

③如果货物已经交付给收货人,变更或者解除合同的权利即消灭。但是如果收货人拒绝接收货物,或者收货人无法联系,变更或者解除合同的权利则可恢复。

2. 托运人的主要义务

(1)如实申报的义务

《合同法》第 304 条规定:“托运人办理货物运输,应当向承运人准确表明收货人的名称或者姓名或者凭指示的收货人,货物的名称、性质、重量、数量,收货地点等有关货物运输的必要情况。因托运人申报不实或者遗漏重要情况,造成承运人损失的,托运人应当承担损害赔偿责任。”托运人应该按照货物运输合同的规定,将货物运至合同约定的交货地点,并与收货人办理交接手续,如实申报运输货物信息。在履行申报义务时,托运人要做到以下两点。

①如实:托运人申报运输货物信息时应如实提供,不得隐匿、欺骗、虚假。

②准确:托运人申报运输货物的名称、性质、重量、数量,收货地点等重要信息必须准确无误,不得有歧义。

(2)有关文件的提交义务

《合同法》第 305 条规定:“货物运输需要办理审批、检验等手续的,托运人应当将有关手续的文件提交承运人。”

(3)妥善包装的义务

《合同法》第 306 条规定:“托运人应当按照约定的方式包装货物。对包装方式没有约定或者约定不明确的,适用本法第一百五十六条的规定。托运人违反前款规定的,承运人可以拒绝运输。”货物包装是否符合运输的要求,关系到运输工具、运输人员的安全和运输货物的安全。因此,托运人应按照合同约定的方式包装货物,如合同没有约定,则要以妥善的方式包装货物。因包装不善导致运输货物毁损的,由托运人自负责任。当然,如果承运人明知包装不合格而承运,应要承担相应的责任。

(4)托运危险物品时的义务

《合同法》第307条规定:托运人托运易燃、易爆、有毒、有腐蚀性、有放射性等危险物品的,应当按照国家有关危险物品运输的规定对危险物品妥善包装,做出危险物标志和标签,并将有关危险物品的名称、性质和防范措施的书面材料提交承运人。托运人应该根据危险物品的特性选择包装方式。托运人没有尽到妥善包装的义务,承运人可以拒绝承运。如果在运输途中发现包装不善,承运人可以采取相应措施以避免损失的发生或扩大,因此产生的费用由托运人承担。

四、货物运输合同的订立

(一)货物运输合同订立的程序

1. 要约

要约是当事人一方向对方发出的以订立合同为目的的意思表示,发出要约的人为要约人,接受要约的一方为受要约人或相对人。

要约的构成要件如下。

1)要约是具有缔约能力的要约人针对特定人做出的意思表示。要约人向受要约人做出订立合同的意思表示。因此,在合同关系中,要约人是订立合同的一方当事人,受要约人是要约人拟与其订立合同的另一方当事人,受要约人是特定的。

2)要约的内容必须具体确定。要约的内容要包括拟订立的合同的主要条款。

3)要约具有缔结合同的目的,要约人受要约约束。

4)要约应以明示方式发出 。在货物运输合同中托运人按照合同约定填写托运单,并将托运单提交给承运人,才构成一个向承运人发出订立货物运输合同的要约,即一般情况下,货物运输要约须采取要式的形式。

2. 承诺

《合同法》第21条规定:“ 承诺是受要约人同意要约的意思表示。”承诺是指受要约人向相对人做出的同意要约内容的意思表示。承诺的构成要件如下。

1)承诺必须由受要约人做出;

2)承诺必须在要约的有效期限内到达要约人;

3)承诺的内容必须同意要约的内容。

(二)货物运输合同的生效要件

1. 主体合法

订立运输合同的主体应当具有缔约行为能力。相对于自然人而言,不能辨认自己行为的精神病人和不满10周岁的未成年人不能订立合同。相对于法人而言,法人仅在其生产经营和业务范围内具有缔约行为能力。

2. 当事人意思表示真实

意思表示是指向外部表明愿意发生一定法律效果的意思的行为。意思表示真实是指当事人所表达出的意思与其内心的真实意思是一致的,一方在被欺诈、胁迫或者重大错误下订立的合同往往非其真实意思表示,属于无效或可撤销的合同。

3. 合同内容符合公序良俗的要求

即合同不违反法律或社会公共利益。合同不违反法律或社会公共利益是合同有效的当然条件之一。

（三）货物运输合同的主要条款

1）托运人、收货人的名称、地址、邮政编码、联系电话；

2）承运人的名称、地址、邮政编码、联系电话、发站（港）、到站（港）名称；

3）托运货物的品名、数量、重量、件数等；

4）托运货物的包装要求；

5）货物的接收与交付；

6）运输方式；

7）运到期限；

8）承运人、托运人、收货人的义务；

9）违约责任；

10）双方当事人约定的其他内容。

任务二 公路货物运输法规及合同

一、公路货物运输合同综述

（一）公路货物运输合同的含义

公路货物运输合同是指国内经营公路货物运输的企业与其他企业、社会团体或个人之间，为了实现公路货物运输任务而明确相互权利义务关系的协议，要求托运货物的一方称为托运方，承接货物运输任务的一方称为承运方。

公路货物运输合同的承运方必须持有经营公路货物运输的营业执照。否则，承运方无权对外签订货物运输合同。国家工商行政管理部门颁发运输执照的主体包括：专业汽车运输企业、企业运输队、联合运输企业和农村经营运输的专业户。

（二）公路货物运输合同的特点

公路货物运输合同除具有一般货运合同的特点外，还有下列几个特点。

1）承运人必须是经过国务院交通行政主管部门批准并持有运输经营许可证的单位和个人，交通行政主管部门必须对运输工具、司机进行管理，明确职责，以确保货物运输的安全。

2）具有“门到门”的优势和特点。公路货物运输合同可以是全程运输合同，即交由公路承运人通过不同的运输工具一次完成运输的全过程。

3）承运人的许多义务是强制性的，如定期检修车辆，确保车辆处于适运状态，运费必须按照有关部门的规定计算和收取等。

（三）公路货物运输合同的种类

根据运输方式和内容，公路货物运输货物分为：普通货物、特种货物和轻泡货物三种。普通货物是指对运输、装卸、保管没有特殊要求的货物。特种货物是指对运输、装卸、保管有特殊要求的货物。特种货物包括：长大笨重货物、危险货物（需要特别防护的货物）、贵重货物（价值昂贵、在运输过程中承运人须承担较大经济责任的货物）、鲜活货物。轻泡货物是指每立方米重量不足333千克的货物。

（四）调整公路货物运输的国内法规和国际公约

调整公路货物运输的国内法规和国际公约主要包括：《中华人民共和国公路法》、《汽车货物运输规则》、《集装箱汽车运输规则》、《道路大型物件运输管理办法》、《汽车危险货物运输规则》、《汽车运输危险货物品名表》、《国际公路货物运输合同公约》、《国际公路车辆运输公约》。

二、公路货物运输合同的订立

（一）订立的程序

签订公路货物运输合同，需要经过要约和承诺两个阶段，通过要约和承诺，双方当事人本着平等、自愿、公平、诚实、信用的原则达成一致的意思表示，使合同成立。

（二）订立的形式

公路货物运输合同采取的形式包括三种：书面形式、口头形式和其他形式。书面形式的合同包括定期运输合同、一次性运输合同、道路货物运单三种。

没有签订定期运输合同的，托运人应按要求填写运单。

1）一张运单托运的货物必须是同一托运人、收货人。

2）对拼装分卸的货物应将每一拼装或分卸情况在运单记事栏内注明。

3）易腐、易碎、易溢漏的液体、危险货物与普通货物以及性质相抵触、运输条件不同的货物，不得用一张运单托运。

4）一张运单托运的件货，凡不是具备同品名、同规格、同包装的货物以及搬家货物，应提交物品清单。

5）托运集装箱时应注明箱号和铅封印文号码，接运港、站的集装箱，还应注明船名、航次或车站货箱位，并提交装箱清单。

6）轻泡货物按体积折算重量的，要准确填写货物的数量、体积、折算标准、折算重量及有关数据。

7）托运人要求自行装卸车的，经承运人确认后，在运单内注明。

8）托运人委托承运人向收货人代递有关证明文件、化验报告或单据等，须在托运人记事栏内注明名称和份数。

9）托运人对所填写的内容及所提供的有关证明文件的真实性负责，并签字盖章；托运人或承运人改动运单时，亦须签字盖章说明。

（三）必须履行的手续

订立公路货物运输合同必须履行以下手续。

1）代订货物运输合同，被委托人必须持有委托证明，并在授权范围内，以委托人的名义签订。

2）长大笨重货物、危险品、国家限运以及需要办理检疫、商检、海关、公安、监理手续的货物，在交运前，托运方必须提供有关机关的准运证明，托运鲜活、易腐等有特殊要求的货物，应向车站说明最长的允许运输期限，并办理双方商定的专项手续。

三、公路货物运输合同的变更和解除

（一）公路货物运输合同的变更

运输合同签订后，如确有特殊原因不能履行或需要变更时，需经双方同意，并在合同规定的时间内办理变更。如在合同规定的期限外提出，必须负担对方已造成的实际损失。涉及国家指令性计划的运输合同，在签订变更或解除协议前，须报下达计划的主管部门核准。

托运人因故需要变更运输货物的名称、数量、地点、运输时间、收发货人时，应向承运人提出运输变更申请书或其他形式的书面申请（包括信函、电报）；托运方对已托运的货物，要求变更收货人或取消托运，须向受理车站提出书面申请。承运人在接到申请后，应当认真审查，符合变更条件的，应当同意办理相应的变更手续。

货物承运后，因发生自然灾害、道路阻塞等造成运输阻滞，承运人应及时与托运人联系协商处理，发生的卸存、接运、转运及保管费用按以下规定处理。

1）接运时，货物的卸存、接运费用由托运人负担，已完成运输里程部分的运费照收，未完成里程部分的运费退回；

2）回运时，已完成里程部分的运费照收，回程运费免收；

3）应托运人要求绕道行驶或改变到达地点时，全程运费照实核收；

4）货物在受阻处存放，承运人仓库可免费存放5天，在非承运人仓库存放，保管费用由托运人负担。

（二）公路货物运输合同的解除

由于某种原因发生，运输货物已没有必要，货物起运前可解除合同。合同解除的原因主要有：因自然灾害造成的运输线路阻断；市场变化，托运人认为该批货物已经没有发运的必要；执行政府命令影响按时履行运输合同；双方商定的其他情况。合同解除应当以书面形式提出或答复。

四、公路货物运输合同的违约责任

（一）承运方的违约责任

1）由于承运方的过错造成货物逾期到达应按合同规定支付违约金。

2）从货物装运时起，至货物运抵到达地交付完毕时止，承运方应对货物的灭失、短少、变质、污染、损坏负责，并按货物的实际损失赔偿。但有下列情况之一者除外：

①不可抗力；

②货物的自然损耗或性质变化；

③包装不符合规定（无法从外部发现）；

④包装完整无损而内装货物短缺、变质；

⑤托运方的过错；

⑥有押运人且不属于承运方责任的；

⑦其他经查证非承运方责任造成的损失。

3）货物错运到达地或收货人，由承运方无偿运到规定地点，交给指定的收货人，由此造成的货物逾期到达，按规定处理。

4）货物赔偿价格，按实际损失价格赔偿。如货物部分损失，应按损坏货物所减少的金额或按修理费用赔偿。赔偿费用应专账支付，不得在运费内扣抵。

（二）托运人的违约责任

当有下列情况时，托运人负违约责任。

1）未按合同规定的时间和要求提供货物，应按合同规定支付给对方违约金。

2）由于托运人发生下列过错造成事故，致使车辆、设备损坏、腐蚀或人身伤亡以及导致第三人财物损失，应由托运人负赔偿责任。

3）在普通货物中夹带、匿报危险品或其他违反危险品运输规定的行为。

4）错报笨重货物重量。

5）货物包装不良或未按规定制作标志。

6）货物包装完整无损而货物短损、变质，收货人拒收，或货物运抵到达地找不到收货人以及由托运方负责装卸的货物，超过合同规定的装卸时间所造成的损失，均应由托运方负责赔偿。

7）由于托运方的责任给承运部门造成损失，或因匿报而造成他人生命财产损失时，除由托运方负责赔偿外，必要时应交有关部门处理。

8）托运方对承运方的赔偿要求，凡起运前发现而要求赔偿的，由起运车站负责处理，其他由到达站负责处理。但行车肇事所引起的货运事故，应由事故发生地的就近车站会同当地监理部门和有关单位做出现场记录，由责任人承担赔偿责任。

9）要求赔偿有效期限，从货物开票之日起，不得超过6个月。从提出赔偿要求之日起，承担责任人应在2个月内做出处理。

（三）收货人的违约责任

1）收货人逾期领取货物要承担货物的仓储保管费；

2）收货人应当补交托运人未交或者少交的运费，迟交的要承担滞纳金；

3）因收货人的取货行为而造成公路承运人其他财产损失的，收货人应承担赔偿责任。

（四）关于公路货物运输合同的违约金和赔偿金

公路货物运输合同当事人可以约定违约金、赔偿金。但违约金一般最高不应超过违约部分运量应计运费的10%，并在明确责任的次日起10日内偿付。逾期支付需按日支付滞纳金。货物灭失、短少的，应按此部分货物的价值赔偿；货物变质、污染、损坏按照受损货物所减少的价值或者修理费赔偿。赔偿价格应按国家有关主管部门的规定计算。

任务三　铁路货物运输法规及合同

一、铁路货物运输合同综述

（一）铁路货物运输合同的含义

铁路货物运输合同是铁路运输部门与托运人就铁路运输货物达成的将托运货物按约定

的方式托运到指定地点的协议。铁路货物运输合同和其他货物运输合同相较，具有以下特点。

（二）铁路货物运输合同的特点

1. 承运人特定

铁路货物运输合同中的承运人是铁路运输企业。

2. 铁路货物运输合同是格式合同

《合同法》第39条规定："采用格式条款订立合同的，提供格式条款的一方应当遵循公平原则确定当事人之间的权利和义务，并采取合理的方式提请对方注意免除或者限制其责任的条款，按照对方的要求，对该条款予以说明。"铁路货物运输合同是格式合同，在订立合同时，合同条款应当遵循公平原则，并且承运人应当对合同条款做出说明。

3. 铁路货物运输合同受国家计划的影响

铁路货物运输合同，应按优先运输国家指令性计划产品，兼顾指导性计划产品和其他物资的原则，根据国家下达的产品调拨计划、铁路运输计划和铁路运输能力签订。随着市场的开放，国家的指令性计划减少，但铁路货物运输合同依然受国家计划的影响。

（三）铁路货物运输合同的种类

铁路货物运输主要包括整车运输、零担运输和集装箱运输。根据运输方式，铁路货物运输合同可以分为：整车货物运输合同、零担货物运输合同、集装箱货物运输合同。整车货物运输合同是指凡是需要一辆货车装载的货物，则要按整车货物运输与承运人签订合同。零担货物运输合同是不需要整车运输的少量货物按批向承运人提出运输要求，签订零担货物运输合同。集装箱货物运输合同是指用专用的集装箱进行货物运输，与承运人签订的合同。

（四）铁路货物运输涉及的法律法规、国际公约

调整铁路货物运输的法律法规、国际公约主要有：1991年实施的《中华人民共和国铁路法》，1986年由铁道部发布并实施的《铁路货物运输合同实施细则》。此外，还有《铁路货物运价规则》、《铁路货物运输规程》、《铁路危险货物运输管理规则》、《铁路鲜活货物运输规则》等。有关铁路货物运输的国际公约有《国际铁路货物联运协议》、《铁路货物运输国际公约》等。

二、铁路货物运输合同双方当事人的基本义务

（一）托运人的基本义务

1）按照合同的约定时间和要求向铁路承运人提供运输的货物。

2）对运输货物进行妥善包装，以适应运输安全的需要。铁路承运人有权要求托运人改善货物的不良包装，如果托运人拒绝改善或者改善后仍然不符合国家有关运输包装规定要求的，铁路承运人有权拒绝承运。

3）如实申报货物的品名、重量和性质。危险品货物必须按照危险品的规定运输；鲜活货物要按照鲜活货物的规定运输，以免造成铁路运输事故。

4）按规定凭证运输的货物必须出示有关证件。

5）向承运人交付规定的运输费用。如果是保价运输的，必须申报价格，并按保价运输支

付保价费。

（二）承运人的基本义务

1）认真清点托运人提供的货物，在与货物运单核对无误后，即可签认，铁路承运人一旦签认，承运手续即告完成；

2）提供符合运输要求的车辆，以保证即时运输；

3）由托运人装车的货物，要负责将车辆送到装车地点，铁路承运人应当指导特殊货物的装车，并办理车辆交接手续；

4）及时通知收货人到站领取货物，并将货物交付收货人，发现多收托运费要退还托运人或收货人。

（三）收货人的基本义务

1）及时到车站领取货物，逾期领取要承担保管费；

2）补交托运人未交的运费以及运输途中发生的垫付费用；

3）规定由收货人组织卸车的要及时组织卸车，卸货完毕后，将货车清扫干净并关好门窗、端侧板（特种车为盖、阀）、规定需要洗刷消毒的应洗刷消毒。

三、铁路货物运输合同的订立

（一）订立的程序

托运人根据法律法规规定的条件以一定的方式向铁路货物运输承运人发出订立铁路货物运输合同的要约，铁路货物运输承运人按照要约在合理期间做出承诺，铁路货物运输合同即告成立。

（二）订立的形式

《合同法》第10条规定：当事人订立合同，有书面形式、口头形式和其他形式。法律法规规定采用书面形式的，应当采用书面形式。当事人约定采用书面形式的，应当采用书面形式。铁路货物运输合同内容多，且订立合同到实际履行之间一般有间隔时间，所以，为了明确合同双方当事人的职责，避免纠纷的产生，铁路货物运输合同必须采取书面形式。

铁路货物运输中，属于大宗物资的运输，有条件的可按年度、半年度或季度签订货物运输合同，也可以签订更长期限的运输合同；其他整车货物运输，可以按月签订运输合同。按月度签订的运输合同，可以用月度要车计划表代替。零担货物和集装箱货物运输，以货物运单作为运输合同。

（三）必须履行的手续

铁路货物运输合同成立的合法手续：按年度、半年度、季度或月度签订的货物运输合同，经双方在合同上签认以后，合同即告成立。托运人在交运货物时，还应该向承运人按批出示货物运单，作为合同的组成部分。

零担货物和集装箱货物运输合同的货物运单，由当事人双方填写，托运人必须在运单上签名，托运人是单位的，还应当在运单上加盖单位的印章。托运人对自己在运单上所填记的事项，必须负完全责任。承运人在托运人提出的货物运单上加盖车站日期戳记后，合同即告成立。

(四)铁路货物运输合同的主要条款

1)按年度、半年度、季度或月度签订的货物运输合同(又称长期整车货运合同),应载明下列基本内容:

①托运人和收货人名称;

②发站和到站;

③货物名称;

④货物重量;

⑤车种和车数;

⑥违约责任;

⑦双方约定的其他事项。

2)以货物运单作为货物运输合同(又称零星货运合同)的,应载明以下内容:

①托运人、收货人名称及其详细地址;

②发站、到站及到站的主要铁路局;

③货物名称;

④货物包装及标志;

⑤件数和重量(包括货物包装重量);

⑥承运日期;

⑦运到期限;

⑧运输费用;

⑨货车类型和车号;

⑩施封货车和集装箱的施封号码;

⑪双方商定的其他事项。

四、铁路货运合同的变更和解除

(一)铁路货运合同的变更

铁路货运合同的变更,是指经合同双方同意,对运输的货物、运期、到站及收货人等,在法律允许的范围内进行更改的法律行为。

铁路货运合同变更的特点是:

1)托运人变更合同的要求不是在发站提出,而是向货物所在的途中站或到站提出;

2)由于铁路货运合同的收货人可以是托运人以外的人,其虽未参加订立合同,但作为合同一方当事人的关系人,也可以提出变更合同的要求;

3)铁路货运合同的变更,不仅应提出变更要求书,还应提出领货凭证或其他有效证明文件,以避免变更合同后原收货人向承运人提出领货要求而出现不必要的货运纠纷。

铁路货运合同的变更有一定的限制。铁路货运合同在下列情况下,不得办理变更:

违反国家法律、行政法规运输限制的;变更后的货运期限长于货物允许运输期限的;第二次变更到站的;变更一批货物中的一部分的。

(二)铁路货运合同的解除

铁路货运合同的解除,是指合同有效成立后,根据当事人双方的意思表示,使特定的铁路货运合同托运人与承运人之间的权利义务关系归于消灭的法律行为。

铁路货运合同的解除应具备下列条件之一。

1)货运合同在货物发送前,经双方同意,可以解除,但不得因此损害国家利益和社会公共利益。

2)订立货运合同所依据的产品调拨计划、铁路运输计划等国家计划被取消。

3)由于不可抗力或由于一方当事人虽无过失但无法防止的外因致使合同全部不能履行,一方有权通知另一方解除合同。

4)由于另一方在合同约定的期限内没有履行合同,致使合同不能履行,当事人一方有权通知另一方解除合同。

铁路货运合同的解除必须有解除合同的行为。双方协商解除合同的,必须有当事人意思表示一致的行为;单方解除合同的,必须有一方通知另一方解除合同的明确意思表示和提供规定的证明文件的行为。铁路货运合同解除的后果是使特定的合同关系归于消灭,当事人各方均不再履行所负义务。

五、铁路货物运输合同的违约责任

(一)承运人的违约责任

1)由于下列原因之一,未按货运合同履行,承运人向托运人偿付违约金:

①未按约定装车及未按约定车种、车型配给车辆,但当月补足或改变车种、车型经托运人同意装运者除外;

②对托运人自装的货车,未按约定的时间将货车送到装车地点,致使不能在当月装完;

③调拨车辆的完整和清扫状态,不适合所运货物的要求;

④由于承运人的责任停止装车或使托运人无法按计划将货物搬入车站装车地点。

2)从承运货物时起,至货物交付收货人或依照有关规定处理完毕时止,货物发生灭失、短少、变质、污染、损坏,按下列规定赔偿:

①已投保货物运输险的货物,由承运人和保险公司按规定赔偿;

②保价运输的货物,由承运人按声明价格赔偿,但货物实际损失低于声明价格的按实际损失赔偿;

③除上述一、二两项外,均由承运人按货物的实际损失赔偿,赔偿的价格如何计算,由铁道部、国家物价局、国家工商行政管理局另行规定。

3)由于下列原因之一造成的货物灭失、短少、变质、污染、损坏,承运人不负赔偿责任:

①不可抗力;

②货物本身性质引起的碎裂、生锈、减量、变质或自燃等;

③国家主管部门规定的货物合理损耗;

④托运人、收货人或所派押运人的过错。

4)由于承运人的过错将货物误运到站或误交收货人,应免费运至合同规定的到站,并交给收货人。

5)未按规定的运到期限将货物运至到站,承运人向收货人偿付该批货物所收运费5% ~20%的违约金。

6)如果托运人或收货人证明损失的发生确属承运人的故意行为,则承运人除按规定赔偿实际损失外,由有关管理部门处其造成损失部分10% ~50%的罚款。

(二)托运人的违约责任

1)由于下列原因之一,未按货物运输合同履行,按车向承运人偿付违约金:

①未按规定期限提出装车计划,致使承运人未拨货车(当月补足者除外);

②收货人组织卸车的,由于收货人的责任卸车迟延,线路被占用,影响向装车地点配送空车或指定使用本单位自卸的空车装货,而未完成装车计划;

③承运前取消运输;

④临时计划外运输致使承运人违约造成的其他运输合同不能履行。

2)由于下列原因之一招致运输工具、设备或第三者的货物损坏,按实际损失赔偿:

①匿报或错报货物品名或货物重量的;

②货物包装有缺陷,无法从外部发现,或未按国家规定在货物包装上标明包装储运指示标志的;

③托运人组织装车,加固材料不符合规定条件或违反装载规定,在交接时无法发现的;

④由于押运人过错导致的。

(三)收货人的违约责任

1)收货人未按规定期限及时领取货物的,应向承运人支付逾期保管费;

2)货物交接验收时,未按规定提出异议的,视为货运合同履行完毕,责任自负;

3)接收货物过程中,由于收货人的过错,致使承运人的运输工具、设备或者第三人的货物损坏的,由收货人按实际损失赔偿。

(四)承运人、托运人的除外责任

货运合同遇有下列情况,承运人或托运人免除责任:

1)因不可抗力或铁路发生重大事故影响排空送车,企业发生重大事故以及停电影响装车,超过24小时的;

2)根据国家和省、自治区、直辖市的主管行政机关的书面要求停止装车的;

3)由组织轻重配装或已完成货物吨数而未完成车数的;

4)由于海运港口、国境口岸站车辆积压堵塞,不能按计划接车而少装时。

在发生上述情况造成一方不能完全履行合同时,免除违约方的违约责任,由此带来的损失由各方自己承担。

然而应指出,由于上述情况造成部分违约时,只能免除违约方的部分违约责任,不能免除其他部分的违约责任。在发生上述情况时,应及时通知对方,并采取措施避免产生更大的损失。由于未及时通知对方而造成不应有的损失时,通知方负有赔偿责任。由于未采取合理措施造成损失或扩大了损失,则无权要求对方赔偿这部分损失;由于未采取合理措施给对方造成损失或扩大了损失,则对方有权就这部分损失要求赔偿。

(五)铁路货运合同常见的纠纷及解决途径

1. 铁路货运合同常见的纠纷

(1)货物索赔争议

货物在运输过程中发生灭失、短少、变质、污染或者损坏,托运人、收货人认为是铁路运输企业的责任造成的,要求铁路运输企业赔偿损失,铁路运输企业则认为货损是托运人、收货人自身原因造成的,不予赔偿,因而发生争议。

(2)货物逾期交付争议

货物未按规定或约定的期限交付,收货人要求铁路运输企业支付违约金,铁路运输企业则提出收货人没有按时提货或托运的手续不合规定或其他理由拒付违约金,因而发生争议。

(3)货物误交争议

铁路运输企业误将货物交给第三人,收货人要求赔偿,铁路运输企业则以运单中填写的收货人有误或不明确为由,拒绝赔偿,因而发生争议。

(4)拖欠运杂费争议

货物托运人延迟交付运杂费,铁路运输企业要求支付,但托运人的银行账户已被冻结或无力支付而形成争议。

2. 铁路货运合同争议的解决途径

铁路货运合同争议的解决途径主要有以下几种。

1)当事人双方及时协商解决。不愿意协商或协商不成的,当事人可以通过调解解决。

2)调解不成的,可依据合同中的仲裁条款或事后达成的书面仲裁协议,向仲裁机关申请仲裁。

3)当事人没有在合同中订立仲裁条款,事后又没有达成书面仲裁协议的,可以向人民法院起诉。

3. 铁路货运合同争议的预防

针对上述铁路货运合同容易出现的争议,承运方应从防患于未然的角度出发,在合同订立时力求严密、完备,在合同履行时要注意细致、认真,避免给对方的违约行为授以抗辩的理由,如在填写运单时要力求详尽、准确、托运手续符合要求、货到及时提货等。作为承运人的当事人,应本着诚信原则,对托运人高度负责,安全运输,对各种单据认真核对,将货物准时运抵目的地,交到收货人手中。

任务四　水路货物运输法规及合同

一、水路货物运输合同的综述

(一)水路货物运输合同的含义

水路货物运输是指在中华人民共和国境内沿海、江河、湖泊以及其他通航领域中的营业性水路运输。

水路货物运输合同是指水路货物承运人与其托运人之间,为了实现特定的水路货物运输任务而明确相互权利义务关系而订立的合同。申请托运货物的一方称为托运方;承接货运任务的一方称为承运方。

（二）水路货物运输合同的特点

水路货物运输合同除具有合同的一般特征外，还具有以下特征。

1）货物重量和体积的计算有自己的特殊方式。整批货物的重量，由托运人确定，承运人也可以进行抽查。散装货物的重量，承运人可以通过船舶水尺计算吨数。货物按体积计量收取运费的，托运人应提出重量和体积。

2）合同履行期限受自然条件（气候、水情等）的影响。合同履行期限通常包括起运港发运时间、每一换装港的换装时间和运输时间。由于自然条件因素所造成的误时，不计算在运期之内。

（三）水路货物运输合同的种类

1）根据运输的货物，水路货物运输合同可分为大宗货物运输合同、零星货物运输合同、计划外货物运输合同；

2）根据运输的方式，水路货物运输合同可分为班轮运输形式的货物运输合同、航次租船运输形式的货物运输合同；

3）根据合同的期限，水路货物运输合同可分为单航次货物运输合同和长期货物运输合同。

（四）调整水路货物运输合同的国内法规和国际公约

水路运输方面的法律规范主要有：

《中华人民共和国海商法》、《中华人民共和国水路运输管理条例》、《中华人民共和国海上交通安全法》、《中华人民共和国国际海运条例》及其实施细则、中华人民共和国交通部《国内水路货物运输规则》、《水路货物运输质量管理办法》、《国际班轮运输管理规则》、各种方式的集装箱运输规则以及中华人民共和国铁道部《危险货物运输规则》等。

有关水路货物运输的国际公约有：

《统一提单的若干法律规定的国际公约》（海牙规则）、《修改统一提单的若干法律规定的国际公约议定书》（维斯比规则）、《1978年联合国海上货物运输公约》（汉堡规则）及《联合国国际货物多式联运公约》等。

二、水路货物运输合同的订立

（一）订立的程序

水路货物运输合同与其他货物运输合同一样，一般需要经过要约和承诺两个阶段才能成立。水路货物运输合同，应贯彻优先运输国家指令性计划产品和急需物资，适当兼顾指导性计划产品和其他物资的原则，根据国家下达的产品调拨或购销计划和船舶运输、港口通过能力签订。水路货物运输合同中承担运输任务的承运人必须具备以下条件：

1）具有与经营范围相适应的运输船舶；

2）有较稳定的客源或货源；

3）有经营管理的组织机构和负责人；

4）有与运输业务相适应的自由流动资金。

(二)必须履行的手续

水路货物运输合同,除短途驳运、摆渡零星货物,当事人双方可以采用口头合同以外,应当采用书面形式。大宗物资运输,可按月签订货物运输合同,对其他按规定必须提送月度托运计划的货物,经托运人和承运人协商同意,可以按月签订货物运输合同或以货物运单作为运输合同。零星货物运输以货物运单作为货物运输合同。

1)按月度签订货物运输合同的,应包括以下基本内容:

①货物名称;

②货物托运人和收货人名称;

③起运港和到达港,海、江、河联运货物应载明换装港;

④货物重量,按体积计费的货物应载明体积;

⑤违约责任;

⑥特殊条款。

合同条款经双方协商一致,并在合同上签认后,合同即告成立。承、托运双方当事人无须商定特约事项的,可以用月度托运计划表代替运输合同,经双方在计划表上签认后,合同即告成立。

在当事人实际办理货物承托运手续时,托运人还应向承运人按批提出货物运单,作为运输合同的组成部分。

2)以货物运单作为运输合同,货物运单应包括以下主要内容:

①货物名称;

②重量、件数,按体积计费的货物应载明体积;

③包装;

④运输标志;

⑤起运港和到达港;

⑥海、江、河联运货物应载明换装港;

⑦托运人、收货人名称及详细地址;

⑧运费、港口费和有关的其他费用及其结算方式;

⑨承运日期;

⑩运到期限(规定期限或商定期限);

⑪货物价值;

⑫双方商定的其他事项。

以货物运单作为运输合同的,经承、托双方商定货物的集中时间、地点,由双方认真验收、交接,并经承运人在托运人提出的货物运单上加盖承运日期戳记后,合同即告成立。

三、水路货物运输合同的变更和解除

(一)水路货物运输合同的变更和解除的条件

凡发生下列情况之一者,允许变更或解除货物运输合同:

1)订立运输合同所依据的国家计划被变更或取消;

2)由于不可抗力使运输合同无法履行;

3)合同当事人一方由于关闭、停产、转产而确实无法履行合同;

4)由于合同当事人一方违约,使合同履行成为不必要或不可能;

5)在不损害国家利益和不影响国家计划的前提下,经当事人双方协商同意。

变更或解除月度货物运输合同应当采用书面形式(包括文书、电报或变更计划表等),并应在货物发送前,由要求变更或解除的一方向对方提出。月度货物运输合同只能变更一次。

(二)以货物运单作为运输合同的,允许按下列规定变更或解除运输合同

1)货物发运前,承运人或托运人征得对方同意,可以解除运输合同。承运人提出解除合同的,应退还已收的运输费用,并付给托运人已发生的货物进港短途搬运费用;托运人提出解除合同的,应付给承运人已发生的港口费用和船舶待时费用。

2)货物发运后,承运人或托运人征得对方同意,可以变更货物的到达港和收货人。同一运单的货物不得变更其中的一部分,并只能变更一次。对指令性运输计划内的要求变更时,除必须征得对方同意外,还必须报下达该计划的主管部门核准。由于航道、船闸障碍、海损事故、自然灾害、执行政府命令或军事行动等原因,货物不能运抵到达港时,承运人可以到就近港口卸货,并及时通知托运人或收货人提出处理意见。合同中订有特约变更条款的,应按双方商定的变更条款办理。

四、水路货物运输合同的违约责任

(一)承运人的违约责任

1)按月度签订的货物运输合同,承运人在履行时未配备足够的运力,应按落空的运量每吨偿付违约金1元;托运人在履行时未提供足够的货源,应按落空的货源每吨偿付违约金1元;运量与货源均有落空时,应按对等数量相互抵消违约金,偿付差额。

2)承运人按货物的实际损失赔偿。赔偿价格的计算,由交通部、国家物价局、国家工商行政管理局另行规定。

3)承运人的免责条件。由于下列原因造成货物灭失、短少、变质、污染、损坏的,承运人不承担赔偿责任:

①不可抗力;

②货物的自然属性和潜在缺陷;

③货物的自然减量和合理损耗以及托运人自行确定的重量不正确;

④包装内在缺陷或包装完整、内容不符;

⑤标记错制、漏制、不清;

⑥有生动植物的疾病、死亡、枯萎、减重;

⑦非责任性海损事故的货物损失;

⑧免责范围内的甲板货物损失;

⑨其他经承运人举证或经合同管理机关或审判机关查证非承运人责任造成的损失。

(二)托运人的违约责任

由于托运人的责任发生下列事故,导致船舶、港口设备或波及其他货物的损坏、污染、腐蚀,或造成人身伤亡的,应由托运人负责赔偿。

1)在普通货物中夹带危险货物,匿报危险货物品名,隐瞒危险货物性质或其他违反危险货物运输规定的行为,引起燃烧、爆炸、中毒、污染、腐蚀等事故;

2)在普通货物中夹带流质、易腐货物,引起污染事故;

3)错报笨重货物重量,引起船体损伤、吊机倾翻、货件摔损、人员伤亡等事故;

4)货物包装材质不良、强度不足或内部支撑不当等缺陷以及外包装上必须制作的指示标志错制、漏制,引起摔损事故。

(三)收货人的违约责任

当货物运抵到达港,承运人发出到货通知后,收货人拒绝收货或找不到收货人,承运人应通知托运人在限期内自行处理该项货物,并应由收货人承担由此而发生的一切费用。收货人的免责事由是不可抗力。

(四)特殊情况的处理

1. 托运人负责处理的情形

由于托运人的责任发生下列情况之一,应由托运人负责处理:

1)自行装船的货物,卸船时船体完好,舱封完整或装载状态无异状,而发生货物灭失、短少、损坏;

2)自行装箱、施封的集装箱运输货物,箱体完整,铅封完好,拆箱时发现货物灭失、短少、损坏或内容不符;

3)除证明属于承运人的责任外,自行押运的货物发生灭失、短少、变质、污染、损坏或其他损失。

2. 相关费用的承担

当承运人已经满足运输条件时,由于货物本身的原因如货物性质、携带病虫害,或应托运人要求,需要对货物、船舱、库场进行检疫、熏蒸、消毒的,应由托运人或收货人负责办理检疫、熏蒸、消毒并承担有关费用。

3. 拖带运输的责任划分

1)木(竹)排在拖运途中,属于木(竹)排本身原因造成的散失,由托运人负责;属于拖轮责任造成的散失,承运人应支付清漂费和必需的重新扎排费,未能全部清回的,应按照规定承担实际短少部分的赔偿。

2)拖带船舶或其他水上浮物,属于拖轮责任造成被拖物或第三者损失的,由承运人负责;属于被拖物本身原因造成自身、拖轮或第三者损失的,由托运人负责;属于拖轮和被拖物双方责任造成彼此的损失以及第三者的损失,按双方应负的责任比例,分别承担。

(3)对钻井平台、浮船坞、工程船舶及其他大型水上装置的特殊拖带,承运人和托运人的权利、义务关系和责任划分,可以由双方签订特约条款另行规定。

任务五 航空货物运输法规及合同

一、航空货物运输合同综述

(一)航空货物运输合同的含义

根据《合同法》第288条规定,运输合同是承运人将旅客或者货物从起运点运输到约定地点,旅客、托运人或者收货人支付票款或者运输费用的合同。根据这一规定,航空货物运输合同就是航空运输承运人使用民用航空器将货物从起运点运输到约定地点，托运人或者收货人支付票款或者运输费用的合同。

（二）航空货物运输合同的特点

一般来讲，航空货物运输合同除了具备诺成性、双务有偿性等运输合同的一般特性外，还具有以下特征。

1. 航空货物运输合同是要式合同

在航空货物运输合同中，托运人必须按照承运人提供的格式要求履行相应义务，取得运输凭证，合同即告成立。

2. 航空货物运输合同对航空货物运输承运人主体资格的要求更为严格

从事航空货物运输的企业是以营利为目的，使用民用航空器运送货物的企业法人。设立航空货物运输企业，应当向国务院民用航空主管部门申请领取经营许可证，并依法办理工商登记；未取得经营许可证的，工商行政管理部门不得办理工商登记。航空货物运输企业应当具备下列条件：

1）有符合国家规定的适应保证飞行安全要求的民用航空器；

2）有必需的依法取得执照的航空人员；

3）有不少于国务院规定的最低限额的注册资本；

4）满足法律、行政法规规定的其他条件。

3. 运输合同是标准合同

航空货物运输的运价和运输条件是由承运人按照中国民用航空局规定的程序事先制定好的，托运人一般只能按规定托运货物，因而航空货物运输合同具有表格式的性质。

（三）航空货物运输合同的种类

航空货物运输合同按照不同的分类标准，可以分为以下几种。

1）根据合同标的的不同，可分为国际航空货物运输合同和国内航空货物运输合同两种。国际航空货物运输合同，就是指标的为国际航空货物运输行为的运输合同。国内航空货物运输合同，是指标的为国内航空货物运输行为的运输合同。

2）根据合同表现形式的不同，可将航空货物运输合同分为标准型和约定型两种。所谓标准型，就是指航空货物运输合同的条款基本都是格式条款，一般常见的航空货物运输合同基本都是标准型的；所谓约定型的航空货物运输合同，就是指航空货物运输合同条款除了格式条款外，还有合同双方协商约定的条款，比较常见的有包机（舱）运输合同。

（四）航空货物运输合同的国内法规和国际公约

在我国，调整航空货物运输的法规主要有《民用航空法》和《中国民用航空货物国内运输规则》。适用的国际公约有《国际航空运输协定》、《统一国际航空运输某些规则的公约》、《海牙议定书》、《瓜达拉哈拉公约》、《哈瓦纳商务航空公约》。

二、航空货物运输合同的订立

（一）航空货物运输合同的形式

《民法通则》第 56 条规定：“民事法律行为可采取书面形式、口头形式或者其他形式，法律规定用特定形式的，应当依照法律规定。”《合同法》第 10 条规定：“当事人订立合同，有书面形式、口头形式和其他形式。法律、行政法规规定采用书面形式的，应当采用书面形式。当事人约定采用书面形式的，应当采用书面形式。”

航空运输合同属于要式合同。《民航法》第 109 条、112 条、113 条、114 条规定承运人应当向旅客出具客票、行李票，有权要求托运人填写航空货运单，明确了航空运输合同成立的形式要件，同时《民航法》规定托运人未能出示航空货运单，不影响运输合同的存在或有效，说明航空货运单不是航空运输合同生效的形式要件。《民航法》中对航空货运单的内容做了专门规定，说明航空运输合同一般情况下采取法定书面形式，但是某些特殊类别的航空货物运输合同可以采取约定书面形式，比如包机（舱）运输合同。

（二）航空货物运输合同的主要内容

航空货物运输合同采用航空货运单和航空货物运输合同两种书面形式，无论采取哪一种形式，合同都应包括以下内容：

1）托运人和收货人的名称及详细地址；

2）货物的出发地点和目的地点，货物的名称和性质；

3）货物的重量、数量、体积、价值，货物的包装、包装标准和运输标志；

4）运输质量及安全要求；

5）货物的装卸责任和方法；

6）储运注意事项；

7）货物的承运日期和运到日期；

8）货物的交接手续；

9）运输费用，结算方式和方法；

10）违约责任；

11）双方约定的其他事项。

三、航空货物运输合同的变更与解除

（一）航空货物运输合同的变更

合同变更的效力在于使合同的内容发生改变，而成为债务履行的新的依据。合同变更后，合同当事人均应受变更后合同的约束，合同变更的效力原则上仅对未履行的部分发生，不溯及已履行部分，但法律另有规定或当事人另有约定的除外。

航空货物运输合同的变更，不包括合同的转让。因为航空货物运输合同是记名合同，在运输凭证上实名登载了托运人的名字，而已由承运人或其代理人填发的运输凭证，法律明确规定是不能转让的。

在航空货运中，托运人可以按照有关规定要求变更到站和收货人或者运回原发站。对托运人的变更要求，只要是符合条件的，航空承运人都应及时处理，但这种变更要求不得违反国家法律、法规和运输规定，否则承运人有权拒绝。同时托运人变更合同时不得使承运人或其他托运人遭受损失，并应当偿付由此产生的费用。对托运人的指示不能执行的，承运人应当立即通知托运人，并说明不能执行的理由。承运人按照托运人的指示处理货物，没有要求托运人出示其所收执的航空货运单,给该航空货运单的合法持有人造成损失的,承运人应当承担责任,但是不妨碍承运人向托运人追偿。

(二)航空货物运输合同的解除

航空货物运输合同的解除是指托运人或者航空承运人认为继续运输已经没有必要或者已不可能,托运人与承运人可以协商解除合同。解除合同的程序是要求解除一方向对方提出解除要求,经对方同意后即解除。托运人提出解除合同的,要承担相应的义务;因承运人的责任解除合同的,则承运人要承担相应的责任。由于承运人执行国家交给的特殊任务或气象等原因,航空货物运输受到影响,需要变更或者解除运输时,承运人应及时与托运人或收货人商定处理办法。

货物发运前,经合同当事人双方协商同意,或任何一方因不可抗力不能履行合同时,可以解除运输合同,但应及时通知对方。承运人提出解除合同的,应退还已收的运输费用;托运人提出解除合同的,应付给承运人已发生的费用。

四、航空货物运输合同的违约责任

航空货物运输合同的运输责任形态是以承运人为中心确立的。《民航法》中关于航空货物运输责任形态的确定,是根据我国《民法通则》第 123 条对高速运输工具等高度危险作业所确立的责任制度和我国目前航空运输实践中所执行的承运人责任制度,在对我国的铁路、水路承运人的责任制度进行了综合比较研究的基础上,规定的承运人对货物的毁灭、遗失、损坏的责任和承运人对货物延误造成损失的过失推定责任制。

航空货物运输中承运人承担的货物灭失、损坏责任应符合下列条件。

1)承运人承担民事责任的对象是航空货物运输合同的托运人或收货人。

2)承运人承担民事责任的范围是托运人、收货人货物灭失、损坏所遭受的损失,仅指直接损失,不包括间接损失。如要赔偿间接损失,托运人必须事先声明,并与承运人订立特别协议。

3)承运人承担民事责任的前提条件是货物的灭失、损坏与航空运输中的事件有因果关系。

4)货物的灭失、损坏是发生在承运人责任期间,即航空运输期间。

承运人对货物延误造成损失的过失推定责任的构成要件如下。

①对于延误承运人无正当理由。在货物运输中,托运货物如果被运往航空货运单所载的目的地以外的地方,或者托运货物被超程运输,承运人应当承担责任,除非有“正当理由”可以免责。

②由于延误造成了损失。

案例 1

朱某诉济南铁路局青岛铁路分局和沈阳铁路局吉林铁路分局运输葡萄酒合同赔偿案

原告:朱某

被告:济南铁路局青岛铁路分局(以下简称青铁分局);沈阳铁路局吉林铁路分局(以下简称吉铁分局)

某年 11 月 16 日,原告朱某由吉铁分局吉林西站用 109270 号 5 吨集装箱托运至青铁分局烟台站瓶装葡萄酒 200 件,重量 4 800 千克,施封锁号码 08088,原告声明货物价值 2.7 万元并投保货物运输综合险,收货人马某。吉林市当日和次日最低气温零下 12 ℃。同年 11 月 29 日,装载该集装箱的 C4623372 号敞车编组于 3405 次列车后第二位到达烟台站。货检集装箱施封锁良好、有效,箱缝有液体渗漏。烟台站货运工作人员会同铁路公安人员和原告共同开箱检查,箱内 200 件(纸箱包装)瓶装葡萄酒有 153 件受冻裂碎,其中箱内装 6 瓶的 30 箱、箱内装 15 瓶的 40 箱、箱内装 12 瓶的 83 箱,箱内残留尚未融化的冰碴、冰块。

烟台站编制了 3817 号货运记录。原告凭货运记录向保险公司索赔,因不属于保险责任范围内的损失,被保险公司拒赔。原告遂诉至青岛铁路运输法院,请求判令青铁分局和吉铁分局赔偿货物损失 24 048 元。被告青铁分局辩称:原告托运的该集装箱瓶装葡萄酒运抵烟台站后,在交付时发现箱缝有液体渗漏。烟台站货运工作人员会同铁路公安人员和原告共同开箱检查,发现箱内 200 件瓶装葡萄酒有 153 件受冻裂碎。烟台站遂编制了 3817 号货运记录交给原告。原告没有依照铁路规章的规定,根据托运货物的性质、运输距离、气候等条件,选择符合运输要求的运输种类,使用保证货物安全的运输包装,而是自愿选择 5 吨集装箱运输瓶装葡萄酒,对因此造成的货物损失应自负其责,青铁分局和吉铁分局不应承担赔偿责任。原告托运的该集装箱瓶装葡萄酒已经投保货物运输综合险,应联系保险公司处理。请求驳回原告的诉讼请求。被告吉铁分局辩称:吉林西站承运的该集装箱瓶装葡萄酒,由原告自己装箱并施封,投保货物运输综合险 27 000 元。发站吉林西站与托运人朱某凭箱号、封号交接、验收和办理承运手续,对箱内货物的属性和质量没有检查的义务。到站烟台站货检,该集装箱施封良好、有效,箱内瓶装葡萄酒受冻裂碎,是货物本身的自然属性所致,青铁分局和吉铁分局均不应承担赔偿责任。

案例 2

公路货物运输合同的变更和解除

某年 8 月 11 日,某县水轮机厂向该县汽车运输公司托运一批产品,双方签订了运输合同,约定了双方的权利和义务。8 月 18 日,该厂接到汽车站通知,汽车运输队行进到武宁县一带时,由于天降暴雨,河水陡涨,水势过猛引起道路阻滞,汽车无法前行。汽车队向水轮机厂征求意见，是就近卸存或运回起运站，还是绕道运输。水轮机厂厂长表示，还是把产品运回来。8 月 23 日，运输公司将产品运回水轮机厂，并索取 38 130 元运费。水轮机厂则认为，汽车公司非但未将货物送达到站，交付收货人，而且耽误交货期近 1 个月，自己不向运输公司追收罚款就很礼让了，因而拒不交付运费，双方发生纠纷。

案例 3

深圳雅兰日化有限公司诉上海港联运输服务公司货物运输合同赔偿案

原告：深圳雅兰日化有限公司

被告：上海港联运输服务公司

第三人：中国人民保险公司上海分公司

某年 4 月，深圳雅兰日化有限公司（以下简称日化公司）委托上海港联运输服务公司（以下简称运输服务公司）办理一批货物的水路运输事宜，委托运输公司运输 362 吨香皂至广东蛇口，经双方协商约定，运费及保险费待货到后由运输服务公司向日化公司异地托收承付，运输服务公司为此填写了“货运委托书”。运输服务公司填写的货运单上记载如下内容：承运船，“新华”轮；发货单位，运输服务公司；收货单位，该日化公司；货物状况，小部分箱子破损。货运单最后由日化公司经办人签名及发货单位业务签章。同年 5 月，运输服务公司代货方分别向甲、乙两保险公司投保了该批货物的国内运输险。6 月，货抵目的港。货运抵后，发现 3 000 个纸箱损坏散落，经检验确定：“货物破损严重，外包装大部分破烂，内货均有不同程度变形损坏”，受损香皂 3 008 箱，货物在运输中受损，共计 10 万余元。乙保险公司按保险理赔比例向日化公司赔付了 5 万余元，甲保险公司即中国人民保险公司上海分公司未作赔付。日化公司以运输服务公司违反海上货物运输合同为由，向法院提起诉讼，要求被告运输服务公司赔偿损失计人民币 192 629.27 元及利息并承担本案诉讼费。

被告上海港联运输服务公司辩称：“原告所诉与事实不符，原告货物装船前已有部分破损，在港航交接单上有批注：小部分箱子破损。我们以此交割清单为货物的装船依据，我公司于同年 5 月 19 日向保险公司投保了国内货物运输险，原告应按正常渠道向中国人民保险公司上海分公司提出索赔，我公司不承担责任。”第三人中国人民保险公司上海分公司辩称：“本公司不应成为第三人，保险合同是营业部签的，应由营业部负责，原告货物在装船前就已有货损，在水路货物运输中没有发生货损货差。”

案例 4

赵某某诉中国民用航空山东省管理局航空货物运输纠纷案

原告：赵某某

被告：中国民用航空山东省管理局；山东航空有限公司

2001年2月15日，赵某某委托中国民用航空山东省管理局托运山鸡一宗。出发地点为济南，目的地为厦门。所托运山鸡通过山东航空公司的SC187航班运抵厦门机场时，出现山鸡大量死亡的情况。厦门港出具了事故签证，但明确表明“不涉及对责任的认定”。收货人陈某某收下货物并签收航空货运单。赵某某索赔未果后，向济南市历城区人民法院提起诉讼，要求赔偿经济损失2.4万元，返还运费3 600元。法院追加山东航空公司为被告，参与案件诉讼。中国民用航空山东省管理局辩称：“我们只是代理人，承运人是山东航空有限公司；山鸡的死亡原因不明。因此自己不承担责任。”山东航空有限公司辩称：“收货人收下货物后，根据我国《民用航空法》第119条的规定，托运人赵某某不再对其所托运的山鸡享有权利，因此其不是本案的当事人；原告至今没有提供防疫部门出具的检疫证明和林业部门出具的国家保护动物的准运证，因此对山鸡的死亡原因和原告运输山鸡的合法性有待进一步查实。我方在问题没有澄清之前，不承担任何责任。”

思考题

1. 请阐述有关物流运输的法律法规。
2. 请叙述订立物流运输合同的形式。
3. 简述货物运输合同中承运人、托运人、委托人的基本权利义务。
4. 简述铁路货物运输合同的违约责任。
5. 简述公路货物运输合同的变更与解除。
6. 简述航空货物运输中承运人承担货物灭失、损坏责任的条件。

参考文献

[1]严新平,徐佑林.交通运输业的现代物流[M].北京:经济管理出版社,2005.
[2]张理,李雪松.现代物流运输管理[M].北京:中国水利水电出版社,2005.
[3]冯媛媛.运输实务[M].北京:对外经济贸易大学出版社,2004.
[4]阎子刚.物流运输管理实务[M].北京:高等教育出版社,2010.
[5]季永青.运输管理实务[M].北京:高等教育出版社,2008.
[6]吴玉贤.物流运输管理实务[M].北京:北京大学出版社,2007.
[7]郑全成.运输与包装[M].北京:清华大学出版社,北京交通大学出版社,2005.
[8]中国国际货运代理协会.国际海上货运代理理论与实务[M].北京:中国对外经济贸易出版社,2003.
[9]陈利秋,李培亮.物流管理操典[M].广州:广东经济出版社,2002.
[10]杨家其.现代物流与运输[M].北京:人民交通出版社,2003.
[11]黄福华,袁世军.现代企业物流运作管理案例选评[M].长沙:湖南科学技术出版社,2003.
[12]王斌义.现代物流实务[M].北京:对外经济贸易大学出版社,2003.
[13]佟立本.交通运输概论[M].北京:中国铁道出版社,2001.
[14]现代物流管理课题组.运输与配送管理[M].广州:广东经济出版社,2003.
[15]余群英.组织与管理[M].北京:机械工业出版社,2004.
[16]周在青.物流业务管理[M].上海:上海财经大学出版社,2003.
[17]《运筹学》教材编写组.运筹学[M].北京:清华大学出版社,2001.
[18]谬六英.物流运输管理实务[M].成都:四川人民出版社,2002.
[19]RONALD H BALLOU.企业物流管理——供应链的规划组织和控制[M].王晓东,胡瑞娟,等,译.北京:机械工业出版社,2002.
[20]曲建科,杨明,王海娇.现代物流企业管理[M].北京:中国经济出版社,2006.
[21]曲昭中.国际物流管理与实务[M].北京:机械工业出版社,2005.
[22]张建伟.物流运输业务管理模块与岗位操作流程[M].北京:中国经济出版社,2005.
[23]丁波.交通运输企业管理[M].北京:机械工业出版社,2005.
[24]汝宜红.物流运输运作管理[M].北京:清华大学出版社,2006.
[25]周耀烈,葛洪磊.公路货运业中个体运力的整合[J].中国物流与采购,2005(9).
[26]中国国际货运代理协会.国际货运代理基础知识[M].北京:中国商务出版社,2005.
[27]林自葵.货物运输与包装[M].北京:机械工业出版社,2005.
[28]沈荣耀,高志和.物流法规[M].大连:大连理工大学出版社,2008.
[29]侯作前,乔宝杰.运输合同实务[M].北京:知识产权出版社,2005.
[30]梁彗星.民法总论[M].北京:法律出版社,2011.

[31]江平.中华人民共和国合同法精解[M].北京:中国政法大学出版社,1999.
[32]王利明.合同法要义与案例解析[M].北京:中国人民大学出版社,2001.
[33]牛鱼龙.货物运输实用手册[M].北京:人民交通出版社,2005.
[34]曹三明,夏兴华.民用航空法释义[M].沈阳:辽宁教育出版社,1996.
[35]侯作前,乔宝杰,刘胜利.运输合同案例评析[M].北京:知识产权出版社,2003.